十二五广播电视专业系列教材

电视编导实用教程

陈立强 主编

中国传媒大学出版社
·北京·

目 录
Contents

目 录

Contents

绪论　电视编导的素养与能力

电视编导是一门实践性极强的职业，具有相应的技术与专业门槛，必须通过学习、练习与实践才能登堂入室。学习的方式大体为两大类型，一是学徒式，即初学者直接进入电视台或影视传媒机构从事电视编导职业，跟随熟练编导学习，通过见习或做老编导的助手，在观摩与操作中熟悉技术与专业，习得本领，越过门槛；二是学院式，即通过教师传授与指导，初学者懂得一些理论技术与操作技能。无论采取哪种学习方式，还是将两者融合起来，都是为了锻造学习者相应的知识结构、专业素养及各种能力，从而培养出优秀的电视编导人才。

一、专业素养及操作能力

电视编导必须有专业理论的修养，要掌握电视的媒介特性与传播规律，熟悉影视理论。每一个编导必须跨过这一专业门槛，要熟练掌握视听语言方面的知识，并逐步树立起视听思维的习惯，培养画面感与镜头感，从而实现对视听语言的创新运用。

除了专业理论知识之外，电视编导更需要过硬的实践操作技能。对于电视这个行业来说，毕竟是“实践为王”，许多没有专业理论与知识储备的新人进入电视行业，就是通过不断的实践操作而获得技能，做出很多好节目，从而成为优秀编导的。

首先，电视编导必须掌握创意、策划、文案写作、采访拍摄、现场导演、演播室录制、编辑、制作与包装等过硬的实践操作技能。这些都是核心的编导技能。

其次，电视编导必须了解与熟悉摄像、导播、服装、化妆、道具、照明、舞美、音响、后期制作与包装等各个环节与流程，对某些核心环节要特别熟悉，要做到心中有底，游刃有余，才能生发创意，才能创新。在此基础上，编导才能很好地将自己对节目的理解与创作意图传达给整个创作团队成员，并使团队成员执行更加到位。

此外，在一些规模小的电视台或电视机构，上述环节很可能均由编导一个人来完成，那么，对于电视编导的要求就更加全面了，全能型、复合型的电视编导是比较受欢迎的。

要想做一个好的电视编导，必须亲身投入实践，细致耐心地体验每一个环节，总结经验教训。日子一长，流程熟悉了，环节清楚了，技能上去了。大学编导课程教学，除了强化教学的实践操作性与实验性之外，还要创造条件或鼓励学生进入电视台或其他电视机构进行全流程的实习，全面培养学生的操作技能。

作为一个电视编导，其基本专业能力一般包括以下几个方面：

1.文字运用、编创故事与文案写作能力

做编导要做文案，需要文字功夫。有些文稿，如专题片、艺术片的解说词，有较深厚的文学色彩，对电视编导文字运用的要求将会很高。因此，电视编导训练需要锻炼写作能力，善写各类文章。

很多情形下，做电视就是给受众说故事。怎么把故事说得一波三折，说得受众爱听爱看，念念不忘，是非常考验电视编导的文字能力的。

文字运用与编创故事的能力，最终会落实到文案写作上。如果要提高文案写作能力，还必须熟悉各种节目的文案套路，并有足够的文案经验。

2.电视采访能力

采访是电视编导最基本的能力之一。有人认为，只有电视记者才需要采访。如果这样想，就大错特错了。在许多情形下，电视编导都离不开采访。新闻专题类节目需要编

导进入一线进行采访，采摄素材，做出节目。一台综艺娱乐类的晚会节目，可能要把新闻热点人物请到演播室现场，由主持人进行现场采访，但是需要新闻专题片的编导深入一线，发现新闻线索，进行预采访，发掘隐藏很深的新闻内幕，设计主持人演播室访谈的问题。访谈类节目、生活服务类节目都离不开编导对访谈对象的预采访。采访经验的积累与采访能力的培养，是开展编导工作的基础之一。

3.策划与创意能力

电视是创意文化产业。策划是电视节目之母。编导是一个节目的创作者，无疑是需要从策划开始的。电视编导需要不断积累经验，培养感觉，培养自己的策划能力，这样才有可能生发出不同寻常的节目创意。

4.现场执导与场面调度能力

现场执导与场面调度是电视编导最核心的专业工作之一。无论是在室外采访与场景拍摄，还是在室内的演播室现场，电视编导是领导者与指挥者。编导的现场执导与场面调度是否得当，在很大程度上关系到节目的成败。现场执导与场面调度的经验积累与能力培养，需要一个过程，需要向前辈编导与成熟编导学习、观摩，需要自身不断实践，反思失败，寻找感觉，摸索经验，磨炼自己，快速成长。

5.影像编辑、制作与包装能力

电视编导需要熟悉影像编辑、制作与包装等后期制作环节，具有一定程度的编辑、制作水平，当然，深度制作可以交付专业人员完成。电视编导能够对自己负责的电视节目的包装提出设想，并与专业人员商讨具体的包装方案，共同完成电视节目的包装环节。

二、艺术素养及艺术感受力

电视是一个传播性与艺术性相交融的复合性媒介文类。许多电视作品具有很高的艺术价值，那么，这种媒介特性无疑需要创作者有着相当层次的艺术素养。电视的近缘艺术文类，如戏剧戏曲、电影、文学、美术、摄影、音乐、舞蹈等，是有益于培育电视编导的艺术修养与艺术感受力的。电视编导要广泛培养自己的艺术兴趣，即便不擅长也不是很爱好某些艺术文类，但也要想方设法地做些涉猎，增加一些知识储备，这是因为电视是一项综合艺术，说不定哪个时候要涉及到某项艺术文类，事先的知识积累，可能为编导工作的实际操作带来很多意想不到的便利与实效。比如，有些电视节目富含戏剧因素，或者以戏剧戏曲规律来建构电视节目的叙事，甚至有些节目本身就是戏剧戏曲或包含戏剧戏曲场面，电视编导做这样的节目，有一定戏剧戏曲方面的知识积累，显然有利于较好地完成任务。

增加影视作品的阅读量，提高影视作品的欣赏水平，可以提高电视编导的视听感受与运用视听语言的能力。文学素养关乎电视编导的文字运用、编创故事与文案写作的潜力。美术、摄影等文类修养,很大程度上能提高电视编导的美学欣赏力,可以提升电视编导在镜头拍摄、画面编辑等技术层面的操作水准。音乐在电视节目中运用广泛。音乐修养可以帮助电视编导更好地运用音乐这一重要的电视造型元素,增强电视节目的艺术效果。音乐、舞蹈更是文艺娱乐类电视节目的表现对象。至于电视文艺编导更需要有较深的音乐或舞蹈方面的艺术造诣及编导经验,才能更好地驾驭一个大型文艺娱乐类节目的运作。

艺术素养有利于培养电视编导的艺术感受力。这种感受力,可以包括电视编导的艺术直觉力、艺术感悟力与艺术创新力。

对于一个电视编导来说,需要时时刻刻与影像打交道,而影像是直观的,诉诸视听感官,直觉力是一种最基础的能力,影视实践的感悟与创新在很大程度上是建立在直觉力之上的。电视编导跟团队成员的专业沟通,比如,电影导演、电视剧导演跟人讲戏,与摄像师商讨镜头,很多情形下,都需要诉诸直观、感性的画面语言。

电视是一门艺术,艺术需要感悟。电视编导的感悟是多方面的。通过感悟,可以加强对题材的判别能力。有些编导对题材有强大的感受力,凭直觉与感悟就知道题材的好坏。通过感悟,可以提高电视编导对主题的提炼与升华能力。通过感悟,可以提高编导对节目对象的理解力。通过感悟,可以强化编导在话语方式、风格方面的个性追求。

艺术需要创新。一个电视编导需要对节目形态、选题内容、表现方式、艺术风格等有独树一帜的理解与感悟,这样才能做出不一样的节目。有人说,电视是一种工业化生产,一个栏目的样片生产出来之后,后面的事情就是不断地工业化复制。诚然不错,然而,作为文化产品的电视生产,与一般的工业生产仍有天壤之别。一般的工业产品可以无差别地复制,而电视节目尽管要遵循节目时长、栏目定位、主题方向、叙事结构、话语形态等诸方面的统一规制,然而,每个电视节目依然具有极大的空间进行个性发挥与节目创新,而形成编导独特的个人风格。事实上,当某种节目样式,也就是电视复制所依据的节目版式开始变得不适应受众市场时,更是需要创新。电视生产是复制与创新的统一,创新是电视实践的一种传播常态。

三、学科素养及社会能力

电视编导要想拓宽视野,增加知识面,需要努力提高自己的学科素养。对当前的电视编导来说,美学、社会学、经济学、管理学、法学、历史学等学科是需要广泛涉猎的学科门类。

美学能够从理论上提高编导的美学鉴赏力,培养艺术感觉。社会学知识储备可以让人更了解社会,尤其是对社会心理趋向的捕捉,对一个电视编导来说,是异常重要的。一个电视节目如果能够贴近社会心理的趋向，那么可能会收到事半功倍的效果，反之亦然。还有很重要的一点，电视节目无一不关涉社会命题，而社会学能够给人带来洞明世事、观察社会的诸多方法与启示。经济学、管理学、法学与历史学等学科与电视关联较多，可以进行相应的涉猎或钻研。

当然，上述学科只是因为具有相对重要的现实关联性而被列举出来。事实上，其他一些学科知识的充实，无疑有益于电视编导的复合性素养，尤其当你的选题涉及某项学科时，如工科、农学、理学、医学等学科范畴时，该学科知识或学科背景，显然有助于编导对节目选题的理解、素材采摄与后期制作等。总之，编导应该是一个杂家，懂得东西多，做起节目来就愈是顺手，也容易出品位、上档次、有内涵。学科素养的提高，在很大程度上可以帮助编导提升社会感知力。

当然，社会感知力的提升更有赖于广泛的社会交际与人际交流。有人说，一个记者就是一个社会活动家。其实，这里的记者可以看做包括编导在内所有新闻工作者的泛指。电视编导要成为一个社会活动家，不能囿于斗室，要交朋友，扩大社会交际面，培养对社会的感知力，增强社会的敏觉度。无论是选题还是话语方式，电视是追逐时尚的前卫性媒介，这就要求电视编导的社会嗅觉应该是敏锐的。编导工作要与形形色色的人打交道，要善于跟人沟通，要成为一个社会活动家，充分开发各种人际资源为节目服务。

电视编导是一个团队的组织者、管理者与领导者。大多数情形下，这个团队往往是临时组建的，有熟悉的也有不熟悉的成员加入，那么，作为领导者的编导需要有管理与领导艺术，团结所有的成员齐心协力完成整个节目的生产与传播。

第一章　电视编导简述

电视编导是电视机构中最重要的职业岗位之一。在电视节目的创作与生产中，电视编导在整个摄制团队中占据着核心地位，其功能体现在创意、策划、拍摄、制作甚至传播等几乎全部的流程中，是肩负主要责任的业务操盘手，也是整个摄制团队的组织者、管理者。尽管在电视栏目化生产中强调模式、重视整体风格，但具体到某个节目依旧会烙上编导的个性印迹，编导具有一定程度的自主性以及才情的发挥余地。

编导一词源于戏剧导演，电视编导直接脱胎于电影导演，三者有诸多相同与不同的职业使命、功能及操作规程。

一个成熟的电视编导必须形成特有的素养结构，锻炼相应的能力，才能胜任自己的职业工作。

第一节 电影导演

【阅读导引】

◆什么是导演中心制？什么是制片人中心制？

◆电影导演组成员可分哪些角色？

◆电影导演的主体职责可分哪三大阶段，每阶段又有哪些具体任务？

◆什么是电视编导？与电视新闻记者、电视新闻编辑有什么区别？

◆电视编导的两大功能是什么？

导演（Direction）一词，源起于戏剧。不像写小说、作诗等，一个人可以独立完成一件作品。戏剧是一种综合表演艺术，是需要不同的人共同完成某个表演项目，因此，一场戏剧表演需要有人来统筹。统筹的任务就是由导演来完成的。当然，早期戏剧的表演形式相对简单，往往演员一身兼做多项工作，有时也会有人帮助布置舞台、安排道具、安排演员上场等，但此人并非真正意义上的导演。导演的出现，是在戏剧艺术发展到一定阶段，即戏剧表演变得比较繁复的时候，导演协调、统筹所有戏剧部门的工作，使其变得有条不紊。当然，导演不只是作为事务性的指挥者出现，而是逐步成为戏剧表演项目的艺术规划者、制定者与指导者，执掌大权，是整个戏剧团队的领导者，具有举足轻重的地位。

戏剧是古老的艺术表演文类，后来又分别出现了电影、广播、电视等传播媒介，使得导演这一个职业有了戏剧导演（编导）、电影导演、广播导演（编导）与电视导演（编导）等类型区分。戏剧导演、广播导演此处不再论述，重点来了解电影导演与电视编导。

了解电影导演，必须知晓两种不同的电影制度，一是导演中心制，二是制片人中心制。两种制度，其实就是导演与制片人之间的关系界定以及两者在整个电影生产中针对话语权力的分配方式。

一、导演中心制与制片人中心制

通俗地讲，导演中心制就是指整个生产过程中，一切由导演说了算。《电影艺术词典》将“电影导演”解释为：“影片艺术创作的领导人和摄制组的总负责人。……他是集体创作的核心。电影导演在接受文学剧本后，首先在制片主任的配合下，安排影片的筹备工作。导演的任务是：组织主要创作人员，研究有关资料，分析剧本，选演员，选外景，进行案头工作，统一创作意图。然后，按照制片部门安排的摄制计划，领导现场拍摄和后期制作。”[1]此处的电影导演应该是处于导演中心制的语境之中。

制片人中心制是指整个生产过程中，制片人拥有最重要的话语权。美国好莱坞的制片人“是为影片拍摄创造条件的人，他负责发起、协调、监督和控制影片制作过程中诸如融资、人员聘用和发行安排等所有事务，从项目开发到产品完成的每一个环节都离不开他的身影，最终把影片从创作概念转变为可操作、可营销的具有市场价值的项目。”[2]曾经打造出《大白鲨》《为黛西小姐开车》和《天地大冲撞》等好莱坞大片的著名制片人里查得·赞纳克说：“制片人就像交响乐队的指挥。他也许不会演奏所有的乐器，但他知道每一种乐器的声音效果应该是什么样。”[3]

好莱坞早期实行制片人中心制。1950年代随着好莱坞制片厂制度的解体，美国电影便转向导演中心制。自1970年进入大片时代以来，美国电影又转变成制片人中心制。

新中国成立之后的中国电影生产是计划体制，许多电影制度沿袭前苏联，实行的是导演中心制。此时的导演，在整个电影生产过程中，占据领导者的位置，具有最终的话语决定权。1990年代后半期以来，由于我国电影生产体制与机制的改变，导演中心制开始向制片人中心制转变。制片人与导演的关系发生一些微妙的变化。制片人的权力逐渐变大，而导演所起的作用却在减弱。制片人负责整个事务的统筹，包括选题、剧本、选演员、挑技术合作者，也包括聘请导演，一切均在制片人的领导之下组成一个摄制组，完成电影生产的筹备阶段。至于此后的艺术创意、摄制规划的制定、影片拍摄以及后期制作，制片人一般会介入其中，且有最终决策的权力。成品出来以后，制片人还会负责影片的宣传与营销，导演往往无须再对影片操心。总之，在制片人中心制的语境中，制片人是该电影项目的总负责人，导演只是电影生产过程中艺术与技术的操盘手而已，必须服众制片人的意志，说白了，制片人是老板或老板的代理人，导演只是最重要的打工者之一。

导演中心制是导演对整个影片的艺术质量负责，并有最终拍板的话语权，而制片人中心制中的制片人是整个电影生产活动的主导者，有最高的决策权，对整个影片生产与营销负责。在制片人中心制中，虽然导演处于被领导的地位，只对影片的艺术生产负责，但是导演依然具有举足轻重的发言权，往往是摄制组的一个灵魂人物，尤其是那些名气大的导演更是如此。

二、导演组及其分工

根据需要，在一部影片的整个生产流程中，导演功能的实现可能由多人来完成，也就

---

① 许南明：《电影艺术词典》，中国电影出版社1986年版，“电影导演”条，第184页。
② 周铁东：《制片人是个什么概念？》，载《大众电影》2007年第11期。
③ 同上。

是说，由一个导演组来领导整个团队完成影片的全部生产工序。根据各自所起的作用与地位的高低，可以将导演组成员分为总导演、执行导演、副导演、助理导演以及联合导演等。

总导演，即从总体上负责电影生产的艺术筹划，并参与到关键环节的拍摄与制作之中，是艺术与业务的把关人。一般由比较有名气的导演担当。

执行导演，即听从总导演的安排，落实、实现已拟定好的摄制规划，负责具体业务的操持，其中最重要的一项工作就是进行现场拍摄的导演。有时，如果总导演只是挂名，而执行导演履行的就是总导演与执行导演的所有工作。

副导演，即导演的副手，给导演打下手。比如，“在影片筹备阶段，副导演负责文字资料和形象资料的搜集工作，协助导演编写分镜头剧本、制作场景表、选演员、选外景等；在摄制阶段，负责对化装、服装、道具部门的检查和督促，根据导演意图和要求进行片断排练的组织工作，在拍摄时负责指导后景中群众演员的表演及环境气氛的布置；在后期阶段，负责检查配音工作以及混合录音前的一切工作，并制作预告片”①。

助理导演，即导演助理，不设副导演时，助理导演相当于副导演；如设副导演，导演助理则分担副导演部分职责。

联合导演，即两个以上的导演共同担纲某个影片的摄制任务。

不过，导演组成员虽然各自所起的作用不同，地位殊异，但是需要密切配合，共同完成整个电影生产任务。

三、导演职责

无论是导演中心制，还是制片人中心制，电影生产中最主体最重要的艺术活动，都是由导演率领摄制组完成的。

一般情形下，导演的主体职责大体可以分为三大阶段：

1.第一个阶段：前期准备

i）选题策划

导演中心制的导演是要负责选题的。制片人中心制中的导演接触到选题时，基本上是确定下来的。当然，制片人有时也会征求导演对选题的意见。

ii）剧本准备

有了选题，导演就会聘请编剧根据选题做剧本，并对剧本进行审核，提出修改意见。有时，导演一开始就接触到成型的剧本，就得对其进行研究，提出自己的意见，编剧对其

---

① 许南明：《电影艺术词典》，中国电影出版社1986年版，“副导演”条，第185页。

进行修改。

iii）分镜头剧本

文学剧本成熟之后，导演依照文学剧本做出导演台本，也就是分镜头剧本。在分镜头剧本里，要做出比较详细的“导演阐述”，即导演对整个影片生产的纲领式意见，并将编剧的文学剧本进一步细化，具体到每一个镜头的设计。

iv）摄制组筹备

根据影片的需要，聘请演员、各类专业人员以及管理人员等，搭建班子，成立摄制组。同时，并着手做一些片中音乐、歌曲的录制工作，以便拍摄时使用。

v）选景搭景

选择外景地，搭建人工景点。

2.第二个阶段：中期拍摄

中期拍摄是将选题转化成电影产品的重要实施过程。导演能否将艺术设想变成现实影片，这个阶段至关重要。

中期拍摄是最能体现导演行为及其功能的环节。导演指挥各部门围绕电影拍摄展开工作，指导演员的表演，在拍摄中体现自己的艺术主张与见解。

3.第三个阶段：后期制作

在后期制作中，整个后期技术团队要遵循导演的创作思路与设计来进行。导演监督与指导整个制作过程，并适时提出自己新的制作意见与创意。

电影导演在一个影片的生产过程中，其功能主要体现在主导、指导、引导三个方面。

i）主导

在电影生产中，导演主导整个电影的艺术创意、方案策划、演员选择、技术队伍的配置、选景布景、前期拍摄及后期制作的完成。

ii）指导

围绕创作意图，导演根据自己的经验或者自身对创作的理解，指导演员进行表演，也会对舞美、化装、服装、道具、烟火等部门提出自己的思路与意见。

iii）引导

电影是一种各专业协调合作的艺术。导演引导各部门、各专业的人员围绕创作意图进行艺术活动，最大程度地发挥能动性与创造性，完成整个电影生产。事实上，我们并不苛求导演对电影生产的所有部门与所有专业都是行家里手，事实上，也是不可能的，但导演必须具有相当的引导力，激发大家的创作冲动与艺术激情，形成切实可行的方案，并付诸实施。

【本节要点】

◆电影导演在整个摄制团队中占据核心地位，其功能体现在创意、策划、拍摄、制作甚至传播等几乎全部的流程中，是肩负主要责任的业务操盘手，是整个摄制团队的组织者、管理者与领导者。

◆导演（Direction）一词，源起于戏剧。

◆了解电影导演，必须知晓两种不同的电影制度，一是导演中心制，二是制片人中心制。

◆导演组成员角色分为总导演、执行导演、副导演、助理导演以及联合导演等。

◆导演在前期准备阶段的主要职责是：选题策划、剧本准备、分镜头剧本、摄制组筹备与选景搭景等。中期拍摄阶段是最能体现导演行为及其功能的环节。导演在后期制作阶段起主导、指导与引导的作用。

【实验与练习】

◆目标：认识电影导演的工作性质。

◆操作：观摩一个电影剧组的拍摄现场，观察电影导演的工作。

第二节　电视编导

【阅读导引】

◆什么是电视新闻记者？什么是电视新闻编辑？

◆什么是电视编导？

◆电视编导与电视新闻记者、电视新闻编辑有什么区别？

◆电视编导的两大功能是什么？

电视编导一词，自戏剧导演、电影导演演变而来。戏剧导演有时也称之为编导，即含自编自导之义。电影行业只用导演一词，一般不使用编导的概念。电视行业中的导演常常是身兼编剧、导演多职，故常用编导一词来称谓其职业。

一、记者与编辑

电视编导是电视行业中最重要的生产岗位之一，是节目生产团队中的核心人物，但并非所有电视节目的主创人物都叫编导。比如，新闻消息类节目，或者时效性较强的新闻专题类节目，新闻性极强，这类节目的采摄人员，一般称为电视新闻记者（包括电视摄像记者），简称记者。通过对新闻记者采摄回来的内容进行加工，生产成新闻节目的人员，就是电视新闻编辑，简称编辑。

记者与编辑是从纸质新闻媒体那里来的，电视新闻节目沿用此类称呼，而避免使用电视编导一词，事实上，电视台的一些编导也常常以电视记者的身份外出采访、拍摄。记者、编辑的身份能突显电视新闻节目的真实性，而编导一词容易给人以创作、导演等虚构性质的印象。

二、电视剧导演

电视剧最重要的主创人员，即是电视剧导演，简称导演。电视剧与电影具有类型的相似性，即通常意义所说的“影视同源”（事实上，其他类型的电视节目与电影的文类差异却大得多），因而，电视剧导演与电影导演在职责、功能及行为规范等各方面，具有极大的相似度。当下许多著名的电视剧导演即是由电影导演转行过来的，有些甚至身栖电影与电视剧两界，既是电影导演，又是电视剧导演。

三、电视编导

除新闻消息类、新闻专题类节目与电视剧外，一般在社会专题类、访谈类、文艺娱乐类、生活服务类、大型活动类等节目中，担纲策划、采访、拍摄、导演、主持、编辑、制作以及联络、管理等任务的，往往是一个临时组建的创作团队，而在这个创作团队中起着核心作用并对整个具体节目负责的主创人员，一般称为电视编导，简称编导，有时也称作导演。

大型新闻专题类节目，有时也会设置编导岗位。比如，CCTV的《新闻调查》，除了出镜记者、摄像记者之外，还有编导一职，负责整个节目前后期的所有业务。

在电视台，除新闻记者与编辑外，电视编导是一个人数众多的职业群体，是电视台最为基层也最为重要的群体之一。

电视编导是一种相对综合性的岗位。一个电视节目（这里除开了新闻节目与电视剧，无特别说明，本节以下皆同）从创意到成品，最主要的创作人员就是编导，编导对整个节目的流程、风格、质量以及出品时间等承担全部责任。由于电视节目生产流程的复杂性，电视编导所要涵盖的岗位内容，其实可以包括编剧（有时称文学编辑、文字编辑）、导演、导播、摄像、编辑、制作与包装等诸方面的职业所指。也就是说，这些岗位，作为编导，有些是需要自己亲身担纲的，如导演；也有些可以身兼，也可以交付他人，如编剧、导播等；至于摄像、编辑、制作与包装一般交与他人，编导负责指导。总之，在各个摄制环节中，无论是亲身担纲，还是负责指导，电视编导总是担负着整体的生产职责。

一个电视编导的功能可以体现为两大方面：一是创作功能，二是管理功能。

虽然当前一些电视节目尤其是栏目型节目的生产，已经呈现出流水线式的生产业态，但终究不是一般的工业生产，电视编导从事的节目生产依然带有强烈的文化创意，其创作色彩依然浓郁。同一个选题，不同的电视编导来做，最后的节目显然不一样。事实上，从选题开始，接下来是策划，再到选择主持人、采访、拍摄素材、演播室录制，最后编辑、制作与包装，虽然各个环节均有相应的团队成员负责，但编导是总负责的，各个环节担纲的成员会以自身的工作与技术来实施编导的思路与想法，因此，各个环节无不渗入编导的个人意志。从这个意义来讲，编导是一个不折不扣的创作者。

电视是一门合作的艺术。电视生产流程的繁杂性，形成电视节目生产的团队特征。也就是说，电视编导必须领导一个团队去完成一个生产项目。电视编导除了是专业性的创作者，还必须是整个创作团队的管理者，包括具体事务的分工、指挥、布置以及财务预算与开支等。

事实上，我们的电视编导教程基于电视编导作为电视节目的生产者、创作者与管理者的角色展开设计，也就是围绕电视编导如何生产出一个优秀的电视节目这一个核心命题来探讨所有的问题。

【本节要点】

◆新闻消息类节目，或者时效性较强的新闻专题类节目，新闻性极强，这类节目的采摄人员，一般称为电视新闻记者（包括电视摄像记者），简称记者。通过对新闻记者采摄回来的内容进行加工生产成新闻节目的人员，就是电视新闻编辑，简称编辑。

◆除新闻消息类、新闻专题类节目与电视剧外，一般在社会专题类、访谈类、文艺娱乐类、生活服务类、大型活动类等节目中担纲策划、采访、拍摄、导演、主持、编辑、制作以及联络、管理等任务的，往往是一个临时组建的创作团队，而在这个创作团队中起着核心作用并对整个具体节目负责的主创人员，一般称为电视编导，简称编导，有时也称作导演。

◆电视编导的功能：一是创作功能，二是管理功能。

【实验与练习】

◆目标：对电视编导工作有一个初步的感性认识，为后面的学习进行铺垫。

◆操作：组织学生进入电视台、影视机构或学校实验中心观摩电视编导的工作，可分散，也可集中进行。写出体会，并在课堂上讲述。

第二章　电视作为艺术的影像媒介

电视编导要想做好电视，必须认识到电视具有艺术性与媒介性的双重特性，必须掌握电视作为艺术的影像媒介的传播特点及运作规律。本章介绍三个重点内容：一是电视作为艺术的媒介特性，二是受众流理论与电视的传播策略，三是电视节目与时段的关系。第一节可以告诉我们从事电视实践需要遵循的一些理念，第二节让我们清醒地认识到电视传播最核心的问题就是如何服务好受众，从而获取最大化的传播效益，第三节是阐述电视节目与时段的关系，时段又与受众相关，电视编导策划与制作节目要有时段观念，要考虑到该时段的受众类型、性质及收视习惯。

第一节 电视作为艺术的媒介特性

【阅读导引】

◆电视作为家庭媒介，在实践中表现为哪几个方面的定位？

◆电视作为身体媒介的实践原则有哪些？

◆为什么说电视是特写媒介？

◆电视的弱逻辑特性表现在哪些地方？

◆电视作为娱乐媒介的特性，包含哪几个层面？

◆电视作为浅度“白日梦”媒介的特性表现在哪些方面？

在学科划分上，电视编导教程属于艺术学的范畴，与其他艺术类型相比较，电视是一个具有某种特殊性的艺术门类，这种特殊性就在于电视的媒介特性。电视与电影是近缘文类，但两者最大的区别恐怕就在于电视既是艺术文类又是大众传播媒介，而电影的艺术身份要纯粹得多。如果我们不将电视的艺术特性与媒介特性结合起来考虑，就难以把握这门课程的特质。在实践操作中，要把握电视既是艺术又是媒介的特性。这些特性具体表现如下：

一、电视作为家庭媒介的特性

英国学者罗杰·西尔弗斯通在《电视与日常生活》中认为，电视是家用媒介。电视作为电子设施往往以家具的身份成为家庭装置的一部分，这是其他传统媒介①难以获取的一种优势，报纸自然没有，早年的广播虽然也曾有过此等殊荣，但随着广播业的式微，其家庭媒介的地位显然已经被电视所取代。

由于电视的这种家庭装置性，根据传播学中关于媒介选择或然率的规律，电视由于其媒介的易取得性，受众对于该媒介选择或然率远远高于其他媒介。电视收视的主要场所是家庭，电视服务的对象也主要是家庭成员，“电视是家庭文化中的一部分，这体现在正在上演的节目、节目单以及家庭生活的——或者至少是某类家庭生活的——结构上。”②

① 作为新媒介的互联网也具有家庭媒介性质，为了论述方便，不再将其与电视进行比较与分析。

② ［英］罗杰·西尔弗斯通：《电视与日常生活》，陶庆梅译，江苏人民出版社2004年5月第1版，第34页。

电视收视的家庭性还表现为这种阅读行为的不纯粹性。在电影院观影时受众一般要凝神注目,“从感官输入的信息局限于来自银幕的形象和声音”[①]。电视收视伴随着诸多的家庭行为。有时人们打开电视,调放到相应的频道,只是为了单处时驱散家中的冷寂,或者为亲友相聚时增添某种氛围,或者干脆是一种习惯性的行为。这些象征性的阅读常常就这样沦落为家庭中其他行为的一种背景。“观看电视似乎是社交而不是自我陶醉(self-absorbing)。”[②]

电视是一种特殊的大众传播媒介,包含一种“家庭主义”的要素,因此,针对这种家庭主义,电视主导者总是选择与之相应的话语方式,“不仅肥皂剧或情景喜剧,而且西部故事、探险故事以及侦探故事都被电视进行了家庭化处理,其结果是电视媒介作为整体有一种适应核心家庭这一电视的原始观众群的倾向。”[③]针对电视阅读的背景化与象征性,电视突出了声音表意系统,使得许多节目在很大程度上是供人听的,而不是供人看的,忙着家务的受众不必通过视觉的参与也可以最大化地了解其中的内容。

电视的话语方式,以接近与适应这种电视家庭主义为要务。它接纳了节目、栏目适应家庭收视的各种技巧与元素。由于电视作为媒介对家庭的深度介入,家庭生活也因此发生某种质变,“节目的安排是由家庭生活模式决定的。反过来也是对的,即家庭的生活模式是由节目的安排决定的;家庭生活节奏是围绕电视节目安排的,这些电视节目可以使开饭、就寝和出门的时间规律化。”[④]

对于电视编导来说,认识到电视作为家庭媒介的性质,可以促使我们在电视实践中努力使频道、栏目或节目的定位要适应家庭收视的诉求、特点与氛围,需要做到以下三个定位:

一是受众定位。一个电视频道的定位,如果过于偏窄,可能在目前广告赢利模式的前提下难以生存。因此,当前许多电视主流频道是在走大众化、家庭化的主题路子,如快乐、幸福、情感等。

一个电视节目的定位一定要与时段关联,也就是要注意到该时段看电视的是哪些家庭成员,比如黄金时段里家庭成员都看电视,而下午五点多的时段是放学回家的学生在看电视。深夜,是父亲或成年子女等晚归或熬夜家庭成员在看。时段化与角色化是关联在一起的。

二是内容定位。黄金时段的节目选题要适合全家福型的收视诉求,才能有较大的受

① 〔美〕罗伯特·C.艾伦编:《重组话语频道》,麦永雄等译,中国社会科学出版社2000年版,第30页。
② 同上。
③ 丹尼尔·戴扬、伊莱休·卡茨:《媒介事件》,麻争旗译,北京广播学院出版社2000年版,第4页。
④ 〔英〕尼古拉斯·阿伯克龙比:《电视与社会》,张永喜等译,南京大学出版社2002年版,第202页。

众面，才有可能获得较高的收视率。因此，黄金时段的电视节目类型，一般是电视剧、综艺娱乐节目、新闻等家庭大多数成员比较喜欢的节目类型。

其他时段的节目，也是根据该时段可能收视的家庭成员来定。比如，深夜时分的节目类型或选题要适合于父亲或成年子女等晚归或熬夜群体的收视，如一些轻松的聊天节目、新闻回顾、国外电影等，有益于他们放松一下劳累一天的身子与心灵，再进入睡眠。

三是风格定位。话语风格要针对不同时段里的受众类型而定，黄金时段里的电视节目，其话语风格要适应全家福的角色，不要太深奥，要通俗化与娱乐化。白天（上午与下午）电视的主要受众是家庭妇女，因此，一般说来，白天时段里的电视节目，内容题材与话语风格情感色彩浓烈，如情感剧、韩剧等。

二、电视作为身体媒介的特性

电视作为媒介，无论如何需要表现大千世界里形形色色的人物。与纸质媒介进行人物传播时的身体叙事不一样，电视人物映现荧屏必定是直接的身体呈现，也正是高密度的身体叙事带给电视巨大的媒介魅力，“不论这个世界出现了多少话语体系，躯体仍然是最有力的语言。语词只能与语词对话，躯体却能感动躯体，这是一个不变的真理。”[①]这是因为身体透显出来的信息有时没法用其他任何语言来描述，只有通过另一个身体作为感应器进行信息的直接对接，从而进行信息交流与情感沟通。当代电视节目“琳琅满目”的身体呈现，令受众目不暇接，可能有时会滋生逃逸的念头，然而，当一个纯粹的风景片过长时，受众就会本能地调换频道，去寻找有身体的节目。有研究表明，人们愈来愈趋向一回家便打开电视机，目的并非完全为了信息的索取与娱乐的欲求，许多受众是以电视的播映制造一种虚拟的家庭人气，以影像身体的场域氛围来冲淡或驱除从职场归来后的心灵孤寂。

在实践中，无论是电视主持人、出镜记者、嘉宾，还是普通的采访对象，除了高度注意自身在镜头前面的言行表现之外，大都会在事前进行适当的身体修饰，包括在穿着、装扮、发型及精神状态上做出角色性的弥补与调整等。比如，我们有时要求采访对象将清凉装换成与其身份相符的厚实制服，有时会要求电视嘉宾尽情展开自己娱乐放松的一面，在镜头面前大出洋相，以博观众一笑，从而拉近名人与普通观众之间的心理距离。有些采访对象对于电视传播者使用自己不雅镜头而大为光火的例子并不鲜见。纸质媒介与广播大概却大抵没有这方面的考虑与担忧。由此可见，电视媒介的身体叙事在该媒介传播中有着不可或缺的作用。事实上，身体叙事在某些电视节目（如T台节目、体育节目、

---

① 南帆：《体育馆里面的呼啸》，《叩访感觉》，东方出版中心1999年版，第261页。

明星秀之类）中不再是传播的附属物，而是最主体的传播内容，是传播的本体，身体已是最重要的信息点与阅读重点，“身体在许多时候隐蔽地形成了叙事的强大动力”。[①]

电视作为身体媒介的特殊属性，对于电视编导来说，具有什么样的实践意义？我们如果遵循电视身体叙事的规律，可以获得良好的传播效益。

身体选择是电视身体叙事的第一个环节。挑选合适的人物上节目，无疑是传播者最起码的常识。这里的合适并不仅仅指人物的身份、观念和电视言行的契合程度，也在一定意义上是指人物出镜时的身体适合度。如果选择不适合上镜头的人物身体，就会减弱该节目的传播效果。主持人、出镜记者都是经过体制性的“大浪淘沙”之后，才有了立足电视台的资本，其中就包括身体资本。

身体修饰是电视身体叙事的第二个环节。电视的身体修饰可以分为自然性修饰、专业性修饰、隐讳性修饰、表演性修饰等。

经过角度、景别、用光、运动、色调等各方面的摄像调遣，电视身体已经开始远离它的原型，以一种视觉无意识的方式形成新的身体意象。此后，编辑可能对它进一步加工，包括取舍、结构的重构与技术性的包装，使电视身体愈发偏离它先前的形象轨道。编辑后的身体成品经过播出系统，传送到千家万户，供数以亿万计的受众观看与消费。

几乎所有的节目都渗透着身体元素，也构建不同的身体形象，但各自的程度有所不同。在电视传播中，有一些以身体、身势语、身体运动状态及身体附着物为主体信息或主要看点的电视节目，我们称之为身体类节目，是身体叙事最强烈的一种节目类型。

选美节目是最直接的身体类节目，身体的美丽程度决定了胜出的可能性。选美比赛中一般会有一个泳装表演的环节，无非就是尽可能暴露身体，满足受众的窥探欲以及受众对于身体的视觉占有欲。“身体承担的是一种原始抒情的符号”[②]。

T台节目是身体节目的一种，其主角们必须拥有一般人不大有的高挑身体，而且模特的面容仿佛具有某些迥异于常人的地方。

体育节目是收视率居高不下的节目类型，尤其是著名运动员参加的体育节目更是热播，甚至演绎成轰动的媒介事件。[③]体育节目的身体叙事强调身体的力量、速度与技巧。体育节目中大量的特写镜头，是针对运动员的脸、手、脚，脸是力量、速度与技巧的晴雨表，手、脚是力量、速度与技巧的着力点。为了增强身体运动的可视性，有些体育赛事甚至修改规则，如排球比赛由以前的换发球不得分到今天的得分，就是以得分来提高双方队员进行身体对决的紧张程度，加快身体叙事的节奏，使体育节目变得更有可视性。

---

① 南帆：《身体的叙事》，载《双重视域：当代电子文化分析》，江苏人民出版社2001年版，第197页。
② 同上。
③ 同上。

在电视身体的叙事流程中，传播者一般要遵循以下几个原则：

1.感官化原则

不像纸质媒介与广播，电视节目是付诸于受众的视觉。电视是最大的“好色”媒介。人类对于影像身体的判断，可能比现实社会的身体判断更基于一种逻辑意义，比如“以貌取人”。在现实生活中，也许有人告诫你或者自己告诫自己千万不要“以貌取人”，以免发生事情的误判。然而，在影像叙事中，“以貌取人”的逻辑大抵是不错的。即便是纪实类电视节目，传播者依然会选择悦目或者长相稍佳的访问对象或者嘉宾，当然更不用说对主持人、出镜记者的挑选了。

2.符号化原则

国内电视节目主持人大多是年轻的帅哥靓女，契合感官原则，以满足受众的较低层次的心理诉求，但是针对节目的个性与特点，依然会对这些帅哥靓女进行一些符号性的区分，如娱乐主持人李咏，无法担纲新闻联播的播音员。在国外的电视节目中，出现了一些中老年的著名主持人，显然以契合符号原则为要务，满足受众的精神需要。如今，国内一些高端的新闻节目，也开始由内涵程度高的中年主持人进行主体担纲，如《焦点访谈》的敬一丹、翟树杰，《东方时空》的白岩松，《半边天》的张越等。一些知识型的节目，如《百家讲坛》，把一些老年嘉宾如易中天、王立群推到前台，建构成栏目标志性的人物，成为观众对电视节目的记忆点。事实上，在选择教授、官员、专家进入电视节目时，那些身体意象与其身份更贴近的人往往更容易入选。至于我们需要采访对象穿合适的衣服，做合适的表情，也是进行符号化的身体叙事。

在纪实性的电视摄像中，采用暗淡的光线，俯拍变形或者不甚讲究的构图，用来表现犯罪嫌疑人；而对正面宣传的人物，在身体表现方面，无论构图、取景、用光，还是场面调度都是力求工细与美学处理，这一切都是对电视身体的符号化叙事。

其实，从受众对电视纪实节目的身体解读心态中也可以看出这种符号性原则。受众将身体的意义与信息连带解读，身体的通常意义将形成对现实意义的推进或消解。如一个其貌不扬甚至有些猥琐的被采访者，即便其采访内容是正面的，也有可能导致受众认同的降低。相反，相貌轩伟却能增强受众的好感，增强对采访对象的信任感。然而，现实信息的真实程度并不依赖这种身体的外表，这是身体符号化与电视纪实的一种叙事悖论。电视传播者就是在这种叙事悖论中进行身体的符号化处置与信息传播。

3.明星化原则

“身体的魅力是造就明星的前提。他们均是身体表演者。在这个意义上可以说，明星崇拜的巨大冲动背后隐藏了强大的原始情绪。无论如何，身体影像是一个极富号召力的符号。”[①]这就是说，在电视传播中，如果我们善于使用明星的身体符号进行叙事，那么，我们的节目就有可能获取相当大的传播效益。事实上，在电视节目的生产中，主持人的遴选、嘉宾的物色、演员的挑选，只要有可能，我们无不遵循着让明星或准明星出场的原则。对电影来说，明星有巨大的票房吸引力；对电视来说，明星可以聚焦人气，提高收视率。

三、电视作为特写媒介的特性

电视对于特写画面的运用，已经属于一种技术的惯性。麦克卢汉说："从技术上说，电视是趋向于一种特定画面的媒介。特写画面在电影里用来取得使人震撼的效果，可是它用到电视上却成了家常便饭。”[②]“电视是‘特写’（close-up）媒介，更适合表达角色，而不太适宜展示动作。”[③]当然，这里所谓的“特写”不应该局限于景别术语“特写”，而是用来指称近景系列的画面。由于屏幕小，电视使用包括特写在内的近景系列的画面比远景系列的画面更利于信息的强化传播，具有视觉的冲击力。近景系列画面还能表现技术外的内涵意义。比如，在新闻消息与新闻专题中，给领导者或其他正面人物以特写或近景镜头，其实是给这些人物提供了一种影像话语权。如果给反面人物的变形特写或近景镜头，则是加重对这些人物的叙事贬抑。

当今电视技术已飞速发展，由于数字化影像与高清影像的出现，电视画面变得愈来愈清晰起来，而且电视荧屏越来越大，那么“电视作为特写媒介”的特性是否会改变呢？事实上，电视作为一种家庭装置还会长久地出现在每家每户的客厅里，其家庭媒介的特性不会改变，而特写媒介的特性依旧存在。在家庭语境中，电视终端的尺寸再加大也不能像电影银幕那样，画面的清晰度提升并不能代替特写或近景所带来的细节描述。

当然，当我们说电视是一种“特写媒介”时，没有忽视全景系列画面的重大作用。其实，两者的关系是唇齿相依、相辅相成。全景系列画面用来交代环境、烘托气氛之类的宏大叙事，与近景系列的细节刻画、重点显现等微观叙事，共建电视的影像叙事系统。如今，越过中景镜头的过渡，将全景系列画面与近景系列画面作为两极镜头直接相切的做法已经很普遍。两极镜头形成的反差带给电视叙事更强大的叙事冲击力。

四、电视作为弱逻辑性媒介的特性

电视不同于印刷媒介叙事，表现出片断性、反复性与弱逻辑性的媒介特性。J.费斯克

---

① 南帆：《身体的叙事》，载《双重视域：当代电子文化分析》，江苏人民出版社2001年版，第191页。

② 〔加〕马歇尔·麦克卢汉：《理解媒介：论人的延伸》，商务印书馆2004年版，第391页。

③ 阿瑟·阿萨·伯杰：《媒介分析技巧》，李德刚等译，中国人民大学出版社2005年版，第46页。

与J.哈特利在《解读电视》中认为电视有违文字世代流转下来的基本价值，两者的区别在于，“以文字书写而言，它注重前后一致、因果逻辑、抽象、清晰、人称等要素；相反的，电视则是短暂、片段、特定、具体以及戏剧性，且它的意义来自对比、矛盾、‘符号的拼置’（juxtaposition of signs），与口语及视觉的逻辑”[①]。电视节目的编排，即电视频道的节目与节目、节目与广告的联结，并不是以叙事逻辑为纽带，而是基于收视习惯、营销策略等非逻辑化因素的考虑。一个具体的栏目或节目，需要遵循一定的叙事逻辑，比如，一个新闻调查的节目，是按照记者调查某个新闻事件，从而使事件真相逐渐大白的过程来进行叙事的。然而，由于影像叙事的特殊性，整体节目的各个段落之间并不要求像印刷媒介叙事的逻辑缜密性，其叙事的跳跃性更大。至于那些杂志型节目，其逻辑性更弱。

与弱逻辑性相关的特性，就是电视媒介的片断性、反复性。片断性很好理解，由于段落与段落之间缺乏强逻辑性，每个段落均可看成一个片断，一个电视节目仿佛由若干片断组成。印刷媒介的叙事不能随意进行反复，除非有特殊的修辞考虑。而电视的反复性现象则随处可见。电视叙事稍纵即逝，那么，为了让受众能够记住某些需要强调的信息内容，则用反复叙事来实现该目的。基于实用主义而不是修辞意义的反复，愈发加深了电视传播的弱逻辑性。正如国外学者所说的，“电视装置的运作违背了因果和结局的逻辑观念。根据约翰·埃利斯（John Ellis）的看法，电视叙事通过片段（segment）完成，也就是相对自立门户、彼此不相衔接的一个个场景。埃利斯还认为‘从一个片段到下一个片段的运动是一种交替而不是接续’。于是，对埃利斯来说，所有的电视叙事都是系列的（serial）而不是线性的（linear），这里‘系列’一语指的是‘困境的形式而不是困境的解决或结局’。”[②]电视频道的言说往往不像经典的叙述节目那样充满着理性、条理与秩序。吉姆·柯林斯说：“电视常常被视为后现代文化的‘典范’。……电视跟后现代主义的主体一样，必须被想象为一个场所——一个各种各样的相互矛盾的文化信息交汇的枢纽。”[③]事实上，只要是对电视有所知晓的人都清楚，频道就是这样一个场所：早上的新闻错误，在晚间新闻得到纠正；黄金时段电视剧的物质享乐主义，受到随后的谈话节目的批判。

印刷媒介的强逻辑性，相对理性，与其以文字为中介是相关的，文字需要经过大脑想象之后才能构建形象。电视以直观画面为中介，无需想象，即可理解，相对感性。印刷媒介带给我们更多的理性思考，而电视奉献出各种片断叙事或瞬间叙事的影像愉悦。

---

① John Fisk&John Hartley：《解读电视》，郑明椿译，台湾远流事业股份有限公司1993年版，第8页。

② 简·弗约尔：《美国电视网的叙事形式》，载〔英〕奥利弗·博伊德—巴雷特克里斯·纽博尔德编：《媒介研究的进路》，新华出版社2004年第1版，第608页。

③〔英〕约翰·斯道雷：《文化理论与通俗文化导论》，杨竹山等译，南京大学出版社2001年版，第276页。

五、电视作为娱乐媒介的特性

传媒已进入一个泛娱乐时代。电视是一种影像媒介，以直观的画面来传播信息，具有本体意义的娱乐诉求。

电视作为一种家庭媒介的特性，迫使电视节目必须适应家庭阅读尤其是黄金时段全家福收视的特殊媒介情景。家庭阅读是松散型的、心理放松的、缺乏契约性的，那么，过于严肃的内容题材与话语风格与此不相适应。黄金时段是全家一起看电视的时间，全家人有老有少，有男有女，受教育程度有高有低，等等，那么，什么样的电视节目才能使得一家老少都能接受呢？那就是，知识难度小、密度低的电视节目才能让大家都能看懂。全家一起看电视，如果电视节目能够制造融洽、温馨的家庭氛围，自然是有益于电视节目的收视。事实上，黄金时段的电视节目，如电视剧、娱乐综艺节目等，其娱乐性程度较高，就是适应于全家收视的特点。

电视作为娱乐媒介的特性，并非狭隘地解读为就是做娱乐节目，而是可以理解为电视叙事的情感化、奇观化、时尚化，也包括娱乐化。一些电视编导擅长于情感表现，于是在电视节目中制造诸多的动情点，让电视机前的受众为之垂泪。奇观化是电视作为影像媒介的必然诉求。奇观化能够带给受众巨大的收视期望，满足他们强烈的窥探欲。电视是时尚媒介，追求最新的传播理念，追求最新的内容题材，也追求最新的话语方式，如对流行事物的青睐，即是电视作为时尚媒介的本能诉求。

电视也会涉及到高端的内容层面，但常常以相对轻松、娱乐性强的话语方式让受众更乐于阅读与接受。《百家讲坛》是一个高端型节目，但开播三年后陷于绝境。后来，由于题材的文史化、讲述者的明星化、讲述的章回法、悬念化等相对娱乐化的措施出来之后，才起死回生，成为一档受众面较大的电视节目。

电视作为娱乐媒介的特性，可以分为由浅入深的三个层面：

i）感官的娱乐层面

ii）心理的感动层面

iii）主题的升华层面

感官的娱乐层次，即表现为画面的美感、故事的吸引、叙事的幽默、现场的热闹、欢快等，是浅层的。一个电视节目仅是做到这个层次是不够的，还要让受众感动，真正为之动情。最好的电视节目要做到主题的升华，在感官娱乐、心理感动的同时，能有一个振奋的人生主题，那么节目就达到了一个较高层面。时下，一些电视节目遭到受众强烈的诟病，就在于一味地猎奇、搞笑，甚至庸俗透顶，显然，只是错误地理解电视的娱乐特性，在三个层面上，也仅仅到达第一个层面，不能使人感动，更没有主题升华。

六、电视作为"白日梦"媒介的特性

电视具有一定程度的"白日梦"式的媒介特性，我们认为如果说电影是深度白日梦，那么电视则是浅度白日梦，主要表现在以下几个方面：

i）镜头的美化

无论是什么样的人物或场景，一旦被摄入电视之中，总会发生一定程度的美学变形。

ii）出镜人物的修饰

娱乐节目中的主持人、嘉宾修饰是一种常态，而纪实类节目的主持人、嘉宾与其他出镜人物也会进行一定程度的化妆与外表修饰。

iii）技术美学

舞美设计、灯光运用、色调处理、音乐造型等电视技术的运用，使任何纪实类节目变得不再具有完全的现实性，增添了诸多的梦幻色彩。

iv）人物的明星化

明星化是一种强大的心理驱动，给予受众以强烈的梦幻体验。明星化包括两个方面，一是包括主持人、嘉宾或新闻当事人经过电视传播后成为明星，使受众产生强烈的心理感受；二是受众希望通过电视平台，成为世人瞩目的明星，选秀节目的轰动在很大程度上就是利用了人们这种渴望成为明星的世俗心理。

还有诸多电视美学路径，可以使得纪实性的电视节目都会拉开与现实的距离，形成一定的梦幻性质。

【本节要点】

◆在实践操作中，我们的电视节目不能偏失其中一种特性，要把握其兼具作为艺术与作为媒介的双重特性。

◆电视是一种特殊的大众传播媒介，包含一种"家庭主义"的要素。电视的话语方式，以接近与适应这种电视家庭主义为要务。对于电视编导来说，电视的家庭主义可从三个定位展开：一是受众定位，二是内容定位，三是风格定位。

◆高密度的身体叙事带给电视巨大的媒介魅力。身体选择是电视身体叙事的第一个环节。身体修饰是电视身体叙事的第二个环节。编辑可能对它进一步加工，包括取舍、结构的重构与技术性的包装，使电视身体愈发偏离它先前的形象轨道。

◆在电视身体的叙事流程中，传播者一般要遵循以下几个原则：感官化原则、符号化原则、明星化原则。

◆电视对于特写画面的运用，已经属于一种技术的惯性。这里所谓的“特写”不应该局限于景别术语“特写”，而是用来指称近景系列的画面。近景系列画面还能表现技术外的内涵意义。

◆电视不同于印刷媒介叙事，表现出片断性、反复性与弱逻辑性的媒介特性。

◆电视作为娱乐媒介的特性，并非狭隘地解读为就是做娱乐节目，而是可能理解为电视叙事的情感化、奇观化、时尚化，也包括娱乐化。电视作为娱乐媒介的特性，可以分为由浅入深的三个层面：一是感官的娱乐层面，二是心理的感动层面，三是主题的升华层面。

◆电视具有一定程度的“白日梦”式的媒介特性，表现为镜头的美化、出镜人物的修饰、技术美学、人物的明星化等。

【实验与练习】

◆目标：分析一档周末黄金时段节目的家庭元素。

◆操作：学生自行选择或教师指定一档节目，观看后，学生讨论，教师评价。

第二节 电视受众流理论及节目策略

【阅读导引】

◆什么是受众流、受众溢流与受众入流?

◆如果要维持相当的受众流,电视节目的文本策略包括哪些方面?

◆为了实现相当程度的受众流,电视节目有哪些营销策略?

◆为了保证受众顺流,有哪些编排策略?

◆保证入流机制的编排策略有哪些? 如何利用节目编排策略防御受众溢流?

电视编导必须深入了解自己的传播对象,即受众。受众分析一直是传播学理论的重要领域。对于电视传播者来说,受众往往是最难以琢磨与掌握的,也是常常令传播者极其困惑的一个问题。如果能够有效地分析出一个电视频道或电视节目的受众流图景,那么,对于传播者来说,无疑可以有一个相对明晰的思路去解除电视实践中的许多难题,制订相应的传播机制,从而吸引大量受众进入自己的频道或节目中,形成稳定的受众流,获取最大化的传播效益。

受众是匿名的、分散的,看不见摸不着,收视率的调查也只能让我们感知他们的存在。然而究竟如何,让传播者感觉到依然是一头雾水。其实,当我们在看一个火爆播放的电视节目时,还有无数像我们一样的受众也围坐在电视机前痴迷地看着荧屏,而当节目结束以后,他们大抵也像我们自己一样,或者接着看下一个节目,或者用遥控器击杀当前频道而转入其他频道的节目,或者离席而去。看来,隐匿在一个电视频道或一个电视节目背后的是一幅受众流进流出的辉煌图景,仿佛一条流动的受众之河,它有时就像这个世界大多数河流一样,开始的源头较细,沿途中不断有支流加入,渐渐汇成一条汹涌的大河,一路高歌奔腾入海,许多热播电视剧背后的受众变化常常就是如此。而有些节目背后的受众变化却更像一条内陆河,它可能有一段时间里汇集的受众特别多,但有时也不断隐入沙漠中,蜿蜒如蛇,最后消失在地表层,遁隐不见。这就是所谓的受众流。总之,各种节目类型及个案背后的受众流呈现出色彩斑斓的图景。当我们仔细研究一个电视频道的受众流时,我们会发现,一个二十四小时不间断播出的电视频道,其受众流往往呈现出时隐时现、时粗时细、时入时出、有时汹涌澎湃、有时又干枯见底的图景。一个电视频道或电视节目,其背后的受众流大小取决于其本身对受众的吸纳力、传播声势及传播策略，也取决于受众的阅读语境。

受众流（audience flow），是指收看一个电视频道或电视节目的受众像一条河那样总会保持或大或小的流量。我们研究电视的受众流机制，是想发现电视传播背后的受众运动图景以及传播者如何利用文本生产、节目编排、节目营销等策略来促进自身的受众流量、流速及持久性，获取最大的传播效益。

一、受众流概念及其含义

国外学者在受众分析中早已提出了受众流的概念。我国台湾学者顾淑馨翻译、Sydey.W.Head等著的《电子媒介新论》（*A SURVEY OF ELECTRONIC MEDIA*），即有受众流的概念，并提出与之相关的顺流、溢流与入流三个术语。由刘燕南等翻译、丹尼斯·麦奎尔（Denis Mc Quail）著的《受众分析》一书中有一小章是分析受众流问题的。我们在此基础上进一步展开对受众流理论的深掘，并根据业界的大量实践提出一些新的概念与术语，以期更好地描述与分析电视传播的受众流特点与规律。

1.顺流·溢流·入流

受众流（audience flow）的含义即是受众顺流①，也就是说，一个电视节目或频道以一种正向的受众流量或流速推进。顺流可以使电视节目或频道保持稳定的受众流。一个具有传播强势的电视频道，其顺流基量往往会很大。与顺流相关的还有两个概念，一是溢流（flow through），二是入流（in flow）。所谓溢流，即受众从电视节目或频道中流出，从而使原本顺流的受众数量减少，对受众流具有逆向作用。当电视内容或风格不适合受众的阅读期待时，他们往往会用遥控器击杀该频道，转入别的频道，或者掉头而去，离开荧屏。溢流是传播者所不愿看到的，一个电视节目或频道的受众溢流量越大，传播效益越差。所谓入流，即新的受众从其他频道的节目迁移而来，或者新的受众开机加入。入流可以使得一个电视节目或电视频道的受众流量加大或加速，对受众顺流具有正向作用。当一个电视节目内容与形式具有某些新鲜点的时候，加上节目营销与导视得当，那么就会吸引相当的受众入流，加大该节目受众流的基量，扩大传播效益。

对一个电视节目或频道来说，以上三种受众流的方式几乎并存。也就是说，当一个电视频道或节目传播时，总有一条受众的主流（不同的频道或节目，虽然主流有大有小，但终究是有的），也几乎时时有入流、溢流现象发生，哪怕最火爆的电视节目都有可能发

① 与顺流相应的还有溢流（flow through），即受众从该频道流出，入流（inflow），即受众从其他的频道流入该频道，在节目编排要尽可能地使受众的顺流或入流，减少溢流。参见Sydey.W.Head等：《电子媒介新论》（*A SURVEY OF ELECTRONIC MEDIA*），顾淑馨译，（台湾）时英出版社1999年12月初版，第216页。

生溢流的现象。流入流出，构成电视节目传播背后受众流的动态图景。对一个电视频道或电视节目来说，受众流是其生存的源泉。受众流愈大，传播能量与势态就愈大。稳定受众顺流，增大入流，减少溢流，实现传播效果的最大化。

2.基本流·支流·杂流

一个电视频道或节目往往具有一个目标受众群，这个目标受众群常常会构成其受众流的基干部分，叫基本流，也叫受众主流。如湖南卫视的《快乐大本营》目标受众大约是8岁至22岁的年轻人，那么这个受众群体就成了《快乐大本营》播映时最基本的受众流。一个电视节目的基本流越大，传播效益就越好。电视剧、新闻、综艺娱乐三种类型的节目最具收视率，往往具有较大的受众基本流。

有些电视节目往往在目标受众群之外，还会出现一些边缘受众群体，可以被看做该节目受众流的支流。如许多家长伴同年轻孩子一起收看《快乐大本营》，于是，这部分受众支流也汇进了该节目的受众流，从而扩大了该节目的传播规模与声势。再比如，湖南电视台曾经有一档栏目叫《超级英雄》，本是一档成人益智节目，但是传播者从收视数据中惊异地发现，“7～10岁儿童的收视比例在持续增长，并接近或超过一般少儿节目的平均收视率”[①]。在该节目中，成人受众是其基本流，而少儿群体则是该节目受众流的支流。后来，传播者干脆另辟一个叫《超级小英雄》的子栏目提供给这个少儿群体。于是，作为母体节目《超级英雄》的受众支流成为子节目《超级小英雄》的受众主流，也意味着母节目的受众发了分流。母节目、子节目的受众流成分更为清晰，传播者可以更好地为目标受众打造最合适的节目文本。

一个电视频道或电视节目的目标受众构成受众主流，边缘受众构成了受众的支流。偶然入流的受众汇入主流中，形成了电视频道或电视节目的受众杂流现象。事实上，一档电视节目的受众定位再准确，再清晰，依然具有相当程度的受众杂合现象。因此，受众杂流是电视传播的必然现象。一档电视节目的目标受众是年轻的白领阶层，但是许多青少年也非常爱看，同时，也吸引了不少中老年受众，使得其受众成分比较复杂。受众杂流现象具有必然性与绝对性，泾渭分明的受众流现象在现实中并不存在。当然，传播者也不必太在意这种杂流现象，要一如既往地打造适合主流受众阅读期待的文本，适当照顾有分量的支流受众的的兴趣与心理。

3.流量·流峰·流谷

流量是指电视节目传播时受众流的总量。在收视率的考量中，我们会清楚地看到某个时间段的受众数，这就是电视节目在该时段的受众流量。受众流量可以反映出电视节

---

① 周笑：《中国电视媒介增值力通论》，湖南大学出版社2004年版，第39页。

目在某个时段的传播规模。

如果以收视率来绘制一个电视频道或电视节目受众流的曲线图，我们就会发现曲线图有时会升至一个最高点，有时就会跌至最低点，这里的最高点是流峰，最低点是流谷。比如说，周末晚上播放一档火爆的综艺节目，其高潮处就可能会形成该节目在当晚的受众流的高峰，即流峰。其后，插播一段广告，导致大量受众骤然离席而去，广告时间段里的受众流量急剧减少，形成曲线图的流谷。在一段时期里，如果收视的社会语境与媒介语境稳定，节目内容、形式、编排及营销策略也保持相对的不变，那么，一个电视节目受众流的曲线图就会呈现大致的景观，也就是其流量基本上起伏不太，流峰、流谷出现的时间、长度、频率应该较为相似。

影响一个电视节目受众流曲线量的流量、流峰、流谷现象的原因有很多。

电视节目的流量由电视时段的性质、电视频道与电视的品牌程度、节目编排策略、电视节目个体的内容与文本叙事方式、节目的营销策略等因素决定。黄金时段的受众流量大于非黄金时段，品牌频道与节目的受众流量大，前后节目的强势也会增大该节目的受众流量，内容、叙事方式符合受众期待的电视节目会有较大的受众流量，导视得当、频率大、强度高也会促进流量的增大。

流峰的形成可能会与时段、内容有关，一个节目播放至一定时间后，内容的叙述也到了一个高潮，陆陆续续入流的受众汇入受众主流，渐渐形成一个流峰。

流谷的形成原因可能与节目内容与叙事进程有关，比方说，有些故事型节目，一旦悬念解除，高潮过去，就可能会出现流谷。其他因素诸如板块转换、广告插入等都会形成一个电视节目受众流的流谷。流谷的形成是必然的。然而，可以通过节目文本的建构、导视及广告编排等策略来减少流谷持续的时间。在面临广告或板块转换的叙述中断时，节目文本可以加强悬念，吸引受众的重新观看，也可以通过有诱惑力的节目提示，促成流谷后受众的大量回归。另外，插播广告要适宜，这是因为即便后续内容吸引力再大、节目导视强度再大，太长的广告时间会严重挑战受众的心理底线，常常会使受众因忍耐不了无休无止的广告，愤而离去，从而削弱受众流的反弹力，使受众流谷延续更长。

4.受众流的井喷现象

实践者常常会发现，一个栏目运行到一定时间时，会突然出现受众极大增流的现象，即所谓的受众流的井喷现象。井喷现象的发生，必须有时间的积淀。当节目进行到一定程度，伴随着节目营销、舆论宣传及口碑流传等因素的发酵，受众数量会突然呈几何级数的增加，受众流呈现出一种高位运动状态。井喷现象常常发生在创新型节目、活动型节目及电视连续剧的传播中。2005年的《超级女声》的受众井喷现象发生在广州赛区的十强诞生之后，当时火爆的场景是主办者始料未及的，受众流井喷的程度让主办者有些猝不及防，加上当时舆论中的一些批评性热议，主办者甚至希望受众井喷效应不要再延续，希望节目降温。这次井喷现象，其实与2004年《超级女声》整个活动的受众积淀是分不开的。2005年的《超级女声》在经过长沙赛区的一段酝酿期之后，终于在随后的广州赛区中发生了受众流的井喷。受众井喷现象发生的特点、规律以及井喷效应的处置方式都是电视传播学中值得深入探讨的一个问题。

对以上概念的阐述，其实让我们认识到电视节目或频道的受众流图景混合着各种情形的杂流现象，不仅有基本的顺流，也有几乎每时每刻都可能存在的入流与溢流，也包括一定时间里的井喷现象，其流量也会时大时小，总之，电视传播的受众流图景可以看做一种类似外流河与内陆河的混合现象，只不过某个时段的受众流可能以某一种现象占据上风。比如节目开始时，可能入流的人数多，结束时或播放广告时，就有大量的受众溢出，在节目播放进入高潮一段时间中，顺流可能是最主要的。电视传播的受众流现象有诸多的偶然因素介入其中，但依然具有一定的规律可循。

【实验与练习】

◆目标：分析哪些因素影响到受众流。

◆操作：选择某电视频道连续两档节目的收视数据，让学生分析受众流情况，发表意见，进行评价。

二、受众流与电视节目的文本策略

对于单个电视节目来说，如何保证受众持续收视该节目，形成该节目稳定的受众流呢？一个电视节目要保持较好的受众流，其传播的文本无疑是最重要的因素之一。然而，什么样的文本才能够吸引大量的受众，扩大基本流与入流，减少溢流呢？传播者在电视节目的文本建构中需要注意些什么呢？

1.选题与内容

对一个电视节目来说，选题是成功的一半。好的选题能够吸引许多受众的注意力，是形成比较稳定受众流的一个根基。做好选题之后，除了根据频道与栏目的要求，还需从受众的需求出发进行内容的发掘。事实上，那些符合受众心理期待、最能满足受众欲望诉求的电视节目往往具有相当的人气与收视率。选秀节目一度非常火爆，其实与满足了大众的娱乐情结、实现了观众的娱乐权力是分不开的。

2.叙事模式

叙事模式会对电视节目的受众流产生强烈影响。娱乐化、故事化与情感化的叙事模式更能吸引受众。也许对于高端节目的受众来说，理性一点、语言风格相对文气、逻辑性较强的电视节目也能引发他们的关注与收视。不过，当这些高端节目也能做到一定程度的娱乐化、故事化、情感化时，那么不仅可以使高端受众对节目的关注与收视更持久，而且可以扩大受众面，引发受众入流，减少溢流，从而增大受众流的规模。《百家讲坛》的实践正好说明这一问题。先前的《百家讲坛》过于注重学术性、权威性，因此，应者寥寥。2004年之后，由于叙事模式的转变，开始注重节目选题的受众基础，讲究故事化与娱乐化，从而扭转了先前的收视颓势，形成一股相对稳定的受众流。

ⅰ）娱乐化的叙事模式

这一点好像让许多实践者尝到了甜头。不仅综艺节目的娱乐化更加彻底，而且许多生活类、经济类的电视节目也是娱乐性十足，这些节目不再限于专业知识与信息的传达，更重要的是让受众体验到过程的快乐，节目的诸多环节已经完全娱乐化，可视性成了最重要的法则。新闻娱乐化早已不是新鲜的课题。娱乐化的叙事模式为抢先运用的电视传播者争到相当份额的受众市场，刷新了电视场域的受众版图。

ⅱ）故事化的叙事模式

受众习惯于听故事，电视传播者投其所好，将新闻讲成故事，将人物说成传奇。有些传播者要求自己的节目文本三分钟一个兴奋点，五分钟一个转折，竭尽所能让节目故事化、故事传奇化、传奇曲折化。更多的实践者已经把悬念的制造看做节目的一个叙事法宝。这种悬念的制造可以诱导受众进行持续收视，加强节目的受众顺流。如今故事化的叙事模式已经在一些科学类节目中蔓延，并且取得颇为不错的传播实效，甚至有批评者将某档科学节目斥之为“走近伪科学”。实践者对于故事化叙事模式的迷恋，是源于受众的故事化情结及阅读的成瘾性。通过故事化叙事模式，传播者可以获得比较忠诚的受众群体，从而获得较大规模的受众基本流。

ⅲ）情感化的叙事模式

以情感人的叙事方法已经被一些实践者运用得轻车熟路了，甚至成了一种本能性的编导行为。情感节目有很强的收视卖点，在情感的叙事中挟带了一些家庭、婚姻及情爱故事，满足了受众的窥探欲，还经常惹得受众泪水涟涟，让许多受众对情感节目陶醉不已。即便在一些新闻专题、综艺节目中，传播者也是想尽方法在节目中发掘当事人的背景故事，制造悲情、温情、豪情，不惜让当事人的眼眶里泪花闪耀，进而抽泣恸哭。曾有一档综艺娱乐节目做了一期大年特别节目，在节目直播前特意派出记者赶赴祖国东南西北的边防哨所采访守边战士，用边防战士恋家的温情与守边的国家豪情，通过战士们含泪给亲人给祖国拜年的感人镜头，带给了受众强烈的情感认同，也带给了节目良好的收视率。

3.结构设计

一个节目的结构不仅关乎文本的问题，其实也会牵扯到受众流的稳定。一个节目如果能设计一个悬念性强、步步推进的文本结构，那么就可能大大增强受众的阅读兴趣，使之欲罢不能，从而实现节目中的受众顺流。否则，受众看了一会儿节目就把整个节目弄得明白如水，那么就会丧失使其继续关注下去的叙事牵引力，导致一部分受众转入其他频道的阅读，发生受众的溢流。

一个电视节目的结构还需要考虑广告的因素，因为广告的插播会中断电视节目自然的叙事流程，从而使节目背后的受众流发生重大的溢流现象。因此，广告来临前的悬念性导视，被传播者用来作为给受众溢流止血的一剂万能贴。这剂万能贴加上整个节目的叙事张力，可以使溢流的受众大大减少。如果这时再加入一些新入流的受众，正负相抵，原来的受众流量不仅可以稳定，甚至由于入流受众多，反而加大受众流的规模。

4.与受众互动

与受众互动已经成为传播者建构电视节目文本的重要理念。这个理念其实也深深影响到电视传播的受众流图景。这是为什么呢？其实，受众并不满足于单纯信息的吸收，还有着强烈的参与意识。如果有节目能够让其参与其中，受众就可能将节目当成自己生活的一部分，这样一来，这一部分受众对节目的忠诚度将大大加强，就可能成为节目的铁杆观众。即便有些观众并不实际参与，但是他们极有可能在节目中寻找自己的代理人，进行替代参与。尽管这只是一种心理互动，但是受众与节目的关联大大加强。同时，受众的现实互动与替代参与，都会使受众获得某种成就感。这种成就感加深了受众对节目的印象，从而提高受众对该节目的收视数量与频率。节目与受众互动的策略运用得当，可以促使受众进行持续的收视，加大受众收视的稳定性。比方说，在一档电视新闻节目的开始部分，主持人抛出一个调查性议题，于是受众纷纷发短信表达看法；节目结束时，主持人公布调查结果。这样的过程，无疑可以极大程度地调动参与受众的积极性，同时，由于参与过程的动态性及未知性，不但引发了参与受众一探究竟的心理，也勾起了仅仅袖手观看的那部分受众对最后结果的探知欲。如此一来，受众流的稳定性将大大加强，从而实现良好的传播效益。

三、受众流与节目编排策略

在同一频道里的连续两档或两档以上节目、同一栏目的每期节目之间如何保持稳定的顺流呢？节目编排成了非常关键的策略。节目编排是电视频道对自身节目资源的整合与调配，也就是传播者通过纵横捭阖的各种编排策略，可以取得频道竞争语境中的受众流优势。

1.顺流机制的编排策略

如果两个电视节目之间的受众顺流程度高，那么就可以提高整个电视频道的传播效益。在电视节目的传播中，实践者常常使用如下一些编排策略来提高同一频道前后节目或同一栏目的每期节目之间受众顺流的程度。

i）板块策略

所谓板块策略（block），也称作纵向编排法（vertical programming），即一个电视节目结束之后，紧接着安排相关或相似的节目类型。这种策略目的是希望上一个节目的受众能够有很大一部分顺流到下一个节目，形成频道内部的受众顺流，而不是使受众从本频道大量溢出。比如说，当黄金时段某个热播电视剧的大结局之后，紧随其后的是一个对其主创人员进行访谈的演播室节目，传播者利用热播电视剧的人气拉抬后面节目的收视，使许多意犹未尽的受众顺流到后面的节目。

板块策略在美国各电视网早间节目的编排中用得比较典型，连续两三个小时的新闻资讯，适应于人们在早间对于一天资讯的需求。在国内的节目编排中，有些频道针对居家女性在午后安排电视剧及女性节目的板块设计有其合理性。

ii）连环策略

所谓连环策略（strip），也译作带状策略，“这种方法也被称为横向编排法（horizontal programming），可以促进观众收视习惯的形成”。[①]该策略就是每天的同一时间（通常不包括周末）安排连续性或系列性节目，即隔天或数天甚至一周的节目编排方法。这些连续性或系列性节目往往又被主导者设计成具有一定的关联性，受众看了上一个节目，为其中的关联性所勾连，又想着看下一个节目，于是形成了一定的内容依赖性与收视成瘾性。电视剧是这种编排策略的典型例子。一部电视剧每晚准时在某一频道两集或三集地盛情演绎，扣人心弦的情节与人物命运往往让受众在每晚的节目结束时依然意犹未尽，由此而形成的悬念只能在第二天同一时段的节目才能得到解开，于是，第二天节目的收视率有了一定的保证。一个连续性节目或一个系列性节目，其关联性的品质愈高，就愈能吸引受众进行连续性与成瘾性阅读。栏目设计是这种连环策略的物质化形式。基于电视剧的收视榜样，一些栏目化节目也仿照电视剧形态，以章回体的形式形成连续性或系列性节目。不过，绝大多数栏目化节目，上一期与下一期的节目缺乏像电视剧甚至连续性或系列性节目那种关联性品质，那么传播者所希望的成瘾性阅读有可能打折扣，于是传播者尽可能地在一般性的栏目化节目的上下两期制造某种相关性，节目预告就是

① ［美］彼德·K.普林格尔等：《电子媒介经营与管理》（第四版），潘紫霞等译，北京广播学院出版社2004年版，第153页。

一种相关性制造。在连环策略使用中，如果所安排的连续性或系列性节目对受众缺乏足够的吸引力，那么受众顺流的程度就会大大降低。

iii）帐篷策略

所谓帐篷策略（tent-poling programming），即是利用强势节目的“前呼”（指受众为了收看该节目提前介入该频道的收视）、“后应”（指节目播完之后，喜爱该节目的部分受众可能继续留在该频道）的效能给予新节目或弱势节目以一些受众资源的惠赐。帐篷策略下的强势节目带来的人气在前一个节目中就形成了一定的受众规模，随后顺流到强势节目，当强势节目结束后，这股强大的受众流尽管会出现一些溢流，然而由于规模巨大，使得顺流到后面节目的受众基数依然可观。

iv）吊床策略

所谓吊床策略（hammock programming），即把弱势节目或新节目安排在两档强势节目之间，两头高中间低，形如吊床。这样做的目的，就是希望喜爱前一档强势节目的受众能“顺流”一部分到紧随其后的新节目或弱势节目中，同时也期盼后一节目的目标受众在提前介入频道的阅读中恰好看到该节目，这样通过两档强势节目的拉抬，可以在一定程度上形成对新节目或弱势节目的收视扶持。不过，在使用这种方法时，传播者往往会小心翼翼，因为稍不慎重，新节目或弱势节目就可能造成频道受众的大量溢流，从而影响到后面强势节目的受众流规模。

v）强档节目延长策略

强档节目延长策略的运用说明传播者强化受众顺流的意图更加明显。强档节目的受众规模大，当其播出时间延长，受众自然顺流而下。电视剧是受众最为喜爱的节目类型之一，一个热播电视剧常常积聚巨大的人气。在电视竞争不是白热化的时期，一些主流频道黄金时段的热播电视剧往往一晚一集，慢慢演绎。后来竞争加大，许多电视频道改成每晚两集甚至三集。在一些非黄金时段里，有些传播者将电视剧增至四到五集。显然，这些做法就是利用强档节目的传播势能极大程度地保持受众的顺流。

vi）无缝隙策略

所谓无缝隙策略（seamlessness programming），即把两个或两个以上的节目连成一片，中间不再插播或减少广告或其他附生传播单元，从而使节目的受众不因广告的阻断而顺畅流动。2002年改版后的旅游卫视，曾一度掐除每个节目后面的片尾字幕，虽然业界与学界对该做法有不同意见，但是它无意中暗合了无缝隙策略的原则，对受众的顺流具有一定作用。

2.入流机制的编排策略

事实上，传播者不仅要保持节目之间较高程度的受众顺流，而且总是千方百计希望有新鲜的受众流加入频道之中，即增大受众的入流量，从而扩大整个节目的受众规模与流量。

i）引桥策略

所谓引桥策略（bridging programming）[①]，即在竞争对手某强档节目播映前稍早一点的时段里安排自身节目，这就仿佛架上一座引桥，抢先将受众引至桥上观看自身的节目。引桥策略，还有一种情形就是跨越其他竞争频道“破口”的方式来编排节目，这样，“即让节目开始与结束的时间与竞争对手不同，观众即使想转往其他频道，也可能因错过了开始时间而重返原节目”。[②]一般来说，晚间八点前后是包括中央一套在内的许多强势频道的电视剧播放时间，可以说这是一个由电视剧类型所锻造成的强档节目时间。一些电视频道尤其是城市台将七点半至八点之间的内容进行了大刀阔斧的删削，将八点开始的电视剧推至7:30[③]，湖南电视台经视综合频道就直接以730作为剧场的命名。这些做法，其实是在对手频道的传播薄弱期，通过引桥策略加大受众的入流，从而实现受众在自身频道中的顺流。

不过，这种引桥策略如果只有少数频道使用的话，效果应该说是很明显的，但当几乎成了千篇一律的做法时，就该琢磨新的“引桥”了。

ii）强棒出击策略

所谓强棒出击策略，是指传播者在黄金时段开始时，安排最有传播能量的品牌节目参与竞争，“由于黄金时段第一个半小时的节目能否吸引观众，往往决定整个晚间节目的收视情况”[④]，也就是说，强棒出击的策略提高了该频道的受众入流规模，从而保证了整个黄金时段的受众流量。这也是国内大多数电视频道在黄金时段里安排最具竞争力节目的缘故，常常是电视剧、综艺娱乐、新闻类的节目。

iii）攻击性策略

所谓攻击性策略（offensive scheduling），即用自己的强档节目去攻击对手的弱势节目，将对手的一部分或大部分受众吸纳到自己的节目中来，从而引发强大的受众入流。

iv）阻扰策略

所谓阻扰策略（stunting programing），即“打断正常节目流程、停止播放原节目，而安

---

① bridging programming，一般直译为桥梁策略，本文以意译的方式译为引桥策略。

② 刘燕南：《电视收视率解析：调查、分析与应用》，北京广播学院出版社2001年版，第177页。

③ 为何不推得更前一些呢？频道主导者大抵是有所考虑的，再推前是《新闻联播》，一方面《新闻联播》的基本受众是难以撼动的；另一方面，再推前，与《新闻联播》重叠，那么《新闻联播》结束后，一些愿意收看电视剧的受众，由于该频道电视剧已处于播放中，不能进行完整收看而另选其他频道的节目或电视剧。自然，这是不划算的做法。打个形象的比喻的话，这种将经典电视剧时段修正到《新闻联播》前面的做法，有如出租车司机将车开到电影院门口等待散场的顾客一样。

④ 刘燕南：《电视收视率解析：调查、分析与应用》，北京广播学院出版社2001年版，第177页。

排高知名度、热门的电影或精彩的特别节目”[1]，从而吸引对手的受众入流到本频道。

v）反向策略

所谓反向策略（counter programming），即避开对手的锋芒，“安排能吸引不同于竞争对手的观众群的节目。如在竞争电视台播出儿童节目的时段里安排以吸引成人观众为主的节目”。[2]这种以异质化节目吸引不同目标受众的做法，使得一部分不同于对手的受众群入流到该频道。比方说，由于七点至七点半这个时段面前横亘着《新闻联播》这座收视山峰，有些频道就在这个时段以强烈的异质节目来获得一定的收视份额。针对《新闻联播》定位在相对高端人群的特点，一些影视频道在这个时段里安排通俗化的节目来吸引相对低端的收视群体，如上海电视台电视剧频道在这个时段特别安排了一些契合本土市民受众口味的情景剧，以差异求生存，效果不错[3]。

3.溢流防御机制的编排策略

以上讲的节目编排策略，一切都是传播者为了实现电视节目最大化的受众顺流或入流而使用的技巧与方法。自然，电视节目实现了最大化的顺流或入流，自然也是一种溢流防御。不过，以下论述的几种节目编排策略可能与溢流防御更加直接。

i）对抗策略

所谓对抗策略（head-to-head），又译作硬碰硬的策略，“即安排和竞争对手同类型的节目，从而吸引同样的观众。（美国）各大电视网的联播台的早间新闻和午夜新闻的相互竞争，就是采用此种策略的例子”[4]。虽然黄金时段的电视竞争激烈，但是该时段的受众基数大，就连一些弱势频道也常常采取对抗策略，用来对抗的电视节目虽略逊一筹，仍能吸引很大一部分受众聚集在自身的频道门下。如果不采取对抗策略的话，基本盘会悉数崩溃，受众大多就会流到对手频道，使其获益愈厚，愈发增加日后对自身的压力。就自身的收视来说，如果黄金时段都不能聚集一定人气的话，那么“顺流”到该频道的后续节目的受众基数也不会太多，从而影响到非黄金时段的收视率。因此，两害相较取其轻，这也是大多数弱势频道对强势频道的强档出击仍然跟进的主要原因，是一种防御机制。与该策略相似的即是防御性策略（defensive scheduling），也是“用自己的强档节目抵挡对方的强档节目”。两种策略都是为了防止本频道受众的大量溢流，从而保证自身的传播利益。

---

① 刘燕南：《电视收视率解析：调查、分析与应用》，北京广播学院出版社2001年版，第178页。

② 〔美〕彼德·K.普林格尔等：《电子媒介经营与管理》（第四版），潘紫霞等译，北京广播学院出版社2004年版，第153页。

③ 上海电视节组委会、央视-索福瑞媒介研究有限公司：《中国电视剧市场报告（2003～2004）》，华夏出版社2004年版，第210～211页。

④ 〔美〕彼德·K.普林格尔等：《电子媒介经营与管理》（第四版），潘紫霞等译，北京广播学院出版社2004年版，第153页。

ii)棋盘策略

所谓棋盘策略(checkerboard programing),是指“每天在同一时段播出不同的节目”[①]。这种策略由于不能像连环策略那样使观众养成一个忠诚收视的习惯,容易发生溢流现象,难以形成稳定的受众顺流。因此,这种策略运用起来需谨慎,尽可能使每天同一时段播出的节目具有一定的相似性与相关性,从而减低溢流隐患。

【实验与练习】

◆目标:了解编排策略。

◆操作:选择具有典型案例的某家卫视,查阅节目表,学生自行分析,课堂发表意见,教师总结。

四、受众流与电视节目的营销策略

电视节目受众流的形成不仅与文本、节目编排策略有关,很大程度上也与电视节目的营销有关。文本策略与节目编排都属于电视传播的内在手段,而电视节目的营销即是以外在的手段来强化电视节目的受众流机制。

1.品牌建设

实践证明,一个品牌节目的受众流是相对稳定的,这是因为品牌节目具有强烈的受众针对性,符合受众的心理期待,在受众中已经形成了良好的品碑,受众为之倾倒,为之折服,也会持续收视,而不至于中断收视的进程,直至节目的结束。事实上,受众流的相对稳定性也是检验电视节目是否属于品牌之列的重要标准之一。品牌节目可以使受众养成比较强大的收视惯性,这种收视惯性也保证了电视节目内的受众顺流。品牌节目培养受众的忠诚度。一些受众对节目产生了相当的忠诚度,即便节目中出现了某些瑕疵,或者不合自己的胃口,依然不离不弃,并且可能通过某些互动的手段给传播者以建议,表现出强烈的责任感与爱护心。

品牌节目首先还是内容为王,电视节目的内容是吸引受众持续收视最根本的因素。当电视节目的选题与内容符合受众的心理期待时,其受众的基本盘就不会松动,就能保证电视节目的受众顺流。其次是前面所说到的叙事模式。当一个电视节目的话语风格、叙事技巧及结构设计适合受众时,也会导致受众的持续顺流。传播者在设计一个具有多板块的电视节目时,如果将前后块的内容进行一定的叙事关联,就能保证更大程度上的

① 刘燕南:《电视收视率解析:调查、分析与应用》,北京广播学院出版社2001年版,第178页。

受众顺流。当前实践界在电视节目的文本生产时，乐于将叙事悬念贯穿于电视节目中，特别愿意在板块接壤处制造噱头与兴奋点，这是因为叙事悬念容易引发受众的求知欲、探索欲，使得受众能够饶有兴趣等待下一部分或后一板块的节目呈现。

电视节目的受众流势态，除了跟节目本身的品牌有关外，与节目所在的频道品牌是分不开的。品牌频道往往会集聚相当规模的受众，他们会形成该频道节目受众顺流的基量。当该频道的品牌越大，这个基量就越大。在实践中，我们不难发现，一些并不起眼的电视节目如果被置于品牌频道传播时，其传播身价与传播效益倍增。这也是许多电视剧制作者渴望自己的作品能在央视一套黄金剧场播放的原因。有时，我们看到同一节目在不同频道中播放，其收视效果常常有天壤之别。这就是频道品牌的问题。电视节目被置入非品牌电视频道，受众提不起多大兴趣，而一旦投放到另一个大众相对比较热望的频道，可能会观者云集。比方说，中国教育台三套首播剧场播放《还珠格格3》时，有近8%的收视率，半年后，该剧在湖南卫视播放，湖南本土的收视率达到40%。由此可见，电视节目或电视频道的品牌建设与受众流的形成有着巨大的关联。

2.节目导视

由于电视传播的时间线性特性，使我们无法对某个具体电视节目进行自由的、个性化的阅读，而只能以约会的方式届时收视。这种阅读方式的局限性可能使得受众由于不知晓某个节目的播出时间而错过了收视。因此，节目的导视变得很重要，它仿佛是一种受众指南，引导、诱导、指导受众加入某个节目或频道的收视队伍之中。

传播者很早就已发现电视导视机制非常有利于保持稳定的受众流，只是早期的实践者轻描淡写地说一句："请观众朋友稍后收看本台其他节目！"后来，传播者发现这种有些敷衍其事的做法并不实际奏效，于是，在这种仪式化的提醒后往往加上节目预告，并且在节目预告中呈现出下一节目最精彩的看点，并且常常不完全说破内容真相，留有悬念，引发收视欲望，保证最大程度的受众顺流。

事实上，如今许多电视频道已经形成两种不同的导视方法，一是自文本导视，即频道内部运用诸如节目宣传片、节目预告、导视节目、植入式导视语及屏幕角标文本对受众进行收视的引导、诱导与指导；二是异文本导视，即传播者利用其他频道或异质媒介对本频道节目进行介绍与宣传，达到导视目的。自文本导视，可以促发受众在电视频道内部的流动，保持顺流的基量与规模；异文本导视，可以使受众看到其他媒介的导视资讯之后，入流到本频道，加大节目的受众流。

3.活动推介

电视台进行活动推介，可以大量吸引受众的眼球，让受众原本陌生的节目变得熟悉，让少数人知晓变成多数人甚至亿万观众的热捧，那么，自然可以极大程度地增大电视节目与频道的受众流,实现最大化的传播效益。湖南卫视曾经利用活动类节目大大提高电视台的名气,积聚人气,扩大了受众流。

利用重大事件或突发事件的报道来扩大节目与频道的影响力,这一点凤凰卫视做得尤其突出,“大事与突发事件看凤凰”,已经成了一些观众的媒介阅读本能。对重大事件或突发事件的特别报道,极大程度地满足了受众的知情权,更是对频道与节目自身的强大营销。一般来说,重大事件或突发事件都会引发受众的极度关注,此时的媒体如果倾力报道且符合受众的期待视野,那么就可能引发大面积的受众阅读,自然,电视节目的受众流量会发生强大的井喷现象。其实,凤凰卫视每一次重大事件或突发事件的特别报道,都会形成巨大的受众流。有时,传播者利用电视节目开播周年、一百期等类似理由开展活动,名为纪念,实质上是在进行一种节目营销,达到凝聚受众的目的。

有些电视节目直接开展广告宣传。如今在一些城市的街头,我们可以看到一些原来令电视人不屑一顾的路牌上出现了一些电视节目尤其是即将热播的电视剧的宣传广告。

一般来说,受众对电视台不无景仰与好奇。于是,一些电视台就定期举行开放活动,让受众参观机房、演播室,观看记者与编导的制作,并且让平日只能在电视上见到的主持人与之面对面地交流,让受众感受到传播者对自己的尊重。于是,他们就很容易成为该频道的忠实观众,并且通过他们的口碑宣传,扩大频道的影响。有人可能认为,这种活动似乎有些小儿科,但是对于目标受众定位本土的城市台来说,这种一传十、十传百的人际传播,绝不能小觑。此外,一个频道与受众互动越多,频道的影响力就越会提升。如今有些频道将原本各个栏目自行设立的有关新闻源的热线电话予以取消,以频道设立一个总体热线,再由总体热线将得到的新闻源按类别分配给各个栏目,这样避免受众去记多个热线电话号码,又可以树立频道的整个形象,资源又得到合理分配。

此外,有些传播者开始尝试电视节目收视的有奖营销。有奖营销原本在栏目中以热线电话、手机短信的方式进行,由来已久。如今,有些传播者对这些进行借鉴,并且有固化为栏目的做法。

通过以上一些措施与方法,电视节目获得了自然传播状态之外的大量受众,加大了原有的受众规模,改变了原有的受众流图景。

4.明星营销

每个明星人物都具有一定程度的人气,拥有可观的受众资源。如果电视传播融入明星因素,自然对受众流的形成具有巨大的正面推进作用。

传播者常常在制造一个新节目时,或者采访一些有影响的名人、明星,或者邀请有名的主持人担纲节目的主持,或者让大牌明星做嘉宾,甚至借助明星直接评说新节目,等等。这一切都是利用明星效应引发受众对节目的关注。开播初期的《快乐大本营》,曾经不惜花大价钱请一些人气很旺的一线明星做嘉宾，目的就是为了在节目中汇聚巨大的受众流，而一旦受众流稳定后，为了减少节目成本，往往只邀请一些二三线明星甚至新人。

一些传播者常常愿意在自己的节目中打造属于自己的明星人物体系，如明星主持、明星记者、明星嘉宾等，由此建立起受众对节目的记忆点。

人们看电视就是为了某种交流。与电视交流，最好的方法就是与电视中的人物进行交流。那么观众乐意与电视中什么样的人物进行交流呢？当然首选主持人。也许受众并没有记住节目内容，但是却记住了该节目的某个主持人。一个魅力四射的主持人会形成一种强大的名人效应，这种名人效应能够吸引受众对节目的收视。与纸质媒介的名记者相区别，电视媒介的明星记者并不仅仅限于业务方面，更表现在镜头前的形象及其他方面。我们认为，电视是做给人们看的，要培养明星记者，不能仅仅停留在业务层面，更要设法让一些有条件的记者多出镜，出好镜，提升他们在镜前的形象。湖南长沙电视台的政法频道干脆将幕后的记者推到前台，有男性记者组成的“热心兄弟连”，有女性记者组成的“姊妹花”，并且旗帜鲜明地亮出这种组构意义就是为百姓说话。当几名记者家喻户晓时，频道也被他们带火了，因为人们记住了这几个明星记者，也就记住了他们所服务的频道。许多电视台会聘请各类嘉宾制作节目。这些嘉宾如果是大众化的公众人物，自然能带动节目收视。有些虽不是大众化的公众人物，但是在某个圈子里数得着的人物，这样的嘉宾可能提升节目品位。然而，大多数频道对于嘉宾的利用往往是一种即时性的，节目做过即完。时下，有些传播者却注意开发嘉宾的资源来进行包装，如凤凰卫视对余秋雨、王鲁湘，《百家讲坛》对易中天等嘉宾资源的开发就是这样。

明星主持人、明星记者、明星嘉宾往往可以成为节目的记忆点。在本能的追星意识或者窥探心理的驱使下，受众不知不觉就会加入到节目的收视人流中。

【本节重点】

◆受众流（audience flow），是指收看一个电视频道或电视节目的受众像一条河那样总会保持或大或小的流量。受众流（audience flow）的含义即是受众顺流[1]，也就是说，一个电视节目或频道以一种正向的受众流量或流速推进。顺流可以使电视节目或频道保持稳定的受众流。与顺流相关的还有两个概念，一是溢流（flow through），二是入流（inflow）。

① 与顺流相应的还有溢流（flow through），即受众从该频道流出，入流（inflow），即受众从其他的频道流入该频道，在节目编排时要尽可能地使受众顺流或入流，减少溢流。参见Sydey.W.Head等：《电子媒介新论》（*A SURVEY OF ELECTRONIC MEDIA*），顾淑馨译，（台湾）时英出版社1999年12月初版，第216页。

◆流入流出，构成电视节目传播背后受众流的动态图景。对一个电视频道或电视节目来说，受众流是其生存的源泉。受众流愈大，传播能量与势态就愈大。稳定受众顺流，增大入流，减少溢流，实现传播效果的最大化。

◆一个电视频道或电视节目的目标受众构成受众主流，边缘受众构成了受众的支流。偶然入流的受众汇入主流中，形成了电视频道或电视节目的受众杂流现象。

◆流量是指电视节目传播时受众流的总量。如果根据收视率来绘制一个电视频道或电视节目受众流的曲线图，我们就会发现曲线图中有时会升至一个最高点，有时就会跌至最低点，这里的最高点是流峰，最低点是流谷。影响一个电视节目受众流曲线量的流量、流峰、流谷现象形成的原因有很多。

◆如果要维持相当的受众流，电视节目的文本策略包括选题与内容、叙事模式、结构设计及受众互动等。

◆为了实现相当程度的受众流，电视节目营销策略表现为品牌建设、节目导视、活动推介与明星营销等。

◆节目编排是电视频道对自身节目资源的整合与调配，也就是传播者通过纵横捭阖的各种编排策略，可以取得频道竞争语境中的受众流优势。

◆顺流机制的编排策略有板块策略、连环策略、帐篷策略、吊床策略、强档节目延长策略、无缝隙策略等。

◆入流机制的编排策略有引桥策略、强棒出击策略、攻击性策略、阻扰策略、反向策略等。

◆溢流防御机制的编排策略有对抗策略、棋盘策略等。

【实验与练习】

◆目标：分析一家地方卫视促进受众流的方法与策略。

◆操作：每个学生选择一家地方卫视进行考察，查阅资料，分析提升受众流的方法与策略，课堂发言，教师点评。

第三节　电视的时段意义与时段划分

【阅读导引】

◆在美国电视界，把白天的时间划分为哪三个大的时段？

◆美国电视界把晚间细分为几个阶段？

◆美国人收看电视呈现出旺季与淡季，它又是如何细分的？

◆中国电视时段怎么划分，每个时段主要受众群体是什么，各适宜安排什么类型节目？

◆为什么节假日或仪式时间里的电视时段要重新界定？

◆地区时差与季节气候对电视时段有什么影响？

任何一个电视节目都是为时段而设的，不存在无时段的电视节目。电视编导在节目策划时，需要强烈的时段意识。时段意识，其实就是受众意识，“湖南电视台卫星频道的决策者在进行频道的结构设计时，曾聘请香港金大陆公司的专家进行咨询。一位英国专家就首先问到是什么时段有什么样的观众，他们喜欢什么样的节目，他们又有什么样的收视习惯”[①]。只有准确认识节目所在时段的受众类型、性质及收视特性后，才能有的放矢地策划或制作出好节目供其观看。

一、电视的时段意义与家庭角色

电视台最重要的资源之一，就是时段。时段意味着什么呢？可以说，时段意味着开机率，时段意味着收视率，时段意味着广告，等等。其实，归根结底一点，时段意味着受众流。不同的时段，有着不一样的受众类型与受众流量。

电视实践，无论如何是离不开对受众电视作息规律的分析与遵循的。各个时段的形成，有两方面的因素，一是人们长期以来形成的作息规律，二是电视界长期的实践积淀。后者依赖前者，电视的文本生产与传播建立在对受众作息规律的认识上。电视是一种家用媒介，其收视场所受限于家庭，那么，其文本生产与传播应以人们在家庭中的作息时间作为最重要的参照，也就是说，我们在策划节目时首先要考虑节目安排在哪个时段，该时段里什么人待在家里，待在家中的人是否会打开电视机，打开电视机后又以什么方式收视。

① 曹湘屏：《电视频道结构浅探》，载《电视研究》，2000年第6期。

一般的情形下，白天是人们户外活动的时间。晚间，人们回到家中进行室内活动与休闲。因此，与白天相比较，晚间是电视最有作为的时间[1]。在晚间的各个时间段里，人们在家中活动的方式与电视收视的程度也是不一样的。晚间从孩子们放学、大人下班回家起，人们陆续打开电视机，先是孩子们看电视的时间，再是成年人伴随着家务活动及晚餐中的电视收视。吃完晚餐后，可能全家齐聚一起看电视。然而，随着孩子、家庭主妇及老年人群的入睡，中青年男性与晚归群体成为看电视的主体人群。

根据人们的电视作息时间规律，我们可以将不同的时段拟定为不同的人物角色[2]：比方，早晨主要是一种上班族角色（父亲、青年角色）。其实这个时段，还有早起的老年人，不过，他们大多习惯于收音机的收听。不过，电视的广播功能可以将这个群体拉一部分过来，形成该时间段的祖父母角色，但主体依然是父亲与青年角色。待到人们上班及午后的时间里，家庭里空留家庭主妇在看电视，凸显一种母亲角色。傍晚时分，学生放学，电视观看主体转为少儿角色。晚餐后是全家进入电视休闲的时光，这时全家福角色非常浓厚。深夜则开始转为父亲角色以及时新青年角色。

在研究中，人们发现，每种角色所体现的行为特征也很不一样。比方说，对于父亲角色，"看电视常常是一种夜间的暂息（respite）和逃避。人们更愿意热情投入到电视文本中去，不与他人来往，不被他人打断"。而母亲由于扮演家庭主妇的角色，她们的行为特征相对父亲角色来说，则往往相反，"她们的工作要到晚上很晚才罢，因此她们必须采取的是一种精力较为分散的观看电视模式。……对妇女来说，电视还是一种鼓励家庭谈话的手段，而不是窒息家庭谈话的手段。家庭的不同成员赋予看电视以十分不同的社会意义，不须说，这些社会意义有时也会引起冲突"。[3]

对于不同时段家庭角色的考察，对电视频道来说，有着很强的实践意义。主导者往往会根据某个时段的家庭角色来进行节目或栏目的受众定位，确定以什么样的内容题材与叙述方式、风格来吸引该家庭角色的受众群体，从而进行节目的设计与生产。

二、美国电视时段的划分及收视季

时段，不是一个纯时间的术语，而是混合着人们作息规律与电视人实践的种种积淀。

在美国电视界，把白天的时间划分为三个大的时段[4]：

① 虽然这样的区分有些粗糙，即便在白天，仍然有许多人留守家中，还有一部分在家上班的SOHO人，他们常常靠收看电视打发时间或了解信息，即便上班，有些单位依然可以提供职员在午休时看电视的处所，但是基本事实还是成立的。

② 这一点前面曾简单提及过，这里进行一些阐述。

③ 〔美〕罗伯特·C.艾伦编：《重组话语频道》，麦永雄等译，中国社会科学出版社2000年版，第121页。

④ 参见钟海帆：《走进美国广电传媒》，南方日报出版社2003年版，第112～113页。

早晨（6:00 ～ 9:00）

上午（9:00 ～ 2:00）

下午（12:00 ～ 16:00）

美国电视界把晚间细分为以下几个阶段：

晚间边缘时段（16:00 ～ 18:00）

晚间早段（18:00 ～ 19:00）

准黄金时段（19:00 ～ 20:00）

黄金时段（20:00 ～ 23:00）

深夜时段（23:30 ～ 2:00）

下半夜（2:00 ～ 6:00）

这些时段是基于对美国人作息时间规律与美国电视人长期实践的结果，绝非某个电视理论家的杜撰或电视人心血来潮式的臆造。

由于休闲文化的缘故，一年之中，美国人收看电视呈现出旺季与淡季两大突出现象。一般来说，收视旺季与收视淡季又细分为四个阶段：

秋季首映期：每年9月至12月（收视旺季）

关键编排期：每年12月底至1月底（收视旺季）

旺季播出期：每年2月到5月（收视旺季）

夏季重播期：每年6月到8月（收视淡季）

根据不同的收视季，美国电视人进行不同的节目编排，充分利用与开发电视节目资源与人们的休闲时间。

三、中国大陆电视时段划分

由于受众的生活习性与电视实践的差异性，我国电视时段的划分与美国电视时段有些差异。我国电视时段的形成与某些经典电视栏目及节目类型是分不开的。比方说我国电视黄金时段，是自晚七点CCTV《新闻联播》开始的。这是一档地标式的栏目，仿佛标志着夜的开始。其实，《新闻联播》最初放在这个时段，是基于对人们作息时间的分析：这个时候，人们大多吃了饭，一般可以静下来进行一些休闲活动。如今，《新闻联播》反过来又固化了人们这种习性，很多家庭如今为了《新闻联播》及此后电视剧的收视而早早地将家务活动完成。这也是电视改变生活的一个例证。

自CCTV《新闻联播》开始，中国大陆的电视时段可以划分成以下部分：

1.黄金时段（19:00 ～ 22:00）

《新闻联播》开始的晚七点至晚十点间，是电视频道间竞争异常白热化的黄金时段。

这个时段体现为一个全家福角色，是一个大众化的收视时段，电视人都会将能吸引大多数受众的节目类型置于频道的这个时段。因此，这个时段的节目类型以电视剧、综艺娱乐节目、新闻节目为主体。

对一个电视台来说，黄金时段具有非同一般的时段意义，这是由于黄金时段的收视份额、广告收入会占整个电视台的大半以上，因此，电视实践者都会在黄金时段里安排本台最主体、最有收视率的电视节目，以获取最大化的收视效益。

2.晚间时段（22:00 ～ 23:30）

晚间时段里，人们陆续入睡，一些晚归群体开始回家了，入流到收视人群中，总体上，这个时段的开机率开始减少。晚间时段，电视实践者往往安排软性新闻节目、境外电视剧、访谈类节目等，这些节目应该节奏性稍慢，话题柔性，符合人们即将走入睡眠，需要安静的生理与心理规律。

CCTV的《晚间新闻》比晚七点的《新闻联播》要软性得多。凤凰卫视中文台在十一后安排一个新闻综述节目，叫《总编辑时间》，对一天的新闻进行总体回顾，给晚归的受众群体一顿新闻夜宵。这些都是相当成功的时段开发与节目安排案例。

3.午夜时段（23:30 ～ 2:00）

这个时段的开机率进一步下跌，受众流急剧减少。这一时段的受众类型以男性、白领、晚归或晚睡群体为主要特点，大多属于高消费人群。如果电视节目开发得当，仍能获取较好的传播效益。

午夜人们可能更喜欢软性的题材与呢喃的声音，此时，像倾诉之类的情感题材与谈话节目较容易打动人们，广播的午夜节目常常令人如醉如痴，就是这个道理。凤凰卫视以软性题材与人际化的夜话方式而开发的《锵锵三人行》，是非常适合于午夜节目的。外国电视剧、电影等节目形态也适合午夜时段。

4.下半夜时段（2:00 ～ 6:00）

该时段里，开机率极低。为数极少的受众流来自夜班工作者、夜生活者、特别晚睡群体等。一些频道停止一天的播放，二十四小时播放的频道则以节目的重播为主。

5.早晨时段（6:00 ～ 9:00）

早晨时段的受众群体主要有三大类，一是早起的老年群体，二是上班族，三是学生群体。

早晨时段的受众收视诉求，以新闻、资讯类信息为主体。其收视方式以“听”电视为主。因此，早晨时段一般要开发新闻资讯类节目，并且以声音传播为主要方式，即让早起的人们一边做事一边“听”电视，并获取有关天气、交通以及最新发生的新闻资讯等。CCTV的《朝闻天下》即是这样一个好的案例。

6.上午时段（9:00 ～ 12:00）

上午时段的收视角色锁定为家庭主妇与老年群体，各个频道往往会开发一些适应家庭主妇收视的节目类型，如电视剧、女性节目与老年节目。

7.午间时段（12:00 ～ 13:00）

午后的一个小时，由于人们处于午休时间，能够收看电视，于是也就成了我国电视人所瞩目的一个白天时段。这个时段的主要收视群体即是上班午休的上班族。因此，国内午间时段里出了几档口碑不错的电视节目，如央视的《新闻30分》、《今日说法》、《全球资讯榜》以及湖南台的《播报多看点》等，以新闻资讯内容见长。

8.下午时段（13:00 ～ 17:00）

受众类型与上午时段基本相似，以居家女性与老年受众为主。节目类型以电视剧、女性、老年节目为主。近年来，有一个电视编排现象，电视实践者往往打通上午与下午时段，连续编排同一电视剧，使居家的受众能够一天之内收看到6集甚至多达8集以上的同一电视剧，满足受众的成瘾性收视诉求。不过，这种电视剧编排策略受到管理者与社会的批评。

9.晚间边缘时段（17:00 ～ 18:00）

晚间边缘时段以小学生、初中生为主要受众群体，青少年节目也大多安排在这个时段。

10.晚间早段（18:00 ～ 19:00）

晚间早段可分为前后两个部分。前一段，中小学生群体尚未退出，于是可以安排娱乐资讯类节目，湖南台的《娱乐无极限》、《音乐不断》就出现在这个时段。后一段，上班族回到家里，中小学生则退到书房写作业，这个时段里，地方性的时政新闻、民生新闻成了受众最重要的收视内容。

【实验与练习】

◆目标：分析时段安排是否合理。

◆操作：选择一档中学生节目，先行观看，做好笔记，分析节目，然后写成报告交教师批阅，再在课堂评议。

四、特别语境的时段意义

特别语境有着不同于寻常时间的一些特征，可以重新界定时段。

由节假日形成的特别语境，白天时段就大大不同于平常，因为人们休闲在家，收看电视的人会大大多出平时。如今,业界对节假日白天时段的开发取得一些初步的成就。

由地区时差形成的特别语境,也会带来不同的时段意义。我国幅员辽阔,东西跨了几个时区,因此,东部地区的时段划分,对西部尤其是新疆地区,有时会变得意义全无。与北京时间有较大时差的地区,其电视黄金时间较东部地区肯定要往后推。这样,地方性的节目就有可能避免与央视或其他东部优势频道在黄金时段里狭路相逢。西部尤其是新疆地区的时段可以重新划分,其意义可以重新界定。

由季节形成的特别语境,时段意义有别。四季里,夏天与冬天差异较大,人们的作息时间不同就会导致人们观看电视的规律不同。夏天天黑较晚,晚间的黄金时段进入较晚。据有关数据显示,每年的六月份是我国受众看电视最少的一个月①。冬天里,人们相应地就会减少户外活动,那么收看电视的时间就会增加,由于天黑较早,冬天的黄金时间进入较早。由于季节气候的不同,人们的收视习性会有相应的差异,时段的开发一定要注意这种差异带来的影响。

此外,在某个仪式性的时间里,如大年三十,其时段意义也需要重新界定。实际上,从入夜开始至凌晨一点可以说都是黄金时段。

综上所述,我们仔细分析不同地区、不同季节、不同语境下的时段差异及其受众构成,然后开发出相应的电视节目,才能获取较好的传播效果。

【本节要点】

◆任何一个电视节目都是为时段为设的,不存在无时段的电视节目。

◆时段意味着开机率,时段意味着收视率,时段意味着广告,等等。其实,归根结底一点,时段意味着受众流。不同的时段,意味着不同的受众类型与受众流量。

◆根据人们的电视作息时间规律,我们可以将不同的时段拟定为不同的人物角色。

◆在美国电视界,把白天的时间划分为三个大的时段:

早晨(6:00～9:00)

上午(9:00～12:00)

下午(12:00～16:00)

◆美国电视界把晚间细分为以下几个阶段:

晚间边缘时段(16:00～18:00)

晚间早段(18:00～19:00)

① 上海电视节组委会央视-索福瑞媒介研究有限公司:《中国电视剧市场报告(2003～2004)》,华夏出版社2004年版,第36～37页。

准黄金时段（19:00～20:00）

黄金时段（20:00～23:00）

深夜时段（23:30～2:00）

下半夜（2:00～6:00）

◆由于休闲文化的缘故，一年之中，美国人收看电视呈现出旺季与淡季两大突出现象。一般来说，收视旺季与收视淡季又细分为四个阶段：

秋季首映期：每年9月至12月（收视旺季）

关键编排期：每年12月底至1月底（收视旺季）

旺季播出期：每年2月到5月（收视旺季）

夏季重播期：每年6月到8月（收视淡季）

◆晚七点CCTV《新闻联播》是一档地标式的栏目。自CCTV《新闻联播》开始，中国大陆的电视时段可以划分为十个时段。

◆特别语境有着不同于寻常时间的一些特征，可以重新界定时段。

◆由节假日形成的特别语境，白天时段就大大不同于平常，因为人们休闲在家，收看电视的人会大大多出平时。由地区时差形成的特别语境，也会带来不同的时段意义。由于季节气候的不同，人们的收视习性会有相应的差异，时段的开发一定要注意这种差异带来的影响。仪式性的时段也需要重新界定。

【实验与练习】

◆目标：掌握时段与节目编排的关系。

◆操作：某城市台下午6点至6点半有一个空闲时段，你认为可以安排一档什么样的电视节目呢？先寻找理论依据，分析时段的受众类型，再做出节目编排报告，讲评。

第三章　影视理论

这里先简要介绍镜头的成像原理。从成像原理上来看，每个影视镜头其实是由一格格或一帧帧静止画面组成，并且由一定的速度运行，然后形成我们所看到的活动影像画面。这个速度，电影是每秒24格，电视是每秒25帧。为什么这些静止画面看起来会是活动的呢？它是基于人类感受影像的一些生理与心理原理，如视觉暂留原理、似动现象、格式塔心理等。

影像形成就是基于人类这些生理与心理原理而形成的幻觉机制。影像是影视作品最基本的构成元素，是一切视听语言与影视理念的基础。这一章主要介绍视听语言的一些基本知识以及蒙太奇、长镜头、场面调度等。

第一节　视觉语言

【阅读导引】

◆什么是景别的五分法与七分法？

◆不同景别是如何区分的？各自有什么样的特点与功能？

◆镜头的角度，可分哪两大类型？

◆镜头的运动分成哪些类型？各自有什么样的特点？

◆拍摄镜头的光有哪些类型？它包括哪些艺术功能？

◆什么是影调？什么是色调？如何分类，有什么样的功能？

视听语言，就是影视语言，区别于以文字为载体的传统语言形态。与文字不同的是，视听语言是一种感性语言，即不需要像文字那样借助大脑的想象才能感知，而是一种可以直接呈现形象的语言方式。视听语言中的“视”是指视觉语言，即影像表达方面的语言形态，表现为镜头或画面；“听”是指听觉语言，即声音方面的语言形态。在影视叙述中，影像与声音二者并不可分，合起来即为视听语言。本节讲述视觉语言，下节讲述听觉语言。

视觉语言中有两个重要术语：一是镜头，二是画面。二者有极大的关联，也有区别。

所谓镜头，指使用摄影（像）机拍摄时，从开机到关机的连续画面。

识别一个镜头，就看画面是否连续不断，只要其中有间断，就意味着不是同一个镜头。

镜头是影视作品最基本的意义单元，相当于语言中的单词。镜头与镜头组成一个影视段落，若干影视段落组成一个影视篇章，而一部影视作品又是由若干影视篇章组成。归根结底，一部作品是由相应数量的镜头按照一定规则形成的有机整体。

有人将镜头与画面混同起来，这是不对的。镜头与画面是两个影视术语。

镜头首先是作为摄影术语运用，即开机到关机的连续画面，再把镜头运用到后期制作中形成一个影视作品，镜头变成了影视作品最基本的意义单元。不过，我们看到影视作品的所有画面，并非全都是镜头，也就是说，影视作品的画面并非全部通过摄影（像）而来，有时画面是通过后期加工制作而成的。比如，黑底字幕是画面，而不是镜头。镜头肯定是画面，而画面并不一定就是镜头。以下分别讲述镜头的景别、角度、运动、视点、光线、色彩等理论知识。

一、景别

景别是影视教学中最重要的概念之一。我们所看到的任何现代影视作品，都是由不同景别的画面按照影视叙事规律组合而成。景别是影视叙事造型的重要手段。

景别是指由于拍摄机器（摄像机、摄影机、照相机等）与被摄物的距离而造成被摄对象物在画面中所呈现出的范围大小的区别。

景别的形成取决于以下两者中的任一因素：一是摄影机或摄像机的机位与被摄对象物的距离，即视距。二是拍摄时摄影机或摄像机所使用镜头焦距的长短，即焦距。

1.景别类型

区分景别有两种方法：

一是被拍摄对象物在画面中所占比例的大小，通常适用于景物或物体的景别区分。

二是以画框截取人体部位的多少为标准。

在实践中，我们一般把景别分为远景、全景、中景、近景、特写，即五分法。有时，还会精细地区分出大远景、大特写，加上前五者，便成了景别区分的七分法。有时，也有人将介于全景与中景、中景与近景之间的中间状态的景别分别称之为中全景、中近景。

下面我们合并五分法与七分法来论述每种景别类型。

i）远景

远景是用来交代事件发生或人物所处的外部环境。其表现内容包括人工环境与自然景观。远景包括大远景与远景两类。

大远景镜头，以景物为主，人物在画面所占的面积非常小甚至不出现人物。大远景的功能主要用来表现宏大、辽阔、深远的叙事背景，范围极小，甚至画面中没有人物出现。如渺茫宏大的自然景观，像莽莽的群山、浩瀚的海洋、无垠的草原等。

大远景所表现的景物范围大。一般是看不清景物主体的细节。大远景就是通过大范围的景物信息来交代事件发生或人物活动的环境。

大远景以空间的叙事定位为主，有时，也会兼以时间、气候、情绪、意象等各类信息的传达。如日落时分的雪后城市远景，告诉观众接下来的事件就发生在城市的黄昏，刚刚下了雪。再如还弥漫着硝烟的战场远景，可能会向观众传达出有关战争残酷的情绪信息等。如较长时间的静态大远景或缓慢的平摇镜头，可能给观众带来某种特定的叙事感觉与想象，如静穆、旷远、宏大、忆想等。

如果伴随着相应的音乐，大远景的意义就更加明确，其指向性与音乐相关。

远景，与大远景相较，被摄主体对象在画幅中的比例增大。大远景与远景的区别并不明显。如有人物的话，远景中的人物比例要大一些，大远景中的人物几乎看不清。

远景的叙事功能与大远景相似，交代环境，概述活动或场面的规模，渲染气氛，传达某种情绪等。与大远景一样，远景由于表现的信息内容多，细节不突出，观众接受的时间长，于是大远景与远景在影视作品中的时间长度比其他景别要长一些。

拍摄大远景，要注意大线条的运用，尤其要注意地平线、山岭、河流等大线条在构图中的运用。

航拍是特别形态的大远景叙事。航拍给观众带来从空中俯瞰地面的上帝式感受，使景物叙事更显出宏阔、辽远、一览无余的境地。有时，以航拍景物为主体构件的叙事，如有关亚马逊流域的一些纪录片，其开始常常以航拍镜头贯穿，让人产生时空穿越的梦幻感觉。

【实验与练习】

◆目标：熟悉航拍大远景相关知识。

◆操作：观看一个以航拍为主的纪录片，分析航拍镜头在作品中的作用。

ii）全景

全景是指用来表现被拍摄场景的全貌或被拍摄人物全身的画面景别。

全景画面用来交代与说明一个相对窄小的活动场景里人与周围环境或者人与人之间的关系，而大远景与远景画面表现的是更大范围里人与环境的关系。较远景画面来说，全景画面描写功能增强，人物活动信息更加突出，人与人、人与环境的关系格局更加明晰。

全景具有相对性。有时，一些在较大范围里展现场景与人物关系的画面，可以好像是全景，也好像是远景。如获得普利策奖的黄功吾的《火从天降》，从人物角度来看，这是一个全景画面；从表现环境角度来看，这是一个远景画面。然而，从画面的表现意旨来看，《火从天降》的画面主题显然是为表现战争带给人们尤其是少年儿童的痛苦，爆炸起火而浓烟四起的远处村庄只是背景与陪衬，因此，这是一个全景画面。

全景画面有时只是几个人物甚至一个人物的活动，这样的全景画面是比较容易区分的，这样的画面重点就是体现人物之间的关系。

在摄像要求上，人物在画框中占到三分之二以上的比例，近似等高，全景画面的人物头脚要带全，头上要注意留空，忌讳"顶天立地"。

一个场景中的全景画面往往会统领一系列中小景别的镜头，也就是说，全景画面中的内容构件及其相互之间的关系，是相关中小景别镜头的叙事依据。比如说，一个蔬菜大棚里的室内全景没有把角落里的喷灌器纳入其中，但后来又出现喷灌器喷水的特写，将会使观众感到疑惑。全景画面的镜头机位，也在一定程度制约着相关中小景别的视角。全景镜头常常是某个镜头系列的主镜头或关系镜头。

iii）中景

所谓中景，是指用来表现被拍摄人物膝盖以上部分的活动情形或局部场景情况的画面景别。人体上半身，包括面部与手，人物大部分信息都来自于此，这部分传达的信息具有强烈的特征性。

中景的功能可以清晰地表现人物上半身的形体关系、人物之间的关系以及人与物的关系。比如，有一个中景画面是这样的：一间咖啡屋的小桌上摆着一盒录音带，左边站立的女人声色俱厉地斥责，男人低头不语地默默抽烟，旁边一人却是幸灾乐祸式地微笑。这个中景分别用各自富有特征性的形体语言表现了三个人物之间的关系、整个的交流格局以及各个人物所处的交流地位，还清晰地表现了人物与物（即录音带）的关系等。

较全景而言，中景更能细致地推动情节发展，表达情绪，营造氛围。中景是影视作品运用频率较高的景别类型，常用做叙事性的描写。

iv）近景

所谓近景，是指用来表现被拍摄物体局部或人物胸部以上的画面景别。近景重点表现人物的头部、面部、眼睛、手势等所传达出来的信息。

近景的功能主要用来细致描绘人物的面部表情与细微动作。面部表情是人类最关键的内心信息流露，因此，近景画面对表现人物心理、传达人物情绪、刻画人物性格有着举足轻重的作用。在近景画面中，由于观众主要关注到人物的面部表情，所以周围环境的信息变得次要了。

v）特写

所谓特写，是指用来表现被拍摄人物肩以上的头像或被拍摄物体局部细节的画面景别。人物占据了整个画面。

特写的功能是将被拍摄人物或物体从环境中强调出来。较近景而言，特写对于人物面部表情的表现更加细致与集中，尤其是人物眼睛。如曾经的希望工程宣传画中小女孩那双渴望的大眼睛，给观众留下深刻的印象。特写强化对人物某种性格的刻画或某种情绪的表达。

影视作品中，如果出现一个对某个物件的特写镜头，那么一定是告诉观众这个物件具有特定的含义，具有非常重要的叙事关联作用，是一种修辞性的叙事强调。在特写画面中，环境空间被虚化。

大特写，是指用来表现被拍摄对象某种特定部位或被拍摄物体细部的画面景别。如暴筋突起的手臂、饱含深情的眼、招风耳、突出旧鞋的脚趾等，都是大特写画面，传达出最细微的人物特征与动作变化。

大特写画面有时被用作主观镜头,即成为某个人物主观视点对象。如前面一个镜头是某个人物很惊讶地看到走进门的乡村孩子,下一个镜头就是乡村孩子露出脚趾的大特写,后者成为前者的主观镜头。

【实验与练习】

◆目标:景别运用。

◆操作:选择一处人物场景,用DV拍摄不同景别的镜头。

2.全景系列景别与近景系列景别

大远景、远景、全景称为全景系列景别,是视距远、景深大、背景实的景别系列。全景系列中的大远景、远景其视距最远,空间张力很大,主要用来交代环境与渲染气氛,以抒情与写意功能见长。全景的视距稍近,则表现具体场景中的人与环境、人与人之间的关系格局。全景系列的景别画面在运用中,会呈现出相对慢的叙事节奏。

近景、特写、大特写可称为近景系列景别,是视距近、景深小、背景虚的景别系列,空间表现力弱,但叙事张力大,用于人物神态的描述、人物心理与人物性格的刻画,以叙事与写实功能见长。近景系列的景别画面在运用中,会呈现出相对快的叙事节奏。

【实验与练习】

◆目标:认识全景系列景别与近景系列景别。

◆操作:观看陆川电影《可可西里》某些段落,分析一下全景系列景别与近景系列景别的运用特征及意义。

3.景别组合与两极镜头组合

一部影视作品是由不同景别的镜头组合而成,不同景别的镜头通过蒙太奇的叙事法则组合起来,构成叙事系列,体现叙事主题,从而形成一部影视作品。观众欣赏由不同景别组合的影视作品,不像剧场看戏那样,只能固定于一个视点、一个视距、一个角度,而是可以从不同角度与视距不等的地方看影视作品的人与物。

在特定的情形下,某些景别组合可以传达出一些特定的叙事含义,起到特定的叙事作用。

不同类型的影片、不同导演可能有着不同的景别类型选择。如动作片需要更多近景系列景别组合,节奏明快;而某些导演喜欢拍摄抒情性强的影视作品,则多采用远景系列的景别组合。

景别组合有很多具体方式。不同的导演有着不同的景别组合方式。

这里要说的是两大方向性的景别组合方式。一是从全景系列至近景系列的顺方向组合,也称为前进式组合;二是由近景系列至全景系列的逆方向景别组合,也称为后退式组合。两者的方向正好相反。

前进式景别组合先交代环境及人物关系,再展开细节叙事,让人看上去一目了然,叙事线路图很明晰。

后退式景别组合则由近景、特写、大特写叙事开始,观众先不明确人物关系,形成叙事悬念,再从后面的全景系列景别画面得到答案,使影视叙事波澜起伏。

介于两大系列景别之间的是中景,中景是过渡景别。两极镜头组合是指不通过中景过渡,而是直接将景别差异极大的两类镜头,如全景系列的大远景与近景系列的近景组合在一起,形成较大的景别反差,达到特别的影像叙事目的,如加快叙事节奏,或者相反,使激烈的情绪得到缓解。

【实验与练习】

◆目标:认识前进式景别组合与后退式景别组合。

◆操作:观看某部电影,分别找出前进式景别组合与后退式景别组合的段落,并说明这种景别组合具有什么特殊的意义。

二、镜头的角度

镜头的角度,可以根据摄影(像)机与被摄对象的垂直或水平方向分为垂直方向的角度与水平方向的角度两大类型。

1.垂直方向的角度

拍摄被摄对象时,根据摄影(像)机处于垂直线上的位置类型,可分为平视、仰视、俯视。

i)平视镜头

所谓平视镜头,指摄影(像)机以人的正常视线即处于与人眼相等的高度而拍摄出来的镜头。这类镜头,相当于人眼平常所看到的事物效果。

平视镜头,画面平稳、中正、冷静,主观意味不浓厚,理性或公正传达信息内容,是新闻报道、纪录片等纪实性、客观性强的电视节目最基本的镜头类型。

ii)仰视镜头

所谓仰视镜头,指摄影(像)机低于被摄对象,镜头光轴偏向视平线上方时而拍摄出来的镜头。这种拍摄的效果仿佛一个人从下往上仰望被摄对象一样，被摄对象显得高大、威武、耸立、挺拔等。因此，仰视镜头一般具有较强的视觉冲击力。

仰视镜头，用来客观陈述被摄对象在空间环境中所处位置，但常常表示特别的叙事效果，尤其用作人物的主观镜头或视点镜头时，传达人物的仰慕、敬畏、赞颂、好奇等，或者是在传达另一种负面的情绪，如心理压力甚至恐惧等。

iii）俯视镜头

所谓俯视镜头，与仰视镜头相反，指摄影（像）机低于被摄对象，镜头光轴偏向视平线下方时而拍摄出来的镜头。这种拍摄的效果仿佛一个人从上往下俯视被摄对象一样。俯视镜头可以用来交代被摄对象与环境的关系，也可以用来表现特别的叙事意义，如渺小、鄙视、自卑、压抑等，传达出对被摄对象批判、否定性质的主观倾向。

【实验与练习】

◆目标：认识仰视与俯视的角度意义。

◆操作：选择一部影视作品，分别找出一些仰视与俯视的镜头，并说明其在影视作品中的特殊意义。

2.水平方向的角度

拍摄被摄对象时，根据摄影（像）机处于水平线的位置类型，可分为正面、背面、侧面与斜侧面。

i）正面镜头

所谓正面镜头，即从被摄对象正面拍摄的镜头。这是常用的一种拍摄角度。

被摄对象正面的信息量最大，尤其是人物，可以通过正面镜头传达出最生动最重要的面部表情。拍摄人物的正面，也可以体现出一种面对面的交流感，具有亲切、平等的叙事意味。正面镜头常用来拍摄大型建筑物，可表现其高大、庄严等。

ii）背面镜头

所谓背面镜头，指摄影（像）机从人物背后拍摄出来的镜头。人物的背面镜头，与正面镜头共同组接，可以全面地传达人物的信息。运动人物的正面、背面镜头相互组接，可以加快叙事节奏。

有时，影视作品使用背面镜头，就是掩饰人物正面的信息，制造出某种神秘性、恐怖感，形成叙事悬念，引起受众的极大好奇心，提升收视的兴趣，在间谍片、悬念片中用得比较多。

人物离开摄影（像）机，向前越走越远的背面镜头，常用于段落或节目的结束，显得悠远、含蓄。

iii）侧面镜头

所谓侧面镜头，指摄影（像）机处于被摄对象的侧面而拍摄出来的镜头。侧面镜头表现人物时，轮廓分明。

侧面镜头，自然灵活，可避免正面镜头过于正式或者呆板，可以用作正面镜头的信息补充。有时，逆光拍摄侧面镜头，可获取特殊的剪影效果。

iv）斜侧面镜头

所谓斜侧面镜头，指摄影（像）机处于被摄对象正面与侧面之间的位置。

斜侧面镜头，可以使人物有很大一部分的正面信息尤其是面部表情可以记录在镜头中，同时比正面镜头更具立体感。

【实验与练习】

◆目标：认识背面镜头。

◆操作：拍摄几个背面镜头，分别表达神秘、落寞的涵义。

三、镜头的运动

与照片的静态不同的是，影像总是处于运动状态。在影像拍摄中，被摄主体与摄影（像）机的运动关系有以下几种情形：

一是摄影（像）机不动，被摄主体在运动。比如，使用固定镜头的方法来拍摄高速公路上的汽车、草原上的奔马、空中翱翔的雄鹰等。

二是通过摄影（像）机或镜头的变化来拍摄静态的被摄主体。比如，用摇或移的方式来拍摄静态的湖光山色。

三是通过摄影（像）机或镜头的变化来拍摄动态的被摄主体。比如，用跟或移的方式来拍摄一个人的走路。

还有一种情形，以固定镜头来拍摄静态的被摄主体，如静态的湖光山色。这样得到一个所谓静态的空镜头，在影像叙事中，看起来是静止画面，然而，空镜头并非真正的静态画面，被摄主体的运动状态只是我们肉眼有时所不能感受的，其相对性质的静态与照片的静态具有质的区别。

在影像叙事中，与照片的静态性质相似的大致有两种情形，一是所谓的静帧画面，二是后期制作的静止画面。然而，这两种情形下的画面与其他类型的画面一样，也会在影像叙事中通过蒙太奇组接而形成一种叙述的画面运动。

1.镜头运动类型

根据机位、路线、速度、角度等不同,将摄影(像)机的运动分成以下类型。

i)推

所谓“推”,就是通过摄影(像)机沿光轴方向由远至近向被摄主体移动拍摄,或者采取镜头焦距变化(由短焦距匀速调至长焦距)的方法拍摄。

推镜头,使观众先是了解大范围里的信息,再慢慢把焦点集中到被摄主体最核心的内容,使观众有一种越来接近核心主体的感觉。推镜头能很好地交代被摄主体与环境、镜头前景与后景的关系。

ii)拉

所谓“拉”,与“推”恰好相反,就是通过摄影(像)机沿光轴方向后退移动拍摄,或者采取镜头焦距变化(由长焦距匀速调至短焦距)的方法拍摄。

拉镜头,先是让观众看到被拍摄的核心主体,再逐步扩大视野,增加画面信息量,渐次交代被摄主体与环境、后景与前景的关系。拉镜头,可构成一个镜头内部的悬念、对比与想象。

iii)摇

所谓“摇”,摄影(像)机的机位固定,只是机身做左右、上下或旋转等运动。摇镜头,可分左右摇摄、上下垂直摇摄或旋转摇摄,有时也有逆着被摄对象运动的反方向摇摄。

摇镜头,使得被摄对象按照摇摄方向在观众面前渐次展现。摇镜头,可以起交代环境、突显规模、烘托气氛及人物情绪等作用。

iv)移

所谓“移”,摄影(像)机围绕被摄主体沿水平面做各个方面的运动。

移镜头,可以使静态的被摄对象通过摄影(像)机运动变得有动感,并且让观众有一种巡看被摄对象的感觉。如果摄影(像)机沿着被摄对象的运动方向而移动拍摄的话,会使观众产生一种跟随观看被摄对象的感觉。

摄影(像)机的运动除了人力移动外,可借助轨道车与汽车、轮船、火车等交通工具,甚至借助一切可以使摄影(像)机发生匀速移动的物件,如在一个远离人类的岛屿拍摄纪录片的导演,想在沙滩上拍摄海上日出的移镜头,在无法借助寻常移动工具的前提下,就地取材,取出行李中的一块泡沫板,将摄像机稳固其上,然后匀速在沙滩上拖曳,拍出不错的移镜头。

移镜头,可分跟移与摇移。跟移,摄影(像)机跟随运动的被摄对象而移动拍摄。摇移,摄影(像)机的机位不同,机身随被摄对象的运动而摇拍。

v)跟

所谓“跟”,又谓“跟拍”、“跟摄”,就是摄影(像)机跟随运动的被摄对象而拍摄。

一般来说，跟拍时，被摄对象的主体在画面中的位置基本不变，但其周围环境随着运动而变动。

跟镜头，具有强烈的运动感，让观众觉得有如影相随、身临其境的真实感。跟镜头，既能突显被摄对象的主体，同时又能使观众很明晰地了解到被摄对象的运动方向、形态、速度及其与周围环境的关系。跟镜头是长镜头的一种拍摄手段，纪实类的影视作品常会用到跟拍方法。

跟拍必与其他拍摄形式并用，可以分为推跟、拉跟、摇跟、移跟以及升降跟拍、旋转跟拍等方式。

vi）升、降

所谓“升”与“降”，通过升降机或其他能够匀速上下的设备（如电梯、起重机或翻斗车等）进行由上往下或由下往上的垂直拍摄。

升降镜头，使观众看到被摄对象在上下空间里所呈现的状态与面貌，产生强烈的位移感与空间感。

vii）甩

所谓“甩”，又称为“闪摇镜头”，就是拍摄时，摄影（像）机由起幅极快地摇至落幅。摇镜头，起幅与落幅落都是稳定的画面，而中间一段因为极速甩闪摇的缘故，变得极为模糊。

甩镜头，可由左甩至右，或由右甩至左；由上甩至下，或下甩至上，还有斜线式、旋转式的甩等。

甩镜头，可以用来呈现同一时间、不同空间中两个或两个以上被摄对象的状态及其关系，或者以表示两个场景的突然过渡，或者用来表现眩晕的效果等。

viii）晃

所谓“晃”，就是在拍摄过程中，摄影（像）机做上下、左右、前后或者无规则性的摇晃。

晃镜头，画面不太清晰，常用来表现酒醉、眩晕或迷糊时的主观视像。

ix）旋转

所谓“旋转”，就是在拍摄过程中，通过摄影（像）机呈仰角旋转拒摄被摄对象或者围绕被摄对象进行环移拍摄，或者与旋转的被摄对象一同旋转拍摄等方式，使画面最终呈现旋转效果。

在拍摄运动镜头时，还有两个非常重要的术语：

起幅：指镜头运动前的固定的起始画面部分。拍摄运动镜头，不是一开机就开始运动，而要做若干时间的固定拍摄后才开始推、拉、摇、移等运动形态。起幅一般至少需要3秒，具体长度可根据创作目的与被摄情景的实际而定。

落幅：指镜头运动结束后的固定画面部分。拍摄运动镜头快结束时，不能戛然而止，而要在最后的对象上停留若干时间。

起幅与落幅的镜头部分，在后期制作中，可以发挥相当大的作用。一是起幅与落幅中所表现的被摄对象，可能是影视作品需要强调的；二是起幅与落幅可以单独作为固定镜头使用。

【实验与练习】

◆目标：掌握拍摄运动镜头的技巧。

◆流程：可设计一个搬运场景，由学生运用不同的镜头运动形式拍摄，注意起幅与落幅。拍摄后，教师进行讲评。

2.镜头运动的价值

镜头运动，给影视作品带来如下一些叙事价值。

一是强化了主观视点关系。

摄影（像）机的镜头就是观众的眼睛。摄影（像）机的运动，仿佛是有人领着观众左右、上下、前后等围绕被摄对象观看。这些运动的镜头，强化了观众的主观视点。

二是赋予了画面以新的运动感。

摄影（像）机的运动使得静态的被摄对象有了运动感，对观众来说，不再只是一种静止的呆看与凝视（当然，呆看与凝视也是一种解读方式），而是一种动态的巡视与心理聚焦。

摄影（像）机的运动，对动态的被摄对象，其实是一种新的叙述与解读方式，由此而拍摄的镜头则是被摄对象的运动与摄影（像）机运动所共同建构的影像形态，呈现了与固定拍摄不同的叙述感觉与艺术效果。比如，一个归乡游子风尘仆仆回家，我们采取迎上来的逆方向移拍，并持续从游子背后环移至其正面，这样得到的长镜头，可作主观镜头使用，而注视的人应该是热情、好奇的少年人物。如果是固定镜头，可用作长辈远伫等待游子走近家门的主观镜头。

三是明晰空间关系，形成新的叙事空间。

摄影（像）机的运动，明晰了被摄对象的空间关系以及被摄主体与其周围环境的关系。同时，通过摄影（像）机的运动，形成一种叙事空间。比如，拍摄一辆行驶在山区道路上的汽车，其现实空间关系是一定的，如果采用不同的摄影（像）机的运动方式，如从后跟摄，或者在对面山坡从远处摇摄，就会产生两种意义不同的空间关系，其叙事价值也不同，各有不同的意义延伸，前者有跟踪、追随等意义延伸，后者则有旁观、守候与侦察等意义延伸。

四是形成长镜头的重要手段，用于镜头的场面调度，呈现纪实风格。

摄影（像）机的运动，是长镜头拍摄最重要的手段之一。有时，则是综合运用以上的手段，形成长镜头内部的场面调度，常用于纪实风格的作品。

五是表现特殊的艺术效果。

摄影（像）机的运动，可以制造一些特殊的艺术效果。如晃镜头、旋转镜头可制造出诸如梦幻、眩晕等心理效果。

四、镜头的视点及其他

根据摄影（像）机拍摄时的视点，可以区分为主观镜头与客观镜头。

所谓主观镜头，指摄影（像）机代替影视人物的视点而拍摄的镜头。还有一种情况，摄影（像）机带着导演明显的主观评判去拍摄被摄对象，也是主观镜头。

前一种情形，摄影（像）机代替影视人物而拍摄的主观镜头，使受众以影视人物的视点或角度来观看被摄对象的活动，增强了受众观看影视作品时的心理参与。

后一种情形的主观镜头，是导演直接将主观意志强加给受众，让受众以导演的主观感受去观察被摄对象的存在形态。

主观镜头可用作影视人物的观察、注视、想象，甚至梦幻等，具有强烈的主观意识，情绪色彩很浓。

所谓客观镜头，指摄影（像）机采用全知的客观视角来拍摄被摄者的镜头。由于不带导演的主观意志与感情色彩，也不体现影视人物的观点，因此，客观镜头冷静、公正、中性，被影视作品大量运用。

其他一些镜头类型或术语，常常会运用到，简要介绍如下：

1.反应镜头

所谓反应镜头，是指影视人物针对特定事情作出某种情绪反应的镜头。反应镜头的人物情绪，可以表现为面部表情，特别是眼神特征，还可以表现为一些肢体动作与身势语。反应镜头刻画人物的心理，表达情绪。反应镜头与叙述特定事件的镜头组合使用，形成完整的叙事。

2.空镜头

所谓空镜头，就是景物镜头，画面中没有人物活动的镜头。空镜头，可以用来交代人物活动的环境，是人物镜头的重要辅助镜头，是对人物镜头的信息补足。有时，空镜头还可以起象征、隐喻、情绪表达、烘托等作用。特写性的空镜头可以表现某个事物细节，或者是交代一个重要的叙事线索。空镜头还可用于场景的转换。

3.主镜头

所谓主镜头,又称关系镜头,指一个镜头段落中处于主导与核心地位的镜头,又称关系镜头。主镜头的另一种意义是可以用来确立一组镜头轴线关系的镜头,其他镜头都要依照主镜头的方位而定,又称为定位镜头。

4.中性镜头

所谓中性镜头,指通过主镜头确立轴线与总角度之后机位不带有方向属性的镜头。比如,处于轴线上拍摄人物的正面或背面镜头、空镜头,都可以是中性镜头,画面组接时可用于越轴转场。

5.慢镜头

所谓慢镜头,指利用特技将镜头速度放慢,拉长镜头存续的时间,让人看得更清楚。比如高空坠物、足球射门等内容的镜头,速度极快,人们一时难以看清,于是采用慢镜头的表现方式。

6.快镜头

所谓快镜头,即与慢镜头相反,指利用特技将镜头速度加快,缩减镜头存续的时间。影视作品中,为了让受众感受到缓慢运动事物的动感,利用特技人为加快节奏,用快镜头叙事。比如,从日落、种子发芽的快镜头中,可以看到太阳迅速落下躲在山背后,而种子快速地破土而出,然后噌噌地往上长,让人觉得生动形象,且有意味。

有时为了避免镜头叙事的冗长与乏味,加快镜头速度。比如,使原本缓慢行走的人跑起来,一溜烟便转到下一个场景,整个叙事的节奏变快,让受众获得新鲜的影视体验。

7.定格与静帧

所谓定格与静帧,指利用特技方法使原本活动的镜头停留在最后那一格或那帧画面上。定格是电影术语,静帧是电视术语,意义与功能一样。一般用于一个影像段落的结束部分。

【实验与练习】

◆目标:认识主观镜头。

◆流程:观看黑泽明电影《罗生门》某些段落,找出几个主观镜头进行分析。

五、光线

光是影像的重要元素,没有光,我们就无法看清画面。光是画面的重要美学构件。光是摄影(像)师摄制镜头的重要材料。用光技巧,是检验摄影(像)师水平的重要标准,也体现了一个编导的审美趣味。

1.光的类型

对于电视摄像来说，按照不同的性质分类，镜头的用光可分为以下情形：

i）硬光与软光

硬光，即“直射光”，有明显的投射方向，能在被摄对象身上产生显著的明暗关系的光。日光、聚光灯都是硬光。硬光的造型功能在于勾画轮廓、表现外形、明暗对照等，比如影视作品中的硬汉形象，常用硬光来塑造。

软光，即“散射光”，如阴天的光，没有明显的投射方向，不会在被摄对象身上产生明显投影的光。它可以细致描绘对象，柔化明暗对照，比如用于女性的柔美面容，必有软光修饰。

ii）主光、副光与逆光

人物照明的三种光：主光、副光与逆光。三种光的照明处置，称为“三点布光”。

主光，决定画面的主体影调结构。多使用硬光。

副光，也叫补光，可以细致表现被摄对象的明暗关系，多使用软光。

轮廓光，指向人物背面水平方向投射的光。如果只有逆光的话，拍摄的人物呈现剪影效果。

iii）水平方向的三种光：正面光、侧面光与逆光

正面光可减弱纵深感。

侧面光加深空间感、立体感，称为“立体光”。

逆光是一种轮廓光，从背后勾勒被摄对象的外形轮廓。

iv）垂直方向的三种光：平角光、顶光与底光

平角光，从正面投射到人脸的光。

顶光，自头顶空间投射而下的光线，突显人物的颧骨，并形成脸部阴影。顶光又称为“蝴蝶光”。

底光，自下而上投射的光线，可使人物发生严重的变形与夸张。又称“骷髅光”。

顶光与底光，可用于恐怖片的人物塑造，或者丑化人物，或者实现特殊的美学诉求等。

2.光的功能

摄影（像）中，光的功能可分为物理功能与艺术功能。光的物理功能，就是使被摄对象在摄影（机）中曝光成像，形成编导所需要的画面。光的艺术功能是指它的叙事、美学功能，包括叙事、造型、强调、渲染等。

叙事：通过光的运用与变化，传达或暗示相应的叙事信息。如通过场景在一天的光影变化，表现时间的推移。比如，《人鬼情未了》利用过度曝光形成的光耀画面，展现了

主人公所要升入的天堂之景。

造型:通过光的运用,形成画面的视觉形象,体现被摄对象的立体感、质感、轮廓感等。如通过侧面光,构建对象特别的纵深感与空间感。光线是人物造型的重要手段。比如,在《公民凯恩》中,运用底光对反面人物的丑化造型。

强调:通过光的运用,强调所要表达的对象物。比如,舞台的“追光”就是让观众注目对象物,起强调作用。

情绪渲染与气氛营造:通过光的运用,抒发情感,表达情绪,营造特定的氛围。《罗生门》利用斧头的反光、从密树林透出的光投射在地面上而形成的斑驳影子,营造了一种神秘诡谲的影片气氛。

3.影调

影调指由于光线性质、强弱、投射方向等不同而造成影像画面明暗层次的差异。影调用于意象或人物造型、渲染气氛、表达情绪等。

i)以色调的差异与亮度高低不同,可分为高调、低调、中间调

高调:又叫“明调”,指从中性灰到白的影调形态。高调给人明朗之感,适宜表现幸福、甜蜜、欢愉之类的影片主旨。

低调:又叫“暗调”,以浅灰至黑色以及偏低亮度为主。暗调表现沉重、悲怆、压抑、痛苦、怅惘等画面意趣与主旨。

中间调:指黑、灰、白分布均匀的影调,浓淡相间,层次丰富。有利于立体感、质感的形成与表现。

ii)以明暗、色彩的反差来区分,可分为硬调、软调、中间调

硬调,是指明暗、色彩对比极为强烈,反差特别大,即为“硬调”。比如,恐怖片、谍报片中诸多的暗室情节、诡谲内容常常使用“硬调”来表现。

软调,是指明暗、色彩过渡自然,反差较小,即为“软调”。软调给人以细腻、亲切、柔和等画面感觉,可以较为细致地表达比较软性、柔美的情感描写、人物造型等。

中间调,是指反差适中的影调。

【实验与练习】

◆目标:认识影视作品的影调。

◆流程:观看陈凯歌的《黄土地》,分析其中的影调运用。

六、色彩

世界上第一部彩色故事片是1935年美国导演马摩里安摄制的《浮华世界》。从此，色彩成了电影重要的表现元素。

1.色彩与色调

人眼有一种色觉，会感觉色彩的冷与暖。因此，把色彩分为暖色调、冷色调以及中间色调。每个色彩又会给人以种种不同的联想。

i）暖色调：红、橙、黄

红色让人联想火、太阳、鲜血等，表示温暖、热烈、革命等。

黄色，让人联想到秋天，象征着丰收、成熟与喜悦，可表达明快、欢乐、幸福的情绪或情感。

ii）冷色调：绿、蓝、黑

绿色，让人联想到春天，喻示着生命、生机、活力。

蓝色，让人联想到大海、星空、极地等，给人以寒冷、深邃之感。

黑色，给人冷酷之感，可表达严肃、庄重、死亡等主题。

iii）中间色调：灰、白、紫

白色，象征着纯洁、和平、安宁；也可表达冷漠、病态等主题。

在影片中，可利用色彩的冷暖特性表达特殊的情绪、情感或主题。比如《红色沙漠》中的红色用得令人窒息，表达了现代社会给人的压抑；《泰坦尼克号》前半部的红、橙等暖色，营造了一个欢快、浪漫的情调与氛围，后半部分的蓝色显示着悲剧色彩，与故事发展是高度吻合的。

2.色彩的功能

色彩在影像叙事中，可以表现为以下一些功能：

i）色彩的造型功能

色彩是人物或物象造型的基础元素之一。更重要的是，有时，影视作品通过特定的色彩运用，实现特定的意象造型与创作意图。比如，张艺谋的《大红灯笼高高挂》，运用红色进行色彩造型，构建了一个特定突出的意象，那就是“大红灯笼”，鲜明地突显了导演的创作主旨。

ii）色彩的隐喻功能

通过色彩的运用来喻示某种特定的含义。比如，20世纪80年代的《红衣少女》，即以红衣少女的红色来表现少女的年轻活力，更是以少女的红色着装区别于改革开放前中国大陆一统天下的灰色，隐喻着改革开放带来的社会生机。电视传播中，每当节庆时，主持人的红色或其他暖色着装，显然也是一种隐喻之义。

iii）色彩的情绪功能

通过色彩表达特定的情绪、体现特殊的情感。冯小刚在《夜宴》中的色彩运用，暗红、暗黑中透显着巨大的压抑感，与影片所要表现的宫廷阴谋相吻合。张艺谋《英雄》运用红、黄、蓝、黑等色彩进行人物造型与叙事推进，有些段落中的色彩运用，如飞雪与如月仗剑厮杀时，金黄落叶的意境，让观众如醉如痴，几乎忘了这是一场残酷的打斗，以色彩的情绪功能改造了情节的美学趣味。

iv）色彩的结构功能

通过色彩的运用，实现情节的转变与故事的切换，体现出色彩的结构功能。比如，我们常常看到现实画面是一种自然色彩，而一旦转入回忆时，可能变成老照片的发黄色彩或黑白颜色。当然，张艺谋的《我的父亲母亲》反其道而用之，即现实是黑白的，回忆却是彩色的，且以暖色调为主，以此来强化父亲母亲那浪漫、温馨的爱情主题。

色彩的功能具有综合性的特征。日本电影《幸福的黄手帕》中的黄手帕是一个色彩极度鲜明的意象，在影片叙事中一直起着线索的作用。当男主人公与人们看到满树的黄手帕时，情绪的渲染也到了最高峰。张艺谋的《红高粱》的色彩运用，在画面与人物造型、隐喻、情绪、结构等诸多方面都有相应的体现。

【实验与练习】

◆目标：认识影视作品的色彩。

◆操作：观看张艺谋的电影《红高粱》、《英雄》等，分析其色彩的运用技巧。

【本节要点】

◆景别的五分法与七分法。

◆远景是用来交代事件发生或人物所处的外部环境。其表现内容包括人工环境与自然景观。远景包括大远景与远景两类。

◆全景是指用来表现被拍摄场景的全貌或被拍摄人物全身的画面景别。全景画面用来交代与说明一个相对窄小的活动场景里人与周围环境或者人与人之间的关系，而大远景与远景画面表现的是更大范围里人与环境的关系。

◆中景是指用来表现被拍摄人物膝盖以上部分的活动情形或局部场景情况的画面景别。中景的功能可以清晰地表现人物上半身的形体关系、人物之间的关系以及人与物的关系。

◆近景是指用来表现被拍摄物体局部或人物胸部以上的画面景别。近景表现的重点是人物的头部、面部、眼睛、手势等所传达出来的信息。

◆特写是指用来表现被拍摄人物肩以上的头像或被拍摄物体局部细节的画面景别。特写的功能是将被拍摄人物或物体从环境中强调出来。

◆大远景、远景、全景可称为全景系列景别，是视距远、景深大、背景实的景别系列。近景、特写、大特写可称为近景系列景别，是视距近、景深小、背景虚的景别系列。

◆景别组合的两大方向：一是从全景系列至近景系列的顺方向组合，也称为前进式组合；二是由近景系列至全景系列的逆方向组合，也称为后退式组合。两极镜头组合是指不通过中景过渡，而是直接将景别差异极大的两类镜头组合在一起，形成较大的景别反差。

◆镜头的角度，可分两大类型：拍摄被摄对象时，根据摄影（像）机处于垂直线上的位置类型，可分为平视、仰视、俯视；拍摄被摄对象时，根据摄影（像）机处于水平线的位置类型，可分为正面、背面、侧面与斜侧面。

◆根据机位、路线、速度、角度等不同，将摄影（像）机的运动分成以下类型：推、拉、摇、移、跟、升降、甩、晃、旋转。

◆镜头运动给影视作品带来的叙事价值，一是强化了主观视点关系；二是赋予了画面以新的运动感；三是明晰空间关系，形成新的叙事空间；四是形成长镜头的重要手段，用于镜头的场面调度，呈现纪实风格；五是表现特殊的艺术效果。

◆根据摄影（像）机拍摄时的视点，可以区分为主观镜头与客观镜头。

◆光是画面的重要美学构件。光的类型可区分为几种情形：一是硬光与软光，二是主光、副光与逆光，三是正面光、侧面光与逆光，四是平角光、顶光与底光。

◆摄像中，光的功能可分为物理功能与艺术功能。光的艺术功能是指它的叙事、美学功能，包括叙事、造型、强调、渲染等。

◆影调指由于光线性质、强弱、投射方向等不同而造成影像画面明暗层次的差异。影调用于意象或人物造型、渲染气氛、表达情绪等。以色调的差异与亮度高低不同，可分为高调、低调、中间调；以明暗、色彩的反差来区分，可分为硬调、软调、中间调。

◆色彩分为暖色调、冷色调以及中间色调。每个色彩又会给人以种种不同的联想。色彩有造型功能、隐喻功能、情绪功能、结构功能等，色彩功能具有综合性的特征。

【实验与练习】

◆目标：全面认识影视作品的景别、角度、运动、视点、光线、色调等。

◆操作：观看电影《罗拉快跑》，分析其在景别、角度、运动、视点、光线、色调方面的运用及特点。讨论，教师评价。

第二节　听觉语言

【阅读导引】

◆虚构类言语声中的对白、独白、旁白各有什么样的特点？

◆虚构类电视节目的音响如何分类？

◆音乐在虚构类电视节目中的作用是什么？有哪些分类？

◆纪实类电视节目的人物同期声包括哪些类型？其人物角色又有哪些？

◆环境同期声有哪些功能？

◆广义的配音包括哪些内容？

听觉语言就是指声音。声音与画面一样，是建构影视作品的重要元素。先介绍虚构类影视作品的言语声、音响、音乐（含纪实类作品的音乐），再介绍纪实类节目的同期声与配音。

一、言语声

在虚构类的影视作品中，人物的言语声又可以分为三大类型，即对白、独白与旁白。

1.对白

对白就是指人物与人物的对话。在前期拍摄与表演阶段，即是人物的台词。对白是影视剧重要的叙事方式之一。许多最基本的内容信息来自人物的对白，同时，对白也是人物性格刻画、人物形象构建重要的手段。对白的运用宜注意以下几个方面：

一是对白的性格化。

什么样的人说什么样的话。从对白中可以分析出人物的个性特点。对白的性格化可以突显人物，形成言语的交锋，从而推动叙事进程，构建虚构类叙事的戏剧冲突张力。

二是对白的情景化。

什么样的情景说什么样的话。人物的言语不会超越特定的大情景，即时代背景；也不会超越特定的小情景，即戏剧场景。对白的情景化与性格化又是相辅相成的，那就是说，即便在特定的大情景还是小情景之下，人物的对白总是性格化的，富有人物自身个性的；对白的性格化离不开特定的情景化，空洞、抽象的性格永远不会存在。比如，一个性格泼辣、言词大胆出位的人物，在一个特定的情景中，如初恋的场合，可能表现出娇娇女的羞态，这是特定性格人物情景化的结果，然而，这个人物再如何表现娇羞，总掩不住其泼辣大胆的个性，作为编导，需要在言行中抓住某些细节加以表现特定情景中的性格化。对白的性格化与情景化，将使人物形象更加丰满，情节的戏剧性增强。

三是对白的动作化。

对白与动作仿佛是一枚硬币的两面，对白伴随着动作，动作离不开对白，两者相互依存。除了一些信息补足、呈示、解释性对白外，对白都得具有一定的动作感。事实上，一些优秀的编导总会将信息补足、呈示以及解释性对白设计得富有动作感。

四是对白的戏剧化。

对白是整个情节的一个有机部分，影视剧的情节必须富有戏剧性，对白自然也要遵循所谓的戏剧化原则。

对白的戏剧化之一就是人物与人物之间的对白冲突性。人物之间的对白不仅是你来我往的信息交换，而且必须伴随着动作、观念、信息等之间的矛盾。在对话中，人物站在各自的立场卫护着各自的利益，从而表现出不同的观点，这些观点形成一定程度的错位、反差，甚至对立。

对白的戏剧化之二就是某个人物自身对白内部形成一定的矛盾与冲突，并具有相应的戏剧性价值。电视剧《贫嘴张大民的幸福生活》中张大民劝解初恋失败的云芳那一大段对白，几乎成了张大民的独角戏，张大民的对白也几乎支撑着这个段落的全部叙事，对白的叙事起承转合，富含戏剧性。

对白的戏剧化之三就是人物对白与动作的错位、反差。比如，人物甲给人物乙送礼，人物乙一方面口称“不要不要”，一方面把礼物接了过来，对白与动作的错位构成了喜剧效果。

2.独白

独白，即体现剧中人物心理活动并由剧中人物自话自说的言语形态。在某些情景中，如演讲、祷告、辩论等大段大段的自我陈述与表白，虽然面对其他交流对象，但人物的言语依然是心灵独白，交流对象亦无对答，这样的言语形态也可看做独白。

独白，让受众直达人物心灵深处，有助于受众对人物的了解与性格分析。有些人物独白在坦白心迹的同时，还会传播一些情节信息，起到叙事推进的作用。

3.旁白

所谓旁白，即不由人物直接发出而是以画外音的方式所形成的言语形态。旁白，有第一人称与第三人称的旁白之分。

有时，第一人称旁白的人物是一个剧中人物，如《大明宫词》的旁白就是剧中女主人公太平公主，这里的第一人称旁白，只限自己知晓的事情做评说与议论，甚至只是坦白自己的心迹，仿佛旁白式的独白。第一人称旁白是一种限制性式的叙事。

有时，第一人称旁白中的人物只是一个虚拟的陈述者，这一点与第三人称的独白是相同的，这类独白以一种上帝式的视角，对剧中人物、情节发表意见、看法与评论。

【实验与练习】

- ◆目标：认识对白的性格化、戏剧化与情境化。
- ◆流程：观看电影《雷雨》，分析几个人物对白的性格化、戏剧化与情境化。

二、音响

虚构类电视节目的音响，有以下几种情形的分类：

1.声源分类：自然音响、机械音响、枪炮音响、动作音响等

根据声音的来源可分为自然音响、机械音响、枪炮音响与动作音响等，各有自身的特点。

i）自然音响

来自自然界的音响，如刮风下雨、山崩海啸以及鸟叫虫鸣的声音。自然音响，一般用来交代场景的自然环境或天气情况等。有时，在一个影视段落的开始部分，自然音响往往是主体声音，如电视剧开场是电闪雷鸣、山洪暴发、山体垮塌等自然音响，交代一起自然灾祸的发生。有时，自然音响则是人物言语及动作的背景声，如山洪冲塌房屋时，人们的呼喊声、求救声成了主体声音，此时的自然音响则成了背景声音。

ii）机械音响

指声源来自机械设备运转的声音，如汽车的马达声、火车启动声、轮船的汽笛声，还有建筑工地上搅拌机的声音、起吊架的起降声等，以及手表运转的声音、闹钟铃声等。

iii）战争音响

所谓战争音响，是指战车滚滚、人仰马翻、放枪打炮等用来表现战争场景的各种声音。

iv）动作音响

所谓动作音响，即是伴随人物或动物动作而来的音响。比如，北方汉子赶大车，就要配制汉子吆喝、骡马奋蹄、大车驰骋的多种音响；渔翁江上打鱼，就要配制渔人撒网、起网、起鱼、鱼落船舱以及人在船上弄出的种种声音。动作音响，伴随动作而来，有很强的动作感，具有强大的动作造型功能，有时，光听动作音响，就可知晓人物的动作。

2.主体音响与背景音响

根据音响在场景所发挥的功能不同，可分为主体音响与背景音响。

i）主体音响

在一个场景中，同时有几个不同的音响，那么传达最重要声音信息的音响，就是主体音响。比如人物在雪地里咯吱前行时，偶尔传来几声寒鸟之声，前者是主体音响，后者则是陪衬的环境音响。

ii）背景音响

所谓背景音响，就是针对作品中人物所处环境的背景声。环境音响，用于环境交代，起陪衬作用。比如，一个人走在集市上，集市上闹哄哄的声音是环境音响；夏日里，主人公在葡萄架下纳凉，知了鸣叫是环境音响。有时，有一个人在发表讲话，而会场其他人的言语声则是背景音响。

主体音响与背景音响，是一个相对概念。一般情形下，我们可能将电闪雷鸣作为背景音响，人们的呼喊声、求救声作为主体音响。然而，为了突出天气恶劣，编导可能将某一个场景的电闪雷鸣作为主体音响，相反，包括人们的呼喊声、求救声以及房屋倒塌的声音作为背景音响。主体音响与背景音响的确立，视叙事目的而定。

3.有声源的音响与无声源的音响

前面所列的都是有声源的音响，就是在场景中可以找到声源的音响。有时，有些音响，在场景中无法找到声源，这类音响一般是心理音响。

所谓心理音响，是指影像叙事中，人工加入场景并不存在的特别音响，从而达到情绪表达、气氛渲染与心理造型的叙事目的。比如，一些表现恐怖情节的影视片，当主人公下至一个阴暗凶险的地下通道里，除了可怖的各种物象之外，不时配上某些怪异的响声，加剧了受众的心理恐惧。

4.现实音响、非现实音响（特殊音响）与情节音响

现实音响是指来自自然界、社会等现实世界的音响，而一些童话、神话中的音响，则是人们想象的结果，是非现实的音响，即特殊音响。于是，在一些神话片、动画、卡通片中的音响，则是人们通过对现实声音的改造、变形、夸张等方式制造的非现实音响。

有时，通过不同的音响组合而形成一定的叙事情节，我们可以称之为情节音响。所谓情节音响，就是通过音响进行叙事造型，达到构建情节的目的。影像画面起辅助作用，而音响是最主要的叙事元素。比如，电视节目有个情景再现，内容是暗夜凶杀，自然不能实拍，有经验的编导就会利用音响来表现：人工配上争吵声、桌椅板凳翻倒的声音、一声凄厉的女声尖叫等，此时所配画面，只是夜间透亮的楼房，加上墙头的黑影，因此，这里的音响作为主要元素构建了一个暗夜凶杀的情节，又避免了实拍的血腥。一些文献纪录片，在图片数据的画面中，加诸人叫马嘶、车翻炮轰的音响，用来表现已逝的战争场景，也是情节音响的运用。

三、音乐

音乐在影视剧或电视节目中具有仪式化、深化主题、表现情绪甚至叙事造型等多种功能。

1.仪式性音乐

仪式化音乐，指在影视剧或电视节目中起着标志化、符号化或过渡性的音乐。比如，一部电影或一部电视剧，都有相应的主题曲、片尾曲等，都是仪式化音乐。又如栏目（节目）片头、片花、片尾的音乐。一些品牌栏目片头曲具有极强的符号色彩，如许多受众就凭着央视《新闻联播》熟悉的栏目曲子，就围坐电视机前看起节目来。电视节目的仪式化音乐，一定要注意与栏目（节目）的受众定位、内容定位、风格定位契合。仪式化音乐，具有相对的稳定性，一般来说，一个栏目（节目）片头、片花、片尾在一段时间内不要随意更换，尤其当受众开始熟悉并接受你的音乐时更是如此，它已经成为节目的一种符号。

2.主题性音乐

主题性音乐，指用来表现、强化节目主题的音乐或歌曲。主题曲就是最为典型的主题性音乐，每一部电视剧都有自身的主题曲。有些编导为了强化主题，提高艺术效果，于是给一些相对大型的纪实类电视节目如纪录片、专题片也创作一个主题曲。

3.动作性音乐

动作性音乐，是指使用相应节奏的音乐来强化人物的动作感，更加推进场景或段落的叙事流程。比如，一个人蹑手蹑脚走进一间黑屋，这时结合人物的动作、神情配上相应的恐怖音乐，这样就成就了一段惊悚叙事。一些喜剧性的电视节目，在人物的动作场景或段落中，配上喜剧化的音乐，使得叙事变得夸张化与喜剧化。

4.情绪性音乐

情绪性音乐，是指用来表现人物心理、抒发情感、表现情绪的音乐。比如，通过音乐来表现欢快、喜庆、哀伤、忧郁、恐惧等人物心理或情绪。音乐具有极强烈的主观性色彩，情绪性音乐更是如此，也许一个电视场景或段落所表现出来的情绪并不确定，或者很不明朗、程度比较弱，那么通过情绪性音乐，可以使场景或段落明确、定型与强化。情绪性音乐多用于抒情性的场景或段落。比如，一场人生风雨的到来，使得人物的处境变得艰难起来，这样的音乐大抵是低沉的，如泣如诉的，而当度过劫难之后的雨过天晴，主人公一家大团圆，这时的欢快音乐更是喜庆情绪的张扬与强化。

5.结构性音乐

结构性音乐，是指使用音乐达到场景或段落的转场、过渡以及整个节目的结构搭建的目的。比如,在虚构类的电视节目中,回环反复地出现某支歌、某段音乐,形成一种特定的叙事结构。

【实验与练习】

◆目标:分析影视剧的音乐功能。

◆流程:观看陈凯歌电影《黄土地》,分析影片对于音响与音乐的运用技巧及其涵义。

以上主要是虚构类电视节目的声音分类,然而,在纪实类电视节目的编导流程中,还有两个非常重要的概念,那就是同期声与配音。

四、同期声类型

同期声,其名称源自声音录制方式,即声音来自拍摄活动中的同期录音,区分于后期配音。在采访拍摄活动中录制的同期声分为以下几类:

1.人物同期声

人物同期声是纪实类电视节目最重要的内容构件之一。人物同期声最大的特点就是真实性。人物同期声,是现实人物的现场录音,明显区别对白、独白、旁白等属于戏剧化的虚拟言语。人物同期声,也区别纪实类电视节目中的解说,因为解说毕竟是以后期配音的方式而形成的。纪实类电视节目通过人物同期声来传播真实信息,达到最高程度的真实化。

人物同期声包括如下类型:

一是被采访对象与记者或编导的言语对答。

二是新闻现场或其他现实现场的被采访对象的言语及其与他人的对话。

三是演播室现场的人物访谈录音。

凡是一切现实场合下的人物言语,并最终成为纪实类电视节目的素材或内容的,都可以算作人物同期声。这些人物同期声的角色可以包括:采访者、被采访者、访谈者、被访谈者、见证者、旁观者、评议者等。

2.环境同期声

在纪实类电视节目的同期声录制中,除了人物同期声外,就是环境的同期声,即背景声与环境音响。

有时,人物同期声与环境同期声是一个相对概念。比如,在一个人声鼎沸的场合,其他人物的同期声即为被采访对象的环境同期声。

环境同期声有如下一些功能：

一是对人物所处环境的信息作交代与传达。

二是对画面信息的补充、丰富，使画面不至于空洞，显得更加饱满。

三是环境同期声具有场景的造型功能，使场景立体化，不至于平面化。

四是环境同期声还会具有某种叙事修辞作用。比如，人物在一本正经做演讲，却是一个闹哄哄的场景，环境同期声形成对人物行为的反讽修辞。

……

3.动作同期声

在同期声的录制中，有时，伴随人物动作的同期声具有很强的叙事造型功能。如一个登山者气喘吁吁的同期声，推独轮车时轱辘吱吱作响的声音，伐木工人咯吱咯吱踩在雪地的同期声以及伐树倒地的巨响，等等。

4.音乐同期声

音乐同期声，是指从场景中所录制的音乐声。音乐同期声，有时是场景中最主体的声音，可以构成场景最重要的声音叙事，比如，山涧回荡起人物缥缈的山歌声，这里的山歌声是人物此时最重要的同期声，具有强烈的叙事与抒情功能。

有时，音乐同期声只是背景声，或者说只是环境音响。比如，街头，有人在大声吆喝叫卖，旁边的音乐震耳欲聋地响着，这里的音乐声尽管很大，但是仍旧是叫声的环境音响，只是背景声。

五、配音

配音，这里指的是广义上的配音，根据某种编导需求，给电视节目配上相应的人物言语、音响或音乐，达到与影像共同叙事的目的。

1.解说配音

所谓解说，相当于戏剧类电视节目的“旁白”，在纪实类节目中即不是人物直接发出的同期声而是通过画外配音的方式所形成的内容说明、叙事、解读与评论的言语形态。电视节目的解说，是在做好解说词文案的基础上所做的配音。

电视节目的解说，有第一人称与第三人称两种类型。

第一人称的解说，有时是事情的参与人物，比如有这样的解说：“在这一群行人中，我走在最后，观察到王真今天的兴致并没有因为昨晚的事而有所减低，相反，他的情绪却是异常的高，一路上，不停地跟女人说笑嬉闹”，这里的“我”是其中的参与者，是一种限制视角，只能解说到所见、所闻、所感。

第一人称的解说，也可能只是“第一人物”的视角，“我”或“我们”并非节目中的人物，比如这样的解说：“在我们看来，这一天，王真肯定是难过得很，然而，事实上，王真丝毫也没有减低自己出玩的兴致，甚至在游玩中一反常态地与女人嬉闹很欢，实在有些解不开他葫芦里究竟卖的是什么药……”这里的“我”或“我们”可能只是一个冷静的观察者或评论者，常常会站在一个上帝式的视角上，无所不知、无所不能地解说。

2.特殊的人物言语配音

有时，一些电视节目会针对其中的模拟人物、动物、卡通人物、动画人物等进行言语配音。比如，一个以小动物为内容的电视节目，可能需要有人对其中的小猫咪、小狗之类的小动物进行对白配音。这种配音是一种拟人手段，可以增强节目的情趣，使节目更生动。

3.特殊的音响或音效配音

一些纪实类的电视节目，如果同期音响缺乏，也可以像戏剧类电视节目那样进行人工音响配音。比如，一部战争文献片，用摄制的图片或战场现景作为画面，配上战争音响，就构建了一个过去时的战争场景。

一些纪实类电视节目，比如访谈类、表演性的节目，为了突显其中的叙事点或兴奋点，有时在现场由MIDI师结合内容的特点配上特殊的音效，有时可在后期制作之中完成。

4.配乐

除了严肃的消息类电视节目，其他纪实类电视节目会在表情达意所必需的时候允许有音乐的出现，而且音乐会给电视节目带来叙事推进、情感抒发、氛围营造的作用，这些与影视剧比较接近，不再赘述。

【本节要点】

◆听觉语言就是指声音，包括言语、音响与音乐。

◆虚构类言语声包括对白、独白、旁白。对白就是指人物与人物的对话，运用中需要体现对白的性格化、情景化、动作化、戏剧化。独白，即体现剧中人物心理活动并由剧中人物自话自说的言语形态，让受众直达人物心灵深处，有助于受众对人物的了解与性格分析。旁白，即不由人物直接发出而是以画外音的方式所形成的言语形态。旁白，有第一人称与第三人称的旁白之分。

◆虚构类电视节目的音响，按声源分为自然音响、机械音响、枪炮音响、动作音响等；根据音响在场景所发挥的功能不同，可分为主体音响与背景音响；还有一种心理音响，是指影像叙事中，人工加入场景并不存在的特别音响，从而达到情绪表达、气氛渲染与心理造型的叙事目的；还可以分为现实音响、非现实音响（特殊音响）与情节音响。

◆音乐在虚构类电视节目中具有仪式化、深化主题、表现情绪甚至叙事造型等多种功能,可分为仪式性音乐、主题性音乐、动作性音乐、情绪性音乐、结构性音乐。

◆纪实类电视节目的人物同期声可以包括被采访对象与记者或编导的言语对答、新闻现场或其他现实现场的被采访对象的言语及其与他人的对话、演播室现场的人物访谈录音等,同期声的人物角色可以包括采访者、被采访者、访谈者、被访谈者、见证者、旁观者、评议者等。

◆环境同期声包括背景声与环境音响,其功能:一是对人物所处环境的信息交代与传达。二是对画面信息的补充、丰富,使画面不至于空洞,显得更加饱满。三是环境同期声具有场景的造型功能,使场景立体化,不至于平面化。四是环境同期声还会具有某种叙事修辞作用。

◆广义的配音可包括解说配音、特殊的人物言语配音、特殊的音响或音效配音、配乐等。

【实验与练习】

◆目标:认识纪实作品的同期声。

◆操作:观看纪录片《最后的山神》,找出并分析包含深刻主题意义的人物同期声。

第三节　声画关系

【阅读导引】

- ◆声画关系包括哪几种类型?
- ◆声画同步是什么? 包括哪三种情形?
- ◆什么是声画对位? 包括哪两种情形?
- ◆声画并列的表现形态有哪些? 什么是声画对立?
- ◆声画错位的作用是什么?
- ◆为什么说静默是一种特殊的声画关系?

画面与声音是视听语言中最基本的两种符号元素,分别具有不同的叙事造型与艺术造型功能。画面与声音的组合不是简单的相加,而是形成一个声画系统,构建视听形象。

这里的声音,包括人物语言(对白、独白或同期声)、音乐与音响。声音与画面组合形成以下三种关系:

一、声画同步

声画同步,又叫声画合一,指声音与画面表现出高度的一致与统一。声画同步是最基本的声画关系。

声画同步包括以下几种情形:

第一种情形,即人物独白或对白的声音与人物画面同位切入切出。

第二种情形,即环境音响与发出音响的画面同位切入切出。

以上两种情形的声音是由画面中的人、物或环境发出的,即声音来源于画面之内,并同步出现与消失。比如,一个人自言自语或几个人对话的画面,与其独白或对白的声音同位切入切出;火车开过来,伴随着轰隆隆的响声;山村学堂里的孩子们在简陋的操场上游戏,同时弥漫着笑声、嬉闹声。这里的声音与画面具有因果关系,时空同步对应。

以上两种情形的声画同步,画面与声音传达的信息同源,互相结合,才能完整地表达事物信息。声画同步既保持了传播内容的真实性,又明白晓畅,让观众一看就懂。

第三种情形，指音乐与画面的主题、情绪一致，并且节奏完全吻合的声画结合。比如，在电影或电视剧中，当鬼鬼祟祟的反面人物要搞破坏时，伴随着惊悚恐怖的音乐；当叙述到男女主人公经过多重磨难终于赢得甜蜜爱情时，相互恩爱的画面配上欢快柔丽的抒情音乐，等等。这类声画同步中的音乐，强化了画面所传达的信息，深化了画面所表达的情绪，提升了画面所表现的情感。

二、声画对位

对位本是音乐术语，是指音乐中两个或两个以上相关又相对独立的旋律或声部结合成一个有机整体。这里的声画对位，声音所传达的信息、情绪、情感与画面有一定的关联度，但各自具有自身的特性、发展方向。两者的结合，产生新的信息或隐喻意义，提高了作品的传播张力。

声画对位，可分为两种情形：

1.声画并列

声画并列以声音系统与画面系统进行各自的信息表达，相互融合，提升单位时间里的信息传播量，或者滋生新的意义内涵。

声画并列表现为以下情形：

一是环境音响与画面并行叙事，传达相关却有差异的信息。

声音与画面分别表达不同的信息，又相互交织与结合，产生新的语意境界。如一个男人在酒吧里喝闷酒，却从隔壁传达了欢快甜蜜的歌声，声音与画面是两个并行的叙事系统，形成两种有差异性的信息融合，表达特定的叙事含义。

二是人物言语声（包括对白、人物同期声、歌声等）与反应镜头或其他具有信息补充功能的画面并列。

比如，声音是男主人公的诉说，而画面是女友深情注目的画面；歌星在舞台上唱歌，不断切换台下粉丝们如痴如醉的反应镜头；在电视节目中采访某个人物的某段同期声中，插入相关的影像资料，等等。

三是画外音与画面的并列叙事。

画外音，包括旁白、内心独白或解说等类型的声音，与画面形成两个并行不悖的叙事系统，两者又相互关联。

比如，画面是一个山村教师在山区里家访的镜头，而画外音却是女友思念书信的朗诵声，两者并置，表现主人公在山区的支教行动得到女友的支持与赞赏；电视剧《大明宫词》中老年太平公主对过去的旁白声音，伴随着的是现实的画面；电视专题节目的画面加解说，等等，都是这种类型。

2.声画对立

声音所表达的信息、意义、情绪、情感、气氛等与画面形成对立。把对立的两者,结合在一起,通过内在的关联,生成特定的隐喻、讽刺、暗示等修辞意义与信息内涵。

音乐与画面形成主题、风格、节奏等方面的对立。电影《天云山传奇》在表现一场喜庆欢快的婚礼中,却使用了伤感的音乐,使画面与声音形成强烈的反差与对立,从而使观众滋生两人婚姻将是一个悲剧的感觉。

人物语言与画面形成对立。比如,妻子在电话中追问丈夫当下在做什么,丈夫说自己在刻苦努力地加班,与客户谈生意,而画面却是搂着情人亲热的偷欢镜头。

旁白、画外音、解说与画面形成语意的对立。比如,纪录片中的主人公给远在家乡的父母的信中,说自己在他乡过得很好,告诉父母自己住好房子,吃大餐,工作轻松。信是以画外音的形式表现出来的,而画面体现的却是住灰暗的地下室,吃方便面,在地下通道弹奏吉它卖唱的内容。

三、声画错位

指处于同体中的声音与画面并不同位切入或切出,而声音或者提前进入,即声音前置,或者滞后,即声音后延。

电影剪辑中“捅声带”与“拖声带”就是声画错位。所谓“捅声带”就是“使下一镜头中声音的首部导前进入上一镜头的尾部”,而“拖声带”正好相反,就是声音向后移位,即“将上一个镜头中声音的尾部延续到下一镜头首部”。①

声画错位,可以使画面转换更加流畅自然。比如,前一个画面是一个人匆匆走在街头,在画面最后的时间里,即出现影院的声音,紧接后一个画面就是影院观影,转换自然。

声画错位,还可以使前后画面产生某种心理与逻辑关联。比如,前一个是枪击场面,枪声延续到后一个画面,画面是一个少女面无表情的样子,我们可从这种错位的声画关系看到枪声对于少女的心理与精神影响。

四、静默

静默是特殊的声画关系。静默有两种形态:

一是由喧闹突然转到静默,现场所有的声音都消失殆尽。静默应该是一种叙事省略,主要是声音信息的省略,然而,正是由这种叙事省略,创造了“无声胜有声”的艺术张力。

---

① 许南明:《电影艺术词典》,中国电影出版社1986年版,第553页。

霍建起的电影《暖》中井河与暖在爱情极度激奋之下，两人共荡一架秋千，结果乐极生悲，秋千不堪重负而断裂，导致女主人暖的腿瘸。这组画面的前面部分是高度的声画合一，表现爱情的欢娱，秋千断裂之后却是长时间的静默，表明悲剧的不幸发生及其叹惋。

二是由静默突然转到喧闹，容易产生视听冲击力。比如，在影视作品中可以看到这样的场面，为了达到让当事人惊讶或出其意料的目的，故意设计一个特别静默的场面，突然，光电顿开，生日祝福的声音响起，静默一下子变成了特别喧闹的华丽场面，令当事人激动不已，也让受众获取巨大的视听冲击。

【本节要点】

◆画面与声音是视听语言中最基本的两种符号元素，分别具有不同的叙事造型与艺术造型功能。画面与声音的组合不是简单的相加，而是形成一个声画系统，构建视听形象。声画关系包括三大类型：声画同步、声画并列、声画错位。

◆声画同步，又叫声画合一，指声音与画面表现出高度的一致与统一。声画同步是最基本的声画关系，包括三种情形：人物独白或对白的声音与人物画面同位切入切出；环境音响与发出音响的画面同位切入切出；音乐与画面的主题、情绪一致，并且节奏完全吻合的声画结合。

◆声画对位，指声音所传达的信息、情绪、情感与画面有一定的关联度，但各自具有自身的特性、发展方向。两者的结合，产生新的信息或隐喻意义，提高了作品的传播张力。

◆声画对位，又可分为两种情形：声画并列与声画对立。

◆声画并列以声音系统与画面系统进行各自的信息表达，相互融合，提升单位时间里的信息传播量，或者滋生新的意义内涵。表现为以下情形：一是环境音响与画面并行叙事，传达相关却有差异的信息。二是人物言语声（包括对白、人物同期声、歌声等）与反应镜头或其他具有信息补充功能的画面并列。三是画外音与画面的并列叙事。

◆声画对立，指声音所表达的信息、意义、情绪、情感、气氛等与画面形成对立。把对立的两者结合在一起，通过内在的关联，生成特定的隐喻、讽刺、暗示等修辞意义与信息内涵。声画对立包括音乐与画面形成主题、风格、节奏等方面的对立；人物语言与画面形成对立；旁白、画外音、解说与画面形成语意的对立。

◆声画错位，指处于同体中的声音与画面并不同位切入或切出，而声音或者提前进入，即声音前置，或者滞后，即声音后延。电影剪辑中“捅声带”与“拖声带”就是声画错位。声画错位，可以使画面转换更加流畅自然。声画错位，还可以使前后画面产生某种心理与逻辑关联。

◆静默是特殊的声画关系。静默有两种形态：一是由喧闹突然转到静默，现场所有的声音都消失殆尽。静默应该是一种叙事省略，主要是声音信息的省略，然而，正是由这种叙事省略，创造了“无声胜有声”的艺术张力。二是由静默突然转到喧闹，容易产生视听冲击力。

【实验与练习】

◆目标：认识几种声画关系。

◆操作：观看一部影视剧段落，分析其中的声画关系。

第四节　蒙太奇、长镜头与场面调度

【阅读导引】

◆什么是蒙太奇？什么是蒙太奇思维？

◆叙事蒙太奇是什么?包括哪几大类型？每种类型的功能是什么？

◆表现蒙太奇是什么?包括哪几大类型？每种类型的功能是什么？

◆长镜头指什么？与蒙太奇的区别在哪里？包括哪些类型？

◆场面调度是针对哪两个方面的调度？

蒙太奇一词，源自法语montage，原是建筑学术语，意思是把零散的材料装配、安装成一个整体，借用到影视学领域用来表示镜头与镜头的组接，从而完成影视叙事，并表达一定的主旨。

一、蒙太奇作为影视语法

说话造句要符合语言的语法，镜头或画面的组接也要符合影视的语法，这个语法就是蒙太奇。比如，将冰河融化的镜头与工人示威游行的镜头组接在一起，将工人赶进工厂的镜头与把羊群赶进圈里的镜头组接在一起，使得组接在一起的镜头序列产生了新的意义关联，构成了表达一定主旨的影视叙事。

苏联电影家库里肖夫有一个实验：

三个镜头：①一把手枪，②一张笑脸，③一张惊恐的脸。

将三个镜头，进行两种方式的排列组合：

第一组排列：②①③

第二组排列：③①②

第一组排列带来的画面组合可以解读为：正当这个人笑盈盈的时候，突然遭人用枪威吓，变得异常惊恐。

第二组排列带来的画面组合可以解读为：遭人用枪威吓的这个人，先是本能的一脸惊恐，而后镇定下来，装出笑脸相迎。

同样的三个镜头，改变顺序进行排列后，含义大相径庭。

库里肖夫还做了另一个实验，即把一个演员毫无表情的面部特写分别对着三个不同镜头进行排列组合，这三个镜头分别是：桌上摆着一盆汤，一个玩玩具的小孩，一个躺在棺材里的老女人。

男人对着一盆汤的蒙太奇组合，人们解读出男人已经饥肠辘辘，显出一脸馋相。

男人对着玩玩具小孩的蒙太奇组合，人们解读出男人的脸变得开心起来。

男人对着棺材里女人的蒙太奇组合，人们却解读出男人一脸悲伤。

同样的一张男人脸，与不同的镜头组合，生发出截然不同的意义解读，这就是蒙太奇。这是为什么呢？对于蒙太奇这种魔方式的叙事效果，电影理论家们是这样解读的。

爱森斯坦认为，将相应的镜头组接在一起时，其效果“不是两数之和，而是两数之积”。这是说镜头在进行蒙太奇组接后的新意义尽管与各镜头的本意依然相关，但整体上已经发生了化学式的变化。

电影理论家巴拉兹认为这样的意义变化，是镜头的潜在意义在起作用。他认为，当一个镜头即便不与其他镜头相结合，它也可以有多种层面的意义。例如，一个人物微笑的镜头，除了表达一般意义的微笑之外，至于对着谁笑，引起笑的原因是什么，笑的效果和笑的戏剧意义又是什么，都只有从前后镜头的联系中分辨出来。在一个影视作品中，一个镜头并不是孤立的，而是上下镜头一经连接之后，“原来潜在于各个镜头里的异常丰富的含义便像电火花似地发射出来”。也就是说，一个镜头包含显在意义，也包含潜在意义，显在意义即便是处在单个镜头的语境中，也能为人所读解，而潜在意义是丰富多元的，有诸多的意义项，但一般是飘忽隐匿的，需要通过与其他镜头组接后才显现其中相对应的意义项。

当有声电影、彩色电影出现之后，蒙太奇不仅用来指镜头与镜头的组接，而且镜头与声音、声音与声音、镜头与色彩、色彩与色彩等组合也都归结于蒙太奇技法。

蒙太奇是影像叙事的语法规则。尽管同样的影像素材，由不同的人来进行蒙太奇组接，其结果是不一样的，但并非可以随心所欲，而是需要有一定的依据：

一是依据人类早已形成的联想、回忆、对比、想象、分析、归纳与推理等共同心理进行蒙太奇叙事，观众才能看得懂，反之，也只是一堆影像乱码而已。

二是依据美学原则与创作者的创作诉求，对影像材料进行选择、加工、提炼。

三是影像技术。任何时代的蒙太奇叙事受限于同时代的影像技术。如默片时代与彩色电影时代的蒙太奇叙事有着天壤之别。

蒙太奇用来指称镜头的组接，以及蒙太奇句子、段落。一组镜头通过蒙太奇组接之后具有一定思想主旨、符合逻辑的影像单元，即为句子；由若干蒙太奇句子根据某种叙事需要，再组合成一个更大的影像单元，这就是蒙太奇段落；一部影视作品是由许多这样的蒙太奇段落组成的。

蒙太奇除了指剪辑的具体技巧与方法外，还可指一种影视思维形式，即蒙太奇思维，也就是说，编导或导演在创作时要善于通过画面、声音、色彩等具观形象来构思与创作作品，包括构建人物形象、推动叙事情节、展开矛盾冲突或表达思想主旨等所有的影像叙事流程。

【实验与练习】

◆目标：蒙太奇的镜头组接。

◆操作：

将下列文字描述的镜头组接成一个蒙太奇段落，并口述其内容：

1.天空飞翔的鸟

2.山行的小车

3.海边的女人

4.男人着急的脸

5.两人拥抱

二、蒙太奇的类型

蒙太奇一般分为三大类型：一是叙事蒙太奇，二是表现蒙太奇，三是理性蒙太奇。第三种类型极少运用，这里不再细述。

1.叙事蒙太奇

叙事蒙太奇，是影视叙事最基本的手法，用来叙述事件、展开情节、推动故事发展，以时间关联、因果关系作为画面、场景与段落组接的依据。叙事蒙太奇逻辑连贯、脉络清晰，观众容易明白理解。叙事蒙太奇包括以下类型：

一是平行蒙太奇。

所谓平行蒙太奇，是将两条或两条以上线索的故事情节并行在一起进行叙述，共同构建统一的叙事结构与流程。这些故事情节可以在同一时空里，也可以是同一时间里但地点相异，也可以是地点、时间均不同，然而都统一在共同叙事主旨之下而形成的并行叙述。

平行蒙太奇，将两条或多条叙事线并行叙述，避免一一展开的冗长与繁杂，从而节省叙述篇幅，有利于集中、紧凑的影视叙事，加快节奏；两条或多条叙事线并列展开，形成对比与呼应，产生不同于一一展开叙述的艺术效果，有利于丰富剧情、营造气氛。

美国著名导演格里菲斯的《党同伐异》，即将不同时间、不同空间的四个故事进行并行叙述,以表现同一主题,即每个时代都在党同伐异。

二是交叉蒙太奇。

所谓交叉蒙太奇,就是在影视作品中将同一时间不同地点发生的两条或两条线索以上的故事情节交叉组接在一起,使各个线索之间的情节频繁地交织在一起,形成最后的故事结局。

交叉蒙太奇的功能在于强化矛盾冲突,营造紧张气氛,使悬念最大化。交叉蒙太奇往往动作感极强,常常用来表现影视作品中的追逐与营救等异常惊险场面。

在境外许多黑帮片与警匪片之中,警察与匪徒在关键场合的追捕与反追捕的场面,一般都是使用交叉蒙太奇。

平行蒙太奇与交叉蒙太奇的区别在于,交叉蒙太奇即由平行蒙太奇发展而来,应该说,交叉蒙太奇是平行蒙太奇中很特别的一个分类而已。它们的区别在于,平行蒙太奇中并列的故事线索可以同时也可以不同时,而交叉蒙太奇则是处于同一时间里,即交叉蒙太奇具有严格的同时性。还有,交叉蒙太奇中的几条线索故事具有极为频繁的交替性。再一个,就是交叉蒙太奇的矛盾冲突更具激烈的冲突性。这里的同时性、交替性、冲突性是平行蒙太奇与交叉蒙太奇最根本的区别。

“最后一分钟营救”,是由美国著名导演格里菲斯在《党同伐异》中创造的一个经典的电影叙述套路与模式,得名于男主人公蒙难而女主人公在最后时刻的紧急营救。“最后一分钟营救”,往往采用的是交叉蒙太奇,也就是将两条或多条线索间的故事情节进行交叉叙述,具有严格的同时性、频繁的交替性与激烈的冲突性,从而形成紧张的气氛与快速的节奏,并且愈来愈强烈,最后达到叙事高潮。

三是重复蒙太奇。

所谓重复蒙太奇,即是具有某种特别含义的镜头、场景、声音等重复出现在影视作品中多个重要的叙事节点处,从而达到突出细节、刻画人物、强化意象、表现主旨等叙事目的。比如,爱森斯坦《战舰波将金号》中反复出现夹鼻眼镜和那面象征革命的红旗;费穆《小城之春》中反复出现城头的戏,这些都是重复蒙太奇的叙述手法。

重复蒙太奇的内容可以包括很多方面,如人物、景物、道具、场景、动作、情节、语言、音乐、音响、影调、色彩等,这些内容反复出现在影视作品中,不仅使作品获得某种寓意与艺术效果,同时通过重复蒙太奇的对比、强调、呼应、渲染使得影视作品的结构更加缜密,叙事富有节奏感。重复蒙太奇要注意每一次的重复中保留哪些不变的因素,增减哪些变化的因素。

四是连续蒙太奇。

所谓连续蒙太奇,即按照事件的发展逻辑,沿着单一的叙述线索,将事件连续不断地叙述出来。与平行蒙太奇、交叉蒙太奇相比较，连续蒙太奇不是多条线索，相对单一，叙事朴实通畅，但容易琐碎拖沓，篇幅冗长。不过，连续蒙太奇是影视作品比较常用的叙述手法。在运用中，常与其他蒙太奇方法一并使用，增强影视叙事的造型能力与效果。

【实验与练习】

◆目标：区分平行蒙太奇与交叉蒙太奇。

◆操作：观看美国电影《党同伐异》，分析平行蒙太奇、交叉蒙太奇及“最后一分钟营救”技法。

2.表现蒙太奇

所谓表现蒙太奇，即以镜头的组接为基础，通过镜头与镜头、镜头与声音、声音与声音等构件元素在形式与内容上的对照或反差，从而产生出单个构件元素所不曾具有的特别意义或特殊的艺术效果，以表达某种情绪、情感或人物心理，突出某种叙述主旨，给人以强烈的印象。其作用不在于叙事，而在于表现，激发观众的联想。表现蒙太奇包括以下几类：

一是抒情蒙太奇。

所谓抒情蒙太奇，即在叙述事件之时，使用一段特殊组接的镜头来表达或渲染某种情绪或感情的蒙太奇手法。电影《泰坦尼克号》中杰克与罗斯在船头“飞翔”一节，导演使用了海鸥、海豚等物象加入到整个飞翔段落之中，表现两人的爱情甜蜜，传达出强烈的欢快情绪，这是典型的抒情蒙太奇。

二是心理蒙太奇。

所谓心理蒙太奇，即由镜头与镜头、镜头与声音、声音与声音等组接来表现人物的内心世界，如追忆、闪念、回想、梦幻、想象、思考、潜意识或意识流等，是一种人物的心理造型。心理蒙太奇具有强烈的不连贯性与跳跃性，突显出人物的主观意识性。比如，陆川的电影《寻枪》以一种灵魂脱壳式的心理幻想来结束整个故事；电影《蝴蝶梦》将心理蒙太奇技法运用在整个故事的叙事与表现之中。

三是隐喻蒙太奇。

所谓隐喻蒙太奇，即是通过镜头的组接，将不同类型的事物进行对列，让观众针对它们之间的共性进行联想，从而领会到创作者所表达的某种寓意。通俗地讲，就是将其中一个事物比喻成另一事物。我们常在过去的影片中看到革命胜利时往往就有红日升起、霞光万丈的场景出现，这就是隐喻蒙太奇。至于一些言情影视作品把男女主人公的恋爱场面置于水岸边，伴随着并蒂盛放的花朵或者戏水的水鸟等，均是一种隐喻蒙太奇。

四是对比蒙太奇。

所谓对比蒙太奇，顾名思义，就是通过镜头组接所带来的对比，形成两个或两个以上事物的强烈反差，让观众感受到创作者所要表达的创作意图与主观意旨。这里的对比，有来自镜头所表现内容的对比，也有镜头自身的景别、视角、色彩、声音等元素的反差。如电影《一江春水向东流》中，一边再现男主人公在陪都重庆花天酒地的得意欢娱，另一边却是女主人公栖身上海沦陷区破棚里的风雨悲凄，表达了创作者对女主人公的同情，也是对当时腐朽势力的一种鞭挞。

【实验与练习】

◆目标：认识心理蒙太奇。

◆操作：观看希区柯克的电影，分析其心理蒙太奇。

三、长镜头理论

所谓长镜头，是指从开机到关机延续较长时间拍摄而成的镜头。只是相对于“短镜头”而言，长镜头的长度并没有规定。

一个长镜头，通过连续的时空运动不间断地表现一个相对完整的场景，不会破坏现实的时空，真实自然，体现出一种纪实风格，能客观反映事物的存在状态。而蒙太奇镜头段落由不同类型画面组接而成，其意义连贯但伴随画面的破碎、时空的打乱，表现了导演的主观色彩。

长镜头，一般划分为固定长镜头、变焦长镜头、景深长镜头、运动长镜头四种。

i）固定长镜头：机位不变，焦距不变。早期的电影很多采用固定长镜头。

ii）变焦长镜头：改变焦距。

iii）景深长镜头：指较长时间的景深镜头。景深镜头指使处在纵深处不同位置上的景物（从前景到后景）都能看清的镜头。

iv）运动长镜头：通过摄影（像）机的运动或焦距变化而拍摄的长镜头。运动长镜头可以糅合镜头的景别、视角、视点及各种运动形式，从而形成长镜头内部的场面调度。

长镜头理念是由法国电影理论家安德烈·巴赞提出来的。其本质核心在于强调电影的本体性在于它的照相本质，或称之为纪实性。巴赞提出了电影是现实的“渐近线”的主张。

在巴赞看来，长镜头与景深镜头保证了现实空间与时间的完整性，保持了现实的复杂性。巴赞反对蒙太奇，认为蒙太奇破坏了时空的统一，没有还原真实的现实，无法对现实世界进行最真实的反映。显然,巴赞对长镜头的美学推崇,有些绝对化,忽视了蒙太奇的艺术特性。长镜头与蒙太奇并非截然两分。运动长镜头就融合了蒙太奇技法,是长镜头的内部蒙太奇。

长镜头运用得恰当,显得清新自然,流畅通达,但运用过多,有时会显得过于拖沓,节奏缓慢。长镜头多用于一些纪实性强的电视节目中,如新闻报道、纪录片,可以客观、真实再现被拍摄与被表现的对象。

【实验与练习】

◆目标:认识长镜头。

◆流程:观看CCTV纪录片《望长城》最后一集,找出几段长镜头,分析其运用技巧及其作用。

四、场面调度

场面调度,原指戏剧的舞台调度,指导演对演员在舞台上的位置、行动路线以及与其他演员的交流关系等做出安排与布置。引用到影视中,是指导演对拍摄角度、镜头焦距、光线、色彩、景别、布景、运动、人物活动或演员表演等诸多元素的综合运用,从而实现导演的表现目的或创作意图。

在影视制作中,场面调度无处不在。然而,只有那些凸显出某种创作意图、与众不同的场面调度,才会被人说及。

场面调度具有表现人物性格、人物关系、叙述内容、推动情节发展、渲染气氛、体现特殊的艺术意蕴等作用。

场面调度包括两大类型的调度:

1.被摄对象调度

场面调度中的被摄对象,可能是人,也可能是物。场面调度的方式可能是:

i)被摄对象在画面中的位置

ii)多个被摄对象的关系格局

iii)被摄对象的运动路径

iv)被摄对象的光线、色彩、构图等

在虚构叙事的影视剧中,由于演员表演的假定性,导演进行场面调度的余地比较大。影视剧的演员调度,主要集中在演员的行动方向、方式,演员与环境的关系布局,演员与演员的主次、对应关系,演员的行动及路线图等方面。比如,陈凯歌电影《黄土地》中的女主人公翠巧嫁人入洞房的情节中，翠巧披着红头巾坐在床沿，一只黑乎乎的手出画来掀红头巾。翠巧男人的整个面容都省略了，但如此白描式的场面调度极度鲜明地体现了女主人公的悲惨遭遇。美国著名电影导演威尔斯的《公民凯恩》，用坐得很近的关系镜头表现两人的亲近，随着情节的推进，两人处于桌子的两端，以空间距离的改变表现两人的关系格局。

在纪实性的影视采访中，可能对被采访对象提出背景、身姿、表情、言语等方面的要求，使之配合，实现记者或编导的采访诉求。但在纪实性的影视采访中，对被摄对象的场面调度比较受限。尤其是新闻采访，场面调度必须非常小心，需谨慎对待，否则很容易被人诟病，不恰当的场面调度会损害新闻信息的真实性。因此，新闻采访中的场面调度更多依赖摄制者本人对镜头的调度。

2.镜头调度

通过镜头的改变来达到场面调度的目的。镜头有以下改变方式：

i）景别

ii）视角

iii）视点

iv）构图

v）运动方式

vi）长镜头

镜头代表人眼。对镜头的调度，具有一定程度的主观特性，体现编导的创作意图。一个影视作品或某个编导的作品，反复出现或习惯使用某种镜头调度方式，那就有可能呈现出某种艺术风格与美学趣味。比如，陈凯歌在《黄土地》中对于远景空镜头的运用，彰显了人与环境——黄土高原的关系；我国台湾著名导演侯孝贤喜欢长镜头、固定镜头，表现出特殊的美学情趣。费穆电影《小城之春》中对于镜头的调度以平移的运动方式为主，好像展开一幅中国传统画卷似的，与该电影的诗意化是相称的。

【本节要点】

◆蒙太奇就是影视语法，不仅用来指称镜头的组接以及蒙太奇句子、段落，还指称蒙太奇思维。

◆叙事蒙太奇，是影视叙事最基本的手法，用来叙述事件、展开情节、推动故事发展，以时间关联、因果关系作为画面、场景与段落组接的依据。叙事蒙太奇逻辑连贯、脉络清晰，观众容易明白理解。叙事蒙太奇包括平行蒙太奇、交叉蒙太奇、重复蒙太奇、连续蒙太奇。

◆平行蒙太奇，是将两条或两条以上线索的故事情节并行在一起进行叙述，共同构建统一的叙事结构与流程。集中、紧凑，加快节奏，形成对比与呼应。

◆交叉蒙太奇，就是在影视作品中将同一时间不同地点发生的两条或两条线索以上的故事情节交叉组接在一起，使各个线索之间的情节频繁地交织在一起，形成最后的故事结局。强化矛盾冲突，营造紧张气氛，使悬念最大化。交叉蒙太奇具有严格的同时性、频繁的交替性、激烈的冲突性。

◆重复蒙太奇，即具有某种特别含义的镜头、场景、声音等重复出现在影视作品中多个重要的叙事节点处，从而达到突出细节、刻画人物、强化意象、表现主旨等叙事目的。重复蒙太奇的对比、强调、呼应、渲染使得影视作品的结构更加缜密，叙事富有节奏感。

◆连续蒙太奇，即按照事件的发展逻辑，沿着单一的叙述线索，将事件连续不断地叙述出来。在运用中，常与其他蒙太奇方法一并使用，增强影视叙事的造型能力与效果。

◆表现蒙太奇，通过镜头与镜头、镜头与声音、声音与声音等构件元素在形式与内容上的对照或反差，从而产生出单个构件元素所不曾具有的特别意义或特殊的艺术效果，以表达某种情绪、情感或人物心理，突出某种叙述主旨，给人以强烈的印象。其作用不在于叙事，而在于表现，激发观众的联想。表现蒙太奇包括抒情蒙太奇、心理蒙太奇、隐喻蒙太奇、对比蒙太奇。

◆抒情蒙太奇，即在叙述事件之时，使用一段特殊组接的镜头来表达或渲染某种情绪或感情的蒙太奇手法。

◆心理蒙太奇，即由镜头与镜头、镜头与声音、声音与声音等组接来表现人物的内心世界，如追忆、闪念、回想、梦幻、想象、思考、潜意识或意识流等，是一种人物的心理造型。心理蒙太奇多用穿插交叉的组接方法，叙述具有强烈的不连贯性与跳跃性，突显出人物的主观意识性。

◆隐喻蒙太奇，即是通过镜头的组接，将不同类型的事物进行对列，让观众针对它们之间的共性进行联想，从而领会到创作者所表达的某种寓意。

◆对比蒙太奇，就是通过镜头组接所带来的对比，形成两个或两个以上事物的强烈反差，让观众感受到创作者所要表达的创作意图与主观意旨。

◆长镜头，通过连续的时空运动不间断地表现一个相对完整的场景，不会破坏现实的时空，真实自然，体现出一种纪实风格，能客观反映事物的存在状态。长镜头一般划分为固定长镜头、变焦长镜头、景深长镜头、运动长镜头四种。

◆场面调度，指导演对拍摄角度、镜头焦距、光线、色彩、景别、布景、运动、人物活动或演员表演等诸多元素的综合运用，从而实现导演的表现目的或创作意图。场面调度具有表现人物性格、人物关系，叙述内容、推动情节发展、渲染气氛、体现特殊的艺术意蕴等作用。

◆场面调度是针对两个方面的调度，一是被摄对象调度，二是镜头调度。

【实验与练习】

◆目标：认识场面调度。

◆操作：观看某部电影，找出若干段落，分别说明导演对人物的场面调度与对镜头的场面调度，并分析其做法的意义何在。

第四章　写作与演说

电视编导需要写作各类文案，同时，还需要将自己的导演意图告知团队，让大家领会自己的意思，从而共同完成一部电视作品的创作与生产。因此，电视编导需要培养相当程度的写作与演说能力。本章介绍通过故事创作、叙事散文写作、小品创作以及编讲故事、故事接龙、给材料演讲以及演讲训练方法等进行写作与演说能力的培养。

第一节　编创与编说故事

【阅读导引】

◆什么是艺术层面的故事？

◆故事的戏剧性包括哪三个要件？故事的戏剧价值变化有哪些类型？

◆戏剧性故事的文本构成是怎样的？

◆如何进行故事创意与人物设计？

◆编讲故事要注意哪些问题？如何进行故事接龙？

故事，是由两个或两个以上的事件序列构成，并传达出特定的信息内容。一般来说，故事可以分为由低级到高级的几种形态：

一是信息层面的故事形态。

这种层面的故事是指包含不同寻常的信息内容。比如，老人讲述了自己的身世，让人觉得老人一生真不容易。我们说老人的一生有故事，也就是说，老人的一生向人们传达出许多不同寻常的信息。

二是逻辑层面的故事形态。

这种层面的故事是指具有因果逻辑的事件序列。比如，在老人身上发生了几起有意思的事情，事件之间具有因果关联。故事不是几个事件的堆砌，或者简单相加，而事件之间是相互关联的，故事是一个有机的事件整体。

下面有两个事件序列：

i）国王死了，王后随后也死了。

ii）国王死了，王后不久就伤心而死。

第一个事件序列只是一个系列事件，而第二个才是故事，原因就在于第二个事件序列是有因果逻辑关系的。因果逻辑性是故事最基本的特征。有些人在编故事时，写了好长好长的一个故事，内容丰富，信息量大，然而，并不为人看好，就是没有很好地把握住故事的因果逻辑性特征。

三是艺术层面的故事形态。

这种层面的故事，是指具有戏剧性的系列事件序列。如果将老人的身世故事，进行艺术加工，注入诸多戏剧性元素，就使其成为了一部艺术作品。信息层面的故事只是最粗粝的故事形态，逻辑层面的故事是故事的中间形态，艺术层面的故事是最高级的故事形态，其最核心标志是戏剧性。

综上所述，我们给故事做一个定义：所谓故事，就是指叙事文类中由因果逻辑关系的系列事件而构成的戏剧性事件序列。

一、故事的戏剧性

讲故事的文类，被称为叙事文类。小说、戏剧戏曲、电影、电视剧都是叙事文类，主体内容就是故事，即以不同的介质叙述故事。

i）小说：以文字讲故事

ii）戏剧戏曲：以演员身体表演故事

iii）电影：以电影影像讲故事

iv）电视剧：以电视影像讲故事

故事的戏剧性是叙事文类最核心的艺术追求。什么是故事的戏剧性呢？《电影艺术词典》将戏剧性定义为："在剧作中，由人物自身的矛盾，人与人的性格或意志之间、人与自然环境或社会环境之间发生的抵触或矛盾冲突所造成的悬念或激变。"[①]

叙事文类的故事为什么需要戏剧性？戏剧性使故事变得一波三折，悬念迭起，更具有阅读价值，使受众产生感官愉悦、情感宣泄、心灵净化甚至道德升华等身心变化。为了进一步剖析艺术层面的故事，我们将戏剧性分解为三个要件：

1.冲突要件

故事的戏剧性首先表现为一种冲突性。没有冲突就没有戏剧性。因此，香港有导演说："做戏，一上场首先打起来再说。"尽管此话有些偏颇，但不无道理。这些冲突包括以下类型：

i）人与人之间的冲突：包括人与自己、人与他人的冲突。

ii）人与自然的冲突：自然与人的生存冲突，比如人如何战胜自然灾难、人如何适应自然的种种努力等。

iii）人与社会的冲突：人在社会中如何立足、生存与发展所面临的种种困难等。

2.激变要件

戏剧性的第二要件就是激变。所谓激变，就是发生逆转性的状态变化。人与自身、人与外界发生冲突后，始终停留在某一状态，不变化，就不可能成为戏剧性的故事。比如，街头两个年轻人在打架，哪怕打得头破血流，打得天昏地暗，如果不发生逆转性的状态变化，也只是一场普通冲突。如果打完架就散了，或者两人被警察抓走了，状态发生了变化，

---

① 许南明：《电影艺术词典》，中国电影出版社1986年版，"戏剧性"词条，第161页。

但变化的性质并非逆转，还是普通冲突。

如果两人打架进行到半途，突然拥抱一团而号啕大哭，原来其中一人认出对方是自己从小就失散的哥哥。状态发生了逆转性的变化。我们就认为这个故事具有一定的戏剧性。

3.性格要件

一般来说，故事发生激变后，就显出戏剧性的面貌。所谓性格要件，是指在冲突及逆转性的变化中，还包含深层次的人物性格或意志因素。比如，打架的兄弟俩，弟弟直率，哥哥阴险，哥哥原来是图谋弟弟的家产而来。打架场景，原本就是哥哥事先设计好的，而弟弟却一直蒙在鼓里。显然，这个故事更具戏剧性、艺术性。性格要件是一个故事上升到艺术层面最重要的因素。

【实验与练习】

◆目标：认识故事戏剧性的三个要件。

◆操作：观看一部影片，以此分析该故事的三个要件。

二、故事的戏剧价值

故事的戏剧价值是指具有不同戏剧性需求的人物之间发生冲突而导致事情发生状态的改变。比如，中年男子在酒吧里遇到红衣气质女，有意勾搭，使中年男子原来的生活状态发生改变，这就是一种戏剧价值。

过渡场景故事一般没有冲突。比如，“小车从山间驶过，又转到平原，然后来到一条大河边，桥被山洪冲垮了，几个人物下车商讨怎么办”等多个场景中，其中，“小车驶过山间”，“小车在平原奔驰”，都是过渡场景，没有冲突，无实质性的戏剧价值。

有些初学者容易使场景故事做得平铺直叙，没有冲突，也就无戏剧价值可言。比如做一个这样的场景，一对男女在一个布置雅致的餐厅就餐，如果仅是表现两个人卿卿我我的情形，开始很亲密，其间还甜蜜地对话，最后即是幸福地互视对方或者离开餐厅。这一个场景尽管可能有诸多的对白、人物表现，但该场景的叙事显然缺乏较高的戏剧价值。

导致戏剧价值改变的冲突类型：

i）动作冲突

ii）言语冲突

iii）心理冲突

iv）推理冲突

好莱坞的动作片与西部片、中国的功夫片，以动作冲突为主；而情景剧或其他类型喜剧，则以言语冲突为主；许多韩剧则以心理冲突见长；推理剧、案情剧却体现出追索迷案的推理冲突。

一些动作片看得乏味，往往是由于片中充斥太多无谓的动作冲突。言语冲突也是如此，贫嘴也是一种言语冲突，关键是戏剧价值的含金量太低。

不同类型的冲突会带来场景戏剧价值不同的变化。这种变化可以分为几种类型：

1.价值转换

价值转换是指事情的发展由正面价值转到负面价值，或者由负面价值转到正面价值，或者在正面价值与负面价值之间进行交替式转换。比如，在一个酒吧里，男子与女子相谈甚欢，这时，男子不小心露出随身的一个物件，结果，女子脸色大变，气氛顿时变得异常紧张。场景故事由正面价值转到负面价值。男子解释说这是受人所托要交给一个人，但一直在寻找这个人，没想到竟是面前的这个女人。得知来龙去脉，物件被交到女子手里，女子感激男子。场景故事又从负面价值转到正面价值。

【实验与练习】

◆目标：以正负值转化进行戏剧场景的改编。

◆操作：

题目：几个小孩子在河边玩沙粒，玩得很尽兴，最后一个个疲惫而回。

练习者根据故事梗概，发挥想象，以正负值转化来改编故事。相互讨论，教师讲评。

2.价值升级

价值升级是指事情的发展处于价值递增的过程，也就是说，后一段场景与前一段场景的冲突性质类似，人物的反应也差不多，这样导致的结果是价值升级。比如，电影《克莱默夫妇》中的男主人公在遭遇前妻索回儿子监护权的官司时，正需要一笔巨额诉讼费之时，偏偏又被公司解雇，应了中国一句古话："屋漏偏逢连夜雨。"这里即是一种价值升级，是正面人物的负值升级，是正面主人公困境的升级[①]。

当然，还有正面人物的正值升级的。比如，中国传统戏剧中的主人公往往到了最后结局时，不仅雪耻复仇，而且受到皇帝的特别嘉奖。这种正值升级，使价值转换之前的受众积聚负值情感得到最大化的宣泄。"好事成双"是其生活的原型与叙事模式。

① 对于主人公困境的升级，受众会不断积聚悲情与痛感。当这些悲情与痛感积聚到一定程度的时候，进行价值转换，即主人公困境解围。一般好莱坞的影片只有临到最后才能彻底解围。困境解围就有如打开受众情感的一道闸门，当积聚很深的悲情与痛感一泄而光之时，根据心理学原理，一个人就会滋生巨大的快感。这就是在影院里为什么好人得到褒扬、坏人得到惩处之时人们常常情不自禁鼓掌的缘故。

价值升级后再发生价值转换。比如，主人公开始受人辱骂，默不做声；接下来遭到毒打，依然是忍气吞声，这是价值升级。当然，接下来的场景却是主人公在忍无可忍的情形下，终于制服了恶痞。最后场景即是价值转换。如果把前两个场景的价值看作负值的话，最后场景的价值即是正值，即“负——负——正”。这种在价值升级后再发生价值转换，是古今中外叙事作品最常用的叙事模式，即“事不过三”。一些影视剧中的坏人一而再，再而三地犯恶，通过价值升级不断激怒受众，使其心理承受达到某种临界点，使其情绪张力最大化之后，再发生场景的价值转换，受众得到最强烈最酣畅的心理泄洪，从而实现一种最大化的阅读愉悦。一部电视剧就是通过一次次的价值升级与价值转换来推进故事发展的。

【实验与练习】

◆目标：掌握戏剧价值的价值升级规律。

◆操作

题目：几个小孩子在河边玩沙粒，玩得很尽兴，最后一个个疲惫而回。

根据题目做负值升级与正值升级。

练习者发挥想象，改编故事。教师讲评。

3.价值积淀

有些场景，尤其是过渡场景及描述性场景，冲突并不明显，或者没有冲突。这些场景所带给受众的是一种信息集聚，形成电视剧叙事的价值积淀。如主人公越过高山、穿过草原、趟过河流等场景设计，使受众形成了主人公做事情不辞劳苦的价值判断，是一种价值积淀。

价值积淀与价值升级的根本区别在于，价值升级中的后一场景比前一场景的价值程度要高，而价值积淀的后一场景与前一场景的价值平等。

4.价值减损

故事发展到一定程度时，比如发展到高潮后，可能出现价值减损。由于故事的价值减损，受众的阅读兴趣也开始下降。

价值减损有一种特殊的形式，即“伪价值减损”。这也许是一个很有意思的命题。表面看来，场景故事的价值既没有积累，也没有升级，而是一种价值的减损，可事实上却是另一种形态的价值转换，我们称之为“伪价值减损”。比如，在一个激烈的场景之后，紧接着是一个相对抒情的、和缓的场景，表面上出现了价值减低，但实质上是对受众情绪的一个调节，目的是为了引发更强烈的价值升级。“假结尾”也是一种“伪价值减损”，以价值减损的方式降低受众的兴趣阈限，并以突转的方式来发生价值转换，大出受众的意料之外，使受众发生阅读惊奇。

【实验与练习】

◆目标：掌握假结尾的技巧。

◆流程：

规定情景：歹徒被制服之后。

分析规定的情景内容，设想假结尾与真结尾，发言，评述。

三、故事的悬念建构

戏剧性故事，必以悬念取胜。戏剧性故事的悬念，其文本结构可做如下解析：

一是诱导文本。

戏剧性故事的悬念，必定先制造诱导受众的故事段落，让受众相信人物会遭遇诱导文本所暗示的处境、结果或危机等。比如，主人公在街头看到一个哑巴女孩可怜，便招至家中做保姆，主人公待其甚厚，女孩既勤勉，对主人也极为恭顺，其乐融融的主仆生活由此而展开。然而，这只是戏剧性故事的一个诱导文本，让受众相信苦难缠身的主人公终于可以松口气。诱导文本，越是铺垫得厚实，越让受众不怀疑其中有“诈”，后面逆转所产生的效果就可能越好。

不过，在诱导文本里会暗含一些被前人称为“伏笔”的内容，这些“伏笔”大多隐晦，为后文的悬疑揭示做铺垫，使悬疑揭示变得合情合理，不至于很突兀。比如，可如此做“伏笔”：自从女孩进入主人家里之后，主人公觉得自己卧室里的东西有些翻动，但又不能肯定，怀疑是自己年岁大了，记错了。

二是逆转文本。

当诱导文本的故事发展恰当火候时，突然笔锋一转，故事发生激变，让受众极度“震惊”，大有出乎意料之感的效果。比如，一天晚上，寨外土匪来攻，全家上上下下正准备御敌时，突然一向温驯、贤良的女子仗剑在手，威逼有恩于自己的主人公，故事中的人们一个个瞠目结舌。这里的逆转文本与诱导文本形成巨大的叙事反差，也导致受众心理落差的骤然加剧，紧张乍起，悬念立生：这是怎么回事？受众渴望得知真相，加大了对后续故事的阅读欲望。

三是悬疑揭示文本。

逆转之后，受众渴望悬念的解开，故事适时地以相应的方式来揭示悬疑，或部分揭示悬疑。比如，女子扯下自己的头发与外套，原来是男扮女装，与攻寨的土匪里应外合，劫掠大户。主人公后悔自己引狼入室。至此，悬疑全部揭示一空。

然而，高明的编剧，却常常并不满足于这种一次性悬疑揭示。而往往一个悬疑揭示后，另生他疑。比如，当乔装打扮的男子与匪徒会合，劫掠一空之后，主人公一家也安全了，突然，从乔装打扮男子脱下来的衣服上发现了一件玉佩，主人公拿来与自己身上的那件进行比对之后，脸色大变。急令总管不得报案，全家生疑，又起一个悬念。这是一种连环悬念法，此法有助于戏剧性故事持续吸引力的提升。

【实验与练习】

◆目标：实践悬念的制造方法。

◆操作：

题目：告别

编创一个故事，使用连环悬念法。

编创之后，练习者讲述，教师点评。

四、故事创意与人物设计

我们并不反对天马行空地想到一个故事创意。不过，对初学者来说，我们不妨提出一种范式供练习者参考。比如，以“照片”为题编创故事。

1.结合命题，确立戏剧模式

看到命题后，首先确立一个戏剧故事模式，也就是说，我要做一个什么样的故事。以下分别以五种模式来说明：

A.侦破模式

B.复仇模式

C.陷害模式

D.帮助模式

E.灰姑娘模式

2.命题改造，设计人物，明确戏剧性需求

将命题进一步改造，使之具体化，并设计主人公与其他主体人物，并明确主人公的戏剧性需求。

A.“照片”在这里可以具体为：警方在现场发现一张老旧照片，照片有钢笔写的一行小字，大多漫涅，只有边上两字还能认出是“春雨”。警方查明“宋春雨”是死者母亲下乡时的相好，但与死者的死没有什么关系，原来是凶手企图转移警方的视线将这一张照片落在现场。仔细分析，照片是宋春雨与死者母亲等知青的合影，字是新写做旧的。写字的又是谁呢？……警官后来从照片上另一处内容上查出了真正的凶手。（可以继续补充照片的信息）

B."照片"可以具体为：照片是红衣者与主人公的合影，红衣者是一个文弱青年。两人曾经是很好的生产合作者，不过，有一天，此人指使人洗劫了他的家，带走了合伙赚来的款项。主人公拿着两人的合影到处找红衣者，向他复仇……

C."照片"可以具体为：照片去了一小半，现存一个男子，挽着一只女性的手，手上有一只白金钻戒，去了一半的正是女子像。……五金商人方某拿着这去了一半的照片，狞笑了一下。

D."照片"可以具体为：照片是从报纸上剪下来的，街头耍猴的场景，耍猴艺人正是宁远的父亲。他是一个乡村教师。

E."照片"可以具体为：小保姆拿着母亲的一张照片出神。母亲在世时，常唠叨结婚时没有与父亲上照相馆照张相。

所谓戏剧性需求，就是要给主人公设定一个追求目标，并努力实现。戏剧性需求是戏剧故事的叙事动力。我们可以设计几个主人公的戏剧性需求：

A中的主人公是警察，其戏剧性需求就是侦破此案，找到凶手。

B中的主人公是寻找身着红衣者复仇。

C中的主人公方某以一张暧昧的照片祸害他人，自己从中取利。

D中的主人公想挣钱完成耍猴父亲的愿望，办一所好的山村学校。

E中的主人公就是要开一个婚纱影楼。

3.做"一句话故事"

确立戏剧故事模式，命题具体化、设计人物、明确主人公的戏剧性需求之后，并尽可能用一句话来概括你的故事。

A.侦破模式："警察通过一张照片的线索侦破了谋杀案。"

B.复仇模式："他向合影中着红衣者复仇。"

C.陷害模式："一张照片陷害了三个家庭。"

D.帮助模式："照片帮助他找回自信。"

E.灰姑娘模式："一张照片激起小保姆开了婚纱摄影楼。"

4.设计对立面

主人公要达到戏剧性目标，不能让其一步到位，那就不是戏剧性故事了。必须要给主人公制造各种各样的困难与障碍，使其在达到戏剧性目标的过程中遭遇一个个波折，最后才成功。制造困难与障碍,就要设计对立面。

A中警察的对立面就是疑凶。

B中主人公的对立面可能是另一个挑拨者,而不是着红衣者。主人公向着红衣者复仇,正是挑拨者所希望的。

C中主人公是一个反派,其对立面即是他所陷害的人。

D中主人公的对立面可能就是他的室友。

E中主人公的对立面就是一系列的困难,或者是她的一个追求者。

5.设计帮助者

在戏剧型故事中,帮助者的角色也很重要。

A中有帮助者给警方提供线索。

B中的着红衣者是主人公复仇的对象,也可设计成暗中帮助者,一是重续与主人公的友情,二是找出挑拨者。这样,戏剧性更强。

C中主人公是一个反派,可在其对立面设计一个帮助者,这个帮助者就是主人公的妻子。主人公妻子反感丈夫的行为,暗助对方。

D中的帮助者,可以设计成另一个室友,但只是暗中帮助者。

E中的帮助者,可以设计成保姆家的儿子。

事实上,以上并非需要按步骤进行,有时只是融合在一起思考,一气呵成,然后,做一个故事大纲。

五、偶遇、巧合与误会等技巧

编创戏剧性故事的素养与能力,需要长期的习得。以下介绍三种比较常用的技巧。

1.偶遇

通过与没有任何前兆的人物偶遇,达到戏剧性逆转与激变。旧时常说的一句话:“戏不够,神仙凑。”比如,当大家被人追赶到一条死胡同,正感叹此命休矣时,这时,门开了,一个侠义的长者把他们领进屋里,钻进暗道逃走,追赶的人悻悻而去,大家化险为夷,事情发生逆转与激变。显然,侠义的长者并不是前面就早已出现的人物,只是临时性解困而编出的“神仙”。

2.巧合

偶遇是人与人的巧合。没有特别安排的两件事凑在一块,使原来的事情发生了逆转与激变,这就是巧合。

3.误会

误会法,即以人物之间的误会形成逆转与激变。

ⅰ)铺垫

ⅱ)第一回误解

ⅲ)第二回误解

ⅳ)逆转与激变

ⅴ)误会假解除

ⅵ)假逆转与激变

ⅶ)最后的真相

举例：

ⅰ)铺垫：

年轻有为的将军与一群贵族公子出门去打猎，甚是融洽、欢娱。将军新招的一个武士同行。

ⅱ)第一回误会

一只梅花鹿出现，人群骚动，年轻将军意欲一马向前，追赶猎物。不意武士抢先而去，射得梅花鹿。将军遭贵族公子们奚落。将军对武士不满，未发作。

ⅲ)第二回误会

烤肉，将军将烤熟的梅花鹿肉给贵族公子一部分，贵族公子回赠对方的烤肉。武士接过对方的肉，却不给将军，而是呈上自己亲烤的野猪肉。将军有些恼怒。

ⅳ)逆转激变

将军喝了点酒，席地假寐，突然喧嚣声起，将军立醒，发现那伙贵族公子执剑于面前。看到将军一跃而起，那伙人很是吃惊。

武士冷笑上前，揭穿贵族公子谋害将军的伎俩：先是等将军追赶猎物一马在前时，从后面射杀将军，制造误杀假象；射杀不成，以烤肉加药毒害将军，并指了不远处的抽搐猎犬。

ⅴ)误会假解除

贵族公子暗算不成，知道明里动手不是将军一伙的对手，悻悻而去。将军甚是感激武士。其他手下与仆人赞扬武士。

ⅵ)假逆转激变

将军突然挥剑逼向武士，质问武士何人，紧张气氛陡起。

ⅶ)最后真相

武士说明真相，将军真正感动，故事结束。

【实验与练习】

◆目标:掌握误会法的编创技巧。

◆流程:

设定一个情境,如街头帮忙,让练习者按照“铺垫+第一回误会+第二回误会+逆转激变+误会假解除+假逆转激变+最后真相”程序来编创。

练习者讲述,教师评点。

电视编导编创戏剧性故事与小说家编创故事最大的区别:

一是镜头感。电视是用画面来表现,是镜头艺术。电视编导编创戏剧性故事时,要注意故事的镜头表现力。

二是动作感。小说家可以有很多的人物心理描写,可以虚发很多议论。电视编导编创故事要突显动作,有利于叙述节奏,更利于电视镜头的表现。

编创故事要注意:

i)故事是因果的,故事是情感的,故事是戏剧的。

ii)所编故事要有一定的社会意义,一般应该是积极向上的,表达进步、正义、温暖、美好等正面价值。

iii)故事要尽可能在有限的几个人物之间进行,而不要无节制地扩充人物。

iv)故事要注意刻画人物的情感,不能只是驱使人物发出诸多无意义的行动,而完全不顾及人物的心理及情绪的变化表现。

六、编讲故事的训练

电视编导说故事是一项技能。未来的实践中,有很多的地方用得着这项技能,如电视编导向领导或团队进行导演阐述等。

有人故事写得好,并不意味着能说好一个故事。编讲故事需要较长时间的练习,先要提高在大庭广众之下的演讲能力,然后要培养短时间内编创一个故事所具有的反应能力、话语组织能力等。需注意以下几点:

i)节奏感:要抑扬顿挫。

ii)感染力:用词有感情色彩。

iii)多情节:少叙述。

iv)动作性:多用动词。

v)结尾句:有力,有意味,要干净。

【实验与练习】

◆目标：培养说故事的能力。

◆操作：以“半夜访客”为题，准备五分钟，练习，评点。

七、故事接龙

故事接龙，即集体说故事，是一种编讲故事的训练方法。

其特点如下：

i）游戏性：提高趣味程度。

ii）集体的协作性：团队意识，也是一种规则、限制，通过这种规则、限制来提高编创故事的难度。同时，通过接续，增强团队意识。

iii）快速应对性：一个接一个，可用作反应的时间很少。练习多了，可提高快速应对能力。

其操作流程介绍如下：

一般训练课会给故事引子或题目。

第一个接龙者按照这个引子开启故事流程。第一个接龙者非常重要，人物关系、人物性格，情节类型、发展趋势，矛盾性质、程度及原由等都可能在第一个接龙者那里就要有一定眉目，甚至定型。后面的接龙者就是发展情节。

第一个接龙者在完成这些之后，需要抛出一个悬念将故事的接力棒交给下一个接龙者。

第二个接龙者要接续上一个接龙者抛出的悬念，通过自己编创的故事内容解开悬念，再开始组织新的内容形成新的悬念，悬念既成，也抛给下一个接龙者。

此后的各个接龙者即是如法炮制，即接过悬念，解析悬念，再制造悬念，再抛出悬念。

最后一个接龙者，也是接过倒数第二人的悬念，并解析悬念，最后可以不再制造新的悬念，而是促成故事的圆足，形成闭合性结尾。当然，也可以将故事说成开放性的结局，即人物的某些命运并不在故事中点明，而是让受众去想象。

那么，如何评估接龙者的表现呢？

对第一个接龙者的评估，要看引子的接续是否自然，在人物、情节、矛盾等诸方面设计得好不好，对整个故事的开局是否有利，还要看其抛出的第一个悬念好不好。

对后续的接龙者的评估，需要看接龙者对前一个接龙者的悬念解析是否恰当，再分析其如何铺垫，抛出的悬念是否自然，等等。

此外，语言的流畅，反应的快慢，表情、身势语言等也应视作评估的因素。

【本节要点】

◆故事包括信息层面、逻辑层面、艺术层面三种形态。艺术层面的故事是指叙事文类中由因果逻辑关系的系列事件而构成的戏剧性事件序列。

◆戏剧性包括三个要件：冲突要件、激变要件、性格要件。故事的戏剧价值是指具有不同戏剧性需求的人物之间发生冲突而导致事情发生状态的改变。导致戏剧价值改变的冲突类型：动作冲突、言语冲突、心理冲突、推理冲突。戏剧价值的变化类型有价值转换、价值升级、价值积淀、价值减损。

◆戏剧性故事由诱导文本、逆转文本、悬疑揭示文本组成。连环悬念法有助于戏剧性故事持续吸引力的提升。

◆故事创意与人物设计可以依照如下步骤操作：结合命题，确立戏剧模式；命题改造，设计人物，明确戏剧性需求；做“一句话故事”；设计对立面；设计帮助者。

◆偶遇、巧合与误会是一些常用的戏剧性技巧。电视编导编创戏剧性故事与小说家最大的区别：一是镜头感，二是动作感。

◆编讲故事要注意节奏感、感染力、多情节、动作性、结尾句等。

◆故事接龙，即集体说故事，是一种编讲故事的训练方法。其特点有游戏性、集体的协作性、快速应对性等。

【实验与练习】

◆目标：通过集体说故事的游戏培养编讲故事的能力。

◆操作：

故事引子：于来雅如约来到广场喷泉的地方，但半小时后，张凯并没有出现，然而，突然，她惊奇地发现………

组织团队，讲清规则，告知故事引子，练习，评点。

第二节　叙事散文写作

【阅读导引】

◆什么是散文？什么是叙事散文？

◆优秀叙事散文包括哪些要素？

◆命题创作叙事散文有什么样的创作方法与技巧？

◆叙事散文为什么要合乎情理，要真情实感呢？

散文，区别于小说、诗歌、戏剧、影视文学等，篇幅短小，行文自由，是一种以叙事、议论、抒情等为表现手段的文体。叙事散文，也是散文的一种，以写人纪事为主要内容的散文形态。一篇优秀叙事散文的要素可以概括如下：

i）主题：精致别样，富有哲理为上佳。

ii）题目：如是创作语境，题目要精到、醒目、别致。

iii）叙事情节：曲而不直。如有几处独到的细节描绘，更能增加文章的记忆点。

iv）人物形象：自然、鲜活，不做作、不虚假。

v）行文语句：流畅、优美，读来如饮甘饴，为理想之选。

vi）开头结尾：开头要有原动力，结尾要有想象力。开头语句要有弹射力，能引发受众的阅读欲望。结尾，最好点题，但不能过于明白，要隽永，意味深长。

一、命题创作叙事散文

叙事散文写作，一般有两种语境，一是创作语境，二是命题语境。在创作语境里，我们可以不受限制，有感触，有创意，有生活体验，我们就提笔写故事。这样的故事师法自然，妙手偶成。许多名家的千古佳文就是这样出炉的。命题语境下的散文写作，自然没有创作语境那样自由潇洒，一有题目的规定，二有时间的规定，不可能通过自然积累式的突破来完成写作任务，一般是急就章，尤其是考试语境里的急就章。如何做这样的急就章呢？

在命题语境中，创作一篇叙事散文可以尝试以下方法与步骤：

1.找寻创意原点

根据命题，搜寻记忆库，打开想象的阀门，找寻与命题相关的创意原点。创意原点，可以是人物、事件、物象，也可以是主题、细节，甚至是开头、结尾的一句话等。比如，命题

叙事作文是“桥”,创意原点可能有:

A.人物原点:

(1)修桥的老人

(2)修桥的包工头

(3)通桥剪彩的人

(4)在桥上做买卖的小贩

B.事件原点:

(1)老家修一座桥

(2)小区外修一座桥

(3)包工头偷工减料致使桥垮塌

C.物象原点:

(1)家乡的老桥

(2)山区过河的滑索桥

D.细节原点:

(1)夏天里,人们在桥上纳凉,小贩在叫卖。

(2)小女孩怯怯地过山里的危桥,调皮的男孩见状,吓唬声更大了。

E.主题原点:

(1)桥虽然不说话,但大音稀声,无时无刻不在向人们诉说一切。

(2)没有人气,桥是孤独的。

(3)有人说,桥是有脾气的,待他不好,有时会生气。

2.打通创意原点

一种情形,找到多个原点,综合而成,形成一个故事雏形:比如,综合A(3)、A(4)、B(1)、B(3)、E(3),打通后形成一个大原点:老家要修一座桥,包工头承包,但偷工减料,致使桥质量不好,官员剪彩后通车,结果桥垮了。用E(3)作为结尾。

可以选最有感觉的一个原点,由此而生发开来。比如,由D(2)这个原点,生发一个情节,那个调皮男孩其实很喜欢女孩,在长大后,捐资修了一座桥,代替独木桥。

3.增添逆转性戏剧核

打通原点后所形成的故事情节,可能缺乏戏剧性,叙事散文不够精彩,需要增添戏剧性元素。比如,老家要修一座桥,包工头承包,但偷工减料,致使桥质量不好,官员剪彩后通车,结果桥垮了。显然,这个故事有些平,关键缺乏一些戏剧性元素。我们加入两个情节:一是包工头是剪彩官员的远房亲戚,给官员送了钱;二是剪彩后,桥垮塌了,包工头与官员全掉进了河里。再比如,小女孩怯怯地过山里的独木桥,调皮的男孩见状,吓唬声更大了。那个调皮男孩其实很喜欢女孩，在长大后，捐资修了一座桥，代替独木桥。

这个故事有些诗情画意，然而不够戏剧化。如何弥补呢？不如设计成这样的情节：剪彩那天，人到中年的男人希望看到女人的身影，并当面对当年的顽皮表示歉意，然而，女人并没有出现，她去了更偏远的云岭村小学做了老师，在一次涨大水时背学生涉水，被大水冲走了。至此，由于增添了一些戏剧性情节，使叙事散文在行文中发生叙事逆转，增强了悬念感与吸引力。两个故事开始有意思了。

4.设计开头与结尾

增添戏剧核之后，要全盘考虑故事是否合理，再设计开头与结尾。前文说到，叙事散文开头要有原动力，结尾要有想象力。比如，其中一个故事开头情节可设计为：临近竣工的日子，包工头方成上了一趟山，在山上道观里抽了一签，得一上上之签。另一个故事的结尾情节可设计为：后来，云岭村小学多了一所希望小学，也多了一座风雨无阻的水泥桥。时常有一个人到中年的老板走过桥来看孩子们。

5.设计主题性语句

叙事性散文中的主题性语句非常重要，可显可隐，但不能太透。

比如：

主题性语句1：有老者说，桥是灵性的，也有脾气。

主题性语句2：自从出事的日子起，方成一直悟不通那天凭什么抽到的是上上之签，原来签也有不灵验的时候。

二、观摩与评析

在叙事散文写作中，注意人物、情节、情感一定要合乎情理，务必真实。否则，就会令人生厌。下面的散文就存在着一些问题。

温暖的冰块

大学毕业后，怀着一腔热情，我兴致勃勃地选择了支援贫困县。我被分配到一个既偏僻又贫穷的山村小学。学校连粉笔都没有，上课写字只能用手指蘸着水进行。就这样，不出两个月，我的热情骤降，无精打采的，一直想找个机会回城里。

那些小孩子们看出了我没有刚来时的积极和认真，便纷纷围上来仰起脸问：“老师，你是不是要走了？以前来过好几个老师，刚教一个多月就走了，他们嫌我们这里太穷太辛苦。”

我一时不知所措，便笑起来，说：“你们放心吧，老师不会走的，老师还没有教会你们知识呢！”

他们一听，欢呼着一哄而散，像得到了什么重大喜讯似的。

转眼到了冬天，我想暂时就先在这里再待一阵子，等到了春天无论如何也得离开。

这里的冬天特别寒冷，经常零下十几度，小河里、路沟里的水都结了一层厚厚的冰，并且井里的水也押不出来，估计也是被冻住了。

在课堂上，我无比烦躁又无可奈何地说："找不到水，我怎么给大家写字呢？"

有一个孩子站起来说："老师，你可以拿冰块写嘛！"

于是，我找来几块冰，在黑板上写起来，字体果然很清晰，写着也方便。只是这太冻手了，写不了几个字，手就会变得麻木起来，捏不住冰块。

没办法，我只有写几个字停下来插入口袋里暖一暖，然后再继续写。

这样写写停停，停停写写，一节课下来把我累得实在不轻。算了吧，明天就只看不写了，带领他们多朗读课文吧。我下定决心。

可是第二天我一上讲台，一个冻得鼻涕流得老长的小男孩跑过来，伸开手，把一块冰递给我，说："老师，这块冰我已经暖一会了，一点都不凉了，你拿着写字吧。"

我接过来捏在手里，果然暖融融的，不那么冰手了。不过这冰块暖得越热它不就融化得越快吗？像这样一个冰块能写几个字呢！于是，我说："一块冰不够用的，我们还是先念课文吧！"

可是，下面的一幕让我终生难忘。只见台下的五六十个孩子都齐刷刷地站了起来，伸开手高喊着："老师，我这也有冰块！""我这也有！""我这也有！"

那是怎么一个画面，在飘荡着寒气的教室里，瘦小的身子，破烂的衣服，满是污垢的头发，冻得红扑扑的脸庞——他们就那么站着，胳膊伸得笔直，摊开的小手心里都有一块亮晶晶的冰。

我一时说不出话来，鼻子有些发酸……

就这样，我最终还是留在了这所小学，因为我知道他们需要知识需要我，因为我觉得我的存在将会改变他们的未来，因为他们使我明白那温暖的冰块里，隐藏着深深的爱！

这是一个散文型的故事。题目、主题、行文语句以及情感升华都颇有章法，然而，当我们仔细分析这个散文型故事时，不能不发现这是一个有着拙劣造假嫌疑的编造故事。以第一人称"我"来构架整个故事，显然是为了强化故事的真实性，更易于情感的抒发。这个故事最核心的故事元素，就是"温暖的冰块"，是不合常理的臆想。事实上，你想想，再穷的偏僻学校不可能连书写的粉笔都没有，退一步说，即便没有粉笔，也不会以水代替粉笔长期在黑板上书写，选择土坷垃都比水写字强，更不用说冬天用冰来书写，而且是学生用小手捂温暖的冰块——冰块如何能捂温暖呢？由于核心的故事元素太假，未能成为支撑整个故事的有力梁柱，因此，整个故事的主题、故事情感都轰然塌陷，只是一个缺乏

"诚实与力量"的虚假故事。

在编创散文型故事时，一定要从熟识的生活常识出发，切忌想当然地凭空编造，尤其是核心故事元素更是来不得半点虚假。

【本节要点】

◆散文，区别于小说、诗歌、戏剧、影视文学等，篇幅短小，行文自由，是一种以叙事、议论、抒情等为表现手段的文体。

◆优秀叙事散文的要素可表现为主题、题目、叙事情节、人物形象、行文语句、开头结尾等方面。

◆叙事散文写作，一般有两种语境，一是创作语境，二是命题语境。

◆在命题语境中，创作一篇叙事散文可以尝试以下步骤：找寻创意原点，打通创意原点，增添逆转性戏剧核，设计开头与结尾，设计主题性语句。

◆在叙事散文写作中，注意人物、情节、情感一定要合乎情理，务必真实。否则，就会令人生厌。

【实验与练习】

◆目标：学习写作优秀的叙事散文。

◆操作：以"风中纪事"为题做一篇叙事散文，教师批阅，评点。

第三节　小品创作与表演

【阅读导引】

◆小品的文类特点是什么？

◆电视小品的强可视性表现在哪些方面？

◆小品主题可分哪些类型？选题要注意什么？

◆小品台词有哪些制造包袱与抖包袱的技法？

◆小品要如何做好开头与结尾？

◆如何进行集体小品表演？

小品原指佛经的节本，后被延伸使用于文学之中，指“短而隽异”的散文体裁。后来，又用来指代某些篇幅短小的艺术样式，比如美术小品、摄影小品等。以上就是广义的小品。狭义的小品，即指使用形体与语言进行舞台表演的戏剧小作品，即戏剧小品。戏剧小品的特点就是短小精悍，一般长约8至15分钟，是一种场景集中的舞台表演，有单人表演与集体表演的形式区分。

小品的文类特点表现为两大方面：

一是文本规制上的小、简、精。小品自然是小的艺术作品，一般8至15分钟，然而，小品虽小，却依然有着一般戏剧作品的起承转合，因此，小品需要简约，这种简约不是粗糙，而是精致。

二是故事形态的戏剧性。小品是一种小型化、微型化的戏剧作品。戏剧性是戏剧最大的传播特质。不过，对一部大型的戏剧作品来说，可能存在多种非戏剧化的余裕与空间，然而，对于一个小品来说，戏剧性无疑就会变得极其密集，这样才可能使小品获得更好的传播效果。

戏剧小品移植到电视屏幕上，成为电视传播中一种火爆的节目类型，即电视小品。尤其是每年的央视春晚，小品节目不仅不可少，而且往往作为最出彩、最能吸引受众的重头戏打造。有人说，如果当年央视春晚的小品没有叫响，就意味着春晚魅力减了一大半，好像过年没吃饺子，仿佛菜里没搁盐。小品成了最能诱发受众收视味蕾的一种节目类型，具有收视开胃的功能。小品的热烈受捧，也锻造了自身成为一种节目大餐的可能性与现实性。

戏剧是一种舞台艺术，是一种剧场艺术，具有非常明显的场效应，也就是说离开了剧场去看戏剧，将使受众感到失去了戏剧的韵味，同时，也未必有一种能够约束与提升受众收看戏剧的语境。因此，戏剧戏曲之类的剧场艺术类型与电视的媒介融合并没有得到相得益彰的传播效果。然而，戏剧小品却通过电视传播获得极大程度的类型成功。戏剧小品的“小”与电视媒介的传播之质有着某些天然的共性。‘小”并非只是篇幅的问题，已经超越量的层面，从而达到质的高度。戏剧小品尽管尚属戏剧类型，然而戏剧小品已经大大突破戏剧的宏大叙事，变得简约、幽默、明快、洗练，在很大程度上，戏剧小品的传播可以不再像戏剧那样过于依赖剧场语境。剧场性弱化的直接好处，就是能够直接延伸到其他大众化的传播媒介中，其中就包括电视。戏剧小品与电视的类型融合，还得益于戏剧小品本身的类型潜质，那就是戏剧小品所传达出来的强可视性，这种强可视性包括以下一些因素：

一是小品人物的身体机制。许多小品人物的扮演者尚未开口，只是一出场，受众看到熟知演员的身形及其特定情境下的扮相，就一个劲地想乐，忍俊不禁。

二是人物表演的动作感。戏剧小品具有极强的表演性，动作性很强，且具夸张感。

三是人物语言的喜剧化。电视传播的戏剧小品以喜剧小品占多，其喜剧化语言强化了受众的听觉感，贯通视觉，产生联觉效应。

四是小品还会融进音乐、舞蹈等艺术元素，在道具、布景方面也有一定的讲究。这些都有利于强化电视传播的可视性。

小品是表演与编导教学的一条路径。由于具有简单明快且能体现一个演员的表演能力的特点，小品被用作表演专业入学考试与教学的重要手段。事实上，将戏剧小品引进电视编导教学，其意义具体可以归结为以下几点：

一是小品编创与表演可以成为一种有效的教学手段，易于寓教于乐，学生积极性高，主动介入的可能性大，有利于学生的身心愉悦与教学氛围的形成。

二是通过小品编创与表演，有利于学生在编剧、导演乃至表演方面能力的培养与提升，让学习电视编导的学生有身体力行的舞台表演机会，积累舞台经验，更好地理解舞台艺术，也可以提升编导艺术感受力与现场操控力。

三是小品创作对编导思维的训练很有助益。

四是培养编导的协作精神。

五是学会小品创作，对电视编导来说，等于掌握一种节目类型的操作技能。电视小品本身是一个受观众喜爱的节目类型，在很多综艺娱乐类节目中会运用到该节目类型。

小品可以是自然生发的创作，但更多情形下是命题创作。自然生发的创作，可以先题材后主题，即由现实题材触发创作冲动，并从中提炼出一个主题，然后进行创作。而命题创作，即是先有了创作诉求与范畴，根据诉求与范畴确立一个主题，然后根据主题去选择题材创作。

一、小品主题

小品主题，按照主题价值的正负方面来区分，一般包括两大类：

一是正面表现型的主题价值。

这类小品是对时代好人好事好风尚的赞扬与讴歌。许多宣传型的文艺演出，一般需要这种正面表现的小品。比如，为公安部门做一个宣传晚会的小品，自然要围绕警察的正面形象来创作一个小品，一般情形下，这类小品的价值曲线图会是这样的：好人一心为公，冷落了家人，家人埋怨；或者打击了坏人，而坏人恰恰又是自己的亲朋好友，等等，最后小品主人公在一连串的误解之后还是摆平了一切，故事升华到最高的正面价值。

二是负面揭露型的主题价值。

这类小品是对社会中不良现象进行抨击与揭露，体现出来的是一种负面价值，不过，这种负面价值主题在小品叙事中常常需要转化到正面价值，即丑恶被揭露，坏人得到报应，好人战胜坏人。

赵本山的《卖拐》，就是一种负面价值型的主题。这部作品很有名气，由于赵本山、范伟、高秀敏的出演，博得无数观众的喜爱，然而，这则小品有个最大的主题缺陷，那就是整个小品表现的是卖拐成功所带来的愉悦，然而，这里的愉悦只是一种负面价值，处于愉悦之中而放松警惕的观众由于受到小品的叙事牵引，不加批判地进行了正面接受。也就是说，人们为赵本山卖拐成功而感到本能的愉悦，对范伟被忽悠不但没有寄予同情，反而从阅读心理上还希望看到他如何一步步上当最终入了赵本山的圈套。对于观众的阅读本能所带来的价值风险，小品没有将其牵引到正面价值的轨道上来，比如，卖拐者虽然一时忽悠成功，但最后还是败露了伎俩，落了个搬起石头砸自己的脚的下场。

【实验与练习】

◆目标：宣传性小品的主题设计。

◆操作：给铁路系统做一则宣传性的电视小品，请确立一个主题。让练习者思考一段时间，发言，点评。

二、小品选题

小品选题要注意以下几点：

一是以小品选题的当下性切中社会心理。

选题必须是关注当下热点或焦点社会事件或现象。只有热点或焦点，才能抓住当下的社会心理，才能最大化地吸引受众来关注你的作品。成功的作品，无不如此。事实上，当某些现象不再成为关注热点或焦点时，关于该现象的喜剧小品虽然不乏阅读者，然而，不仅关注的人会骤减，而且兴趣程度也会大大减弱。比如，1994年央视春晚黄宏与侯耀文合演的喜剧小品《打“扑克”》，选取了当时为热点的一些现象，以两人打“扑克”的形式加以讽刺性呈现，极为轰动，令受众叹为观止。然而，今天我们再来看这部作品，无论如何也难以找到当年的感觉，这是由于社会心理早已转变，失去了当时的阅读语境。如果在现时再创作一部《超生游击队》，其效果可想而知，因为超生现象已经不再是社会特别关注的现象，相反，近些年来的股市、房市却是牵动亿万人的心，小品可以从中发掘出好的选题。

二是通过以小见大构建叙事框架。

关注社会热点或焦点，然后选取生活中一件小事来进行嫁接，“小中见大”，一管之窥，却可以窥天下。这是普遍的小品编剧做法。无论小题大做，还是大题小做，最终都是落在一个“小”字，即小题材，反映的却是大问题，社会普遍性的大问题。几乎所有的小品都是开口很小，也就是选取的都是小事件。黄宏、巩汉林的《鞋钉》，即一个青年去鞋匠那里卖钉，修鞋匠硬是不卖，后来，青年将鞋弄坏让鞋匠修，鞋匠给青年修鞋了，青年想从修好的鞋上拔出钉来，鞋匠说拔出一颗，整个鞋就坏了，回不了家，无可奈何的青年最终还是没有买到钉。《鞋钉》，一个小到不能再小的生活小故事。赵本山、宋丹丹的《钟点工》，以做陪聊的钟点工为选题，构建起一个叙事框架，在这个叙事框架里，填充了诸多富有喜剧性的内容与细节。

【实验与练习】

◆目标：了解小品选题与叙事架构的方法。

◆操作：练习者选取身边熟悉的小事，写一个小品提纲，评点。

三、小品人物设计

小品篇幅短，人物少，因此，小品中的人物设计非常重要。以下几点需要特别注意：

一是人物特征化。

在设计小品人物时，首先要让人物具有某一种或几种鲜明的特征，比如小气、贪小便宜、好吹牛等；也可以是正面人物特征，如一个交警执行任务特别的铁面无私（罚到未见面的岳丈身上）、特别具有职业操守；还有就是中性的人物特征，比如固执，喜欢抬杠、好忽悠等。

无论是负面的、正面的还是中性的人物特征，安在一个人物身上，必须恰当，要符合人物出身、职业、学历、经历甚至地域等背景，比如小品人物是一个东北农民与小品人物是一个广东商人，就要考虑到职业差别与地域差异。

二是人物夸张化。

小品人物有些漫画化，也就是说，在设计小品人物时，一般要将某些特征夸张化，使之性格突显，达到最大的特征化。《卖拐》的赵本山所演角色能忽悠的人物特征显然是夸张化了，而范伟所演角色表现出来的上当受骗也是夸张化的，事实上，哪有那么一个傻人被人忽悠得一愣一愣的。

有些初学者可能担心，夸张化会不会让人觉得不符合现实。事实上，恰如其分的夸张，是符合艺术规律的，小品是一种表演艺术，而艺术是高于生活的。即便人物夸张化已经超出现实了，但观众依然会原谅你的，因为观众知道这是在演戏，显然这是由戏剧的假定性所带来的。

三是人物的戏剧化。

戏剧化是小说、戏剧、电影、电视剧等艺术类型的共同文类追求。小品是戏剧的一种特别形态，短小简约的小品对人物戏剧化的程度要求更高，尤其是喜剧化。小品尤其是电视小品的发展趋势，愈来愈需要给人们带来笑声。事实上，这么多年来，电视小品基本上沿着喜剧化的轨道在前进。

喜剧化与特征化、夸张化密不可分。以人物外形、人物动作、人物语言的特征化、夸张化，获取喜剧化效果。

四、小品台词

台词是小品最重要的元素之一。小品台词与人物密不可分。什么样的人物说什么样的话，就有什么样的台词。因此，台词是人物特征化、夸张化的一种语言体现。写作人物台词，一定要摸准人物的性格特征，不要设计离谱。在日常生活中，要多观察不同阶层、不同身份、不同职业、不同学历等人群行事说话的特征性语言，不断积累素材与经验，以便创作时用于台词的写作。

下面主要介绍小品台词制造包袱与抖包袱的一些技巧，并以一些经典性的小品作品为例说明之。

1.穿凿附会法

让人物把两个音近却毫不相干的事物穿凿附会起来。一般来说，两个事物都是观众所熟知的，因此，一旦穿凿附会在一起，由于风马牛不相及，于是产生相应的喜剧效果。

比如，赵本山、范伟、高秀敏《拜年》台词：

高秀敏：我说你呀你呀，一整这没用的你一套一套的，老头子你听我的，进屋咱先别着忙说事，猛劲给他戴高帽，多说几句拜年，只要乡长心一乐，保证沟通得差不多。

赵本山：戴高帽人就给你乐?

高秀敏：那咋的，别说他乡长啊，就是大总统给他戴高帽他都乐啊，戴高乐么！

将法国总统戴高乐将军的名字与戴高帽牵强地扯在一起，让人发笑。

2.拿名人说事法

拿知名人士说事，是制造台词包袱的重要手段。由于知名人士家喻户晓，名气大，制造包袱有接受美学意义的"前理解"做铺垫，这种包袱容易响。拿名人说事，往往拿受众对名人所熟知的一些特征，尤其是缺点进行善意开涮，引发笑意。拿名人开涮，使用较多的是演艺圈、体育界人士。

比如，赵本山、范伟、高秀敏《拜年》中台词：

赵本山：瞎么杵子上南极根本找不着北，脑血栓练下叉根本劈不开腿，大马猴穿旗袍根本就看不出美，你让潘长江去吻郑海霞，根本就够不着嘴。

潘长江、郑海霞两人都是名人，一个娱乐圈，一个体育界，潘长江个矮，郑海霞个高，这里拿两人为世人所熟悉的身体特点进行善意开涮，博取观众的笑声。

许多小品更擅长拿小品演出现场的名人说事，可以获取更加突出的喜剧效果。赵本山、宋丹丹、崔永元的小品《昨天、今天、明天》中开涮的名人有赵忠祥、倪萍、葛优、崔永元。除葛优外，其他几人均在现场，尤其是崔永元更是与他们对戏的名人，面对面的挖苦与刺激，让崔永元尽显尴尬，观众为之一乐。

3.偷换概念法

将不同的两个概念混为一谈。两个概念具有一定的相似性，但反差极大，一个处在意义的高位，一个处在意义的低位，两者一混用，就可能生发笑意。

比如，赵本山、宋丹丹、崔永元的小品《昨天、今天、明天》中台词：

崔永元:我听出来了,这个定情物实际上就是没送成,那结婚的时候就得有像样的彩礼,有没有?

宋丹丹:说出来都不怕大伙笑话,他家穷得管啥玩意没有。

赵本山:别巴瞎,当时还有一样家用电器呢!

崔永元:还有家用电器呀?

赵本山:手电筒呗!

4.歪接台词法

利用汉语中某些词语的多义性,故意以非同一义来歪接他人的台词。如"拉皮儿",可指北方一种食品,也可指一种美容手段。小品《昨天、今天、明天》中,赵本山故意歪接宋丹丹的台词,令人捧腹。

宋丹丹:我就寻思度蜜月之前我得先美美容,把这俩门牙装上,装个烤瓷的。

崔永元:高级的。

宋丹丹:嗯,然后再整整容,做个拉皮儿。

赵本山:我拍个黄瓜。

崔永元:您要是弄个拉皮儿,拍个黄瓜,我就只能烫壶酒了。说着说着下酒菜都出来了。其实我听得出来,大叔大妈呀,是想永远年轻,那就让我们一起,祝大叔大妈永远年轻,生活幸福!

5.混用外语法

让一个身份与外语使用离得很远的小品人物,在台词中混用外语单词,产生某种陌生感,令人发笑。赵本山、宋丹丹、崔永元的小品《昨天、今天、明天》台词:

崔永元:怎么回事儿?

赵本山:改革开放富起来之后,我们俩盖起了二层小楼。这楼盖完了屋多了突然跟我提出来要分居,说搁一个屋谁耽误她学外语,完事呢说这个感情这个东西是距离产生美。结果我这一上楼,距离拉开了,美没了!天天吃饭啥的也不正经叫我了,打电话,还说外语:"Hello哇,饭已OK了,下来咪西吧!"

6.戳穿大话法

一个人物说大话,另一个人物却兜尽其底,戳穿大话,说明真相。大话与真相的反差一定极大巨大,形成意义落差,引发笑意。

赵本山、宋丹丹、崔永元的小品《说事儿》有关白云说自己签字售书场面之大的台词:

白云:签字售书那天那家伙那场面那是相当大呀！那真是:锣鼓喧天,鞭炮齐鸣,红旗招展,人山人海呀。那把我挤桌子底下去了,那一摞儿书都倒了。

崔永元:噢。那我再问问大叔?

白云:行。问你,我那书、书!

崔永元:啊,大叔啊,大叔啊,大妈签字售书那天,您也在现场吧?

黑土:没签字售书啊。

崔永元:没有吗?

黑土:全白送的么!

崔永元:那,大妈刚才说"人山人海"?

黑土:哎呀妈,一听说白送的全乡都去取书去了,回去全糊墙了,那家,是左一层右一层,左一层右一层,后来,上厕所一看,还有这么厚一摞儿书呢!

赵本山、宋丹丹、崔永元的小品《昨天、今天、明天》台词中:

宋丹丹:我年轻的时候那绝对不是吹,柳叶弯眉樱桃口,谁见了我都乐意瞅。俺们隔壁那吴老二,瞅我一眼就浑身发抖。

赵本山:哼,拉倒吧！吴老二脑血栓,看谁都哆嗦!

7.望文生义法

望文生义,就是以汉字组合的字面来解读词义,与正确解读的意义风马牛不相及,将望文生义的内容融入台词,令人发笑。

赵本山、宋丹丹、崔永元的小品《昨天、今天、明天》中有关"秋波"的台词:

崔永元:大妈呀,当时大叔他是怎么追的你?

宋丹丹:他就是~~~主动和我接近,没事儿和我唠嗑,不是给我割草就是给我朗诵诗歌,还总找机会向我暗送秋波呢!

崔永元:暗送秋波呢!

赵本山:别瞎说,我记着我给你送过笔,送过桌,还给你家送一口大黑锅,我啥时给你送秋波了？秋波是啥玩意？

崔永元：秋波是青年男女——

宋丹丹：秋波是啥玩意，你咋都不懂呢，这么没文化呢！

赵本山：啥呀？

宋丹丹：秋波就是秋天的菠菜。

赵本山：噢！

8.顺势陷阱法

利用习以为常的一连串的同样结果问答之后，最后以同样的句式与语势，夹带对方提出的要求或问题，让对方在猝不及防的情况下顺着此前的定势思维将自己的要求或问题给否定掉，等对方明白过来，已成定局。

黄宏、巩汉林主演的《鞋钉》里，巩汉林要买鞋钉，作为修鞋匠的黄宏坚持自己祖传的职业之道，只修鞋不卖钉，其中有一段台词就运用此法。

修鞋匠：你能到澡堂里买拖鞋吗？

青年：不能。

修鞋匠：你能到饭馆里买大勺吗？

青年：不能。

修鞋匠：你能到公安局买手枪吗？

青年：不能。

修鞋匠：你能到鞋摊上买钉子吗？

青年：（脱口而出）不能。

修鞋匠：就是嘛。

9.仿用流行语法

套用大家高度熟知的流行语、广告，使其出现于一个不伦不类的语境中，让人捧腹不已。这也是电视小品当下性的一个重要表征。

赵本山、宋丹丹、崔永元小品《昨天、今天、明天》中就套用了流行歌曲名称及歌词。

崔永元：我现在呢我把问题提得细一点，你们是哪一年结的婚？

赵本山：我们相约五八。

宋丹丹：大约在冬季。

宋丹丹：啊，白云，黑土向你道歉，来到你门前，请你睁开眼，看我多可怜。今天的你我怎样重复昨天的故事，我这张旧船票还能否登上你的破船！

10.越纠越错法

当事人急于纠正自己的口误，由于心急，结果越纠越错。这种方法最重要的一个特点是纠错时所使用的几个句子，只是语词颠倒使用，具有很高程度的混淆性。

赵本山、宋丹丹《钟点工》有一段台词：

宋：你呀，你只定是瞅着人家老太太长得漂亮，是吧。

赵：拉倒吧，漂亮我挨顿揍还值，还漂亮？

宋：嗯？

赵：那老太太长得比你还难看呢；啊，不是，我说她没有你难看；你呀，比她难看。

大妹子，我老伤你自尊，你说。

宋：大哥，你别说了。

其他还有诸如粗人做雅事、用雅词，还有正词反用或反词正用等技巧，不一一而论，可自行探索。

五、小品的开头

小品开头有一种共性：开门见"戏"，即行内所言称的"皮儿薄"。这里的"戏"不一定就指矛盾冲突，还可以指人物外形、动作及表演的可视性、喜剧性，也可以指人物语言的幽默发笑。一般说来，人物一上场就直奔主题进入情节，黄宏、巩汉林《鞋钉》就是如此。

但凡戏剧开头必有许多信息需要交代，如地点环境、时间、气候及人物的身份、职业、爱好等静态性信息，这些信息铺垫过长，极有可能影响到观众的收视兴趣。然而，这些信息又不能不交代，那么怎么办呢？

一是必须将静态性信息浓缩简化。小品开头的静态信息要尽可能地压缩，只能交代非说不可的那部分内容。

二是将静态性信息进行动态化呈现。将静态性信息融入富于动作感的台词之中。

三是将静态性信息进行喜剧化处理。人物通过台词在交代这些静态性信息时，以喜剧化的方式进行表达，可以大大提高可视性与趣味性。

赵本山、宋丹丹《钟点工》的开头以顺口溜式的台词交代赵本山雇请钟点工的事情由来。

赵：睡得腰上疼，吃得直反胃，脑袋直迷糊，瞅啥啥不对。追求了一辈子幸福，追到手明白了。幸福是什么？答：幸福就是遭罪。

宋：有人花钱吃喝，有人花钱点歌，有人花钱美容，有人花钱按摩，今儿我雇个好活，有人花钱，雇我陪人儿唠嗑。

赵：哎呀，儿子说给我找个人，九点钟到位。

顺口溜将当下一些社会现象做了幽默性的概括，并且押韵，朗朗上口，观众听了以后，露出了会心一笑。

六、小品的结尾

小品的结尾大抵有两类，一是末尾揭示主题法，二是末尾是话题的自然结束。但一般来说，小品的结尾都要伴随一个响亮的包袱来结束演出。

黄宏、巩汉林《鞋钉》是一种主题揭示法。

黄：小伙子，我这老头儿就是有点儿太固执。

巩：不不不！

黄：这仨钉子我卖给你。

巩：送给我好啦！

黄：好！

巩：老大爷，从这三个钉子身上我看到了您老这个职业道德了嘛。

黄：德不敢说，讲的就是这个道儿。

巩：是。

黄：小伙子，要想守好你的摊，首先守住你的道儿！

巩：是。

七、小品格式

小品是舞台剧，格式遵循舞台剧形态，务必让导演与演员看懂。

一般来说，小品格式有以下项目：

i）小品名称。

ii）时间：小品故事发生的时间，有时要加上特殊天气提示。

iii）地点：小品故事发生的地方。

iv）道具：在小品表演中所使用的物品等。

v）场景：综合时间、地点、道具等诸因素而形成的舞台布景。

vi）人物：小品人物的称呼、性别、年龄、人物关系、性格，或者其他提示。

多幕剧小品，标明第N幕，换幕即换场景。有时，小品开始前，要有一个剧情梗概。

小品正文主要包括人物的上场打扮、动作、神情提示，以及人物之间的台词等。

例如：

抓“小偷”

时间：夏天的一个傍晚

地点：小区门口

道具：一个旧行李包，鼓鼓的，里面装了老年女性衣服及物品。

场景：一个管理比较严格的中高档小区，背景是小区的幢幢住房，门口有一个四周是玻璃窗的保安亭，旁边有一张长椅。

人物：

张保安——35岁，眼睛不近视，但喜欢戴一副无镜片的眼镜，讲一口不地道的普通话，为人热心，工作负责，但做事有些粗心。

杜晓桃——男，19岁，大学学生，在外兼职。

俞大妈——65岁，腿脚跌伤，有一段在家歇息不出门。

幕启：

杜晓桃背着一个蛇皮袋，从舞台右边向保安亭走来，脸上满是汗珠，到保安亭边，看到长椅，便坐了下来，掏出一个自带的水壶喝水。

张保安注意杜晓桃的行踪，从保安亭里走出来，警惕地打量着杜晓桃。

张保安（面对观众）：夏天一到，小区喧闹，队长嘱咐，谨防——小偷（方言，谐音“晓桃”）

杜晓桃听到有人叫“晓桃”，本能地放下水壶，答应了一声。

张保安：我说小偷，你答应做甚？

杜晓桃：我就是晓桃，大哥，你认识我？

张保安（仔细来回打量杜晓桃）：你是小偷？我咋越看越像呢！你拿的什么？我看看。

杜晓桃：大哥，包里没什么，里面是些衣物。

张保安：你打开，我看看。

杜晓桃面有难色。

张保安一看情形，更加上劲，从杜晓桃那抢过行李包，不小心行李破了，倒出了一些女性衣物。张保安拎出一件仔细看，杜晓桃有些急了，赶紧收拾。

张保安（喝住杜晓桃）：停！你一个爷们，怎么包里都装了女人的衣物？

杜晓桃（一下了窘住了，急于分辩，但语无伦次）：我，我，我……

……

（以下略）

【实验与练习】

◆目标：练习做小品。

◆流程：

1.创作一个小品。题目：装修。

2.提前布置作业，让练习者有一段酝酿与写作的时间，交流，点评。

八、集体小品表演

集体小品表演，是由多人合作设计故事、场景、情节、动作、台词等，共同协作、配合进行舞台表演，并实现良好演出效果的一种训练形式。集体小品表演对电视编导教学有如下一些功能：

一是通过集体小品表演的练习，达到电视编导对戏剧理论知识的了解以及提高舞台实践能力的目的。集体小品表演可以进一步提高编创戏剧性故事的能力，了解戏剧舞台规则及运作规律，了解一些表演规律，培养一点表演能力。电视编导将来从业，可能要执导一些表演性节目或者有表演性内容的节目，那么，熟悉一些舞台表演知识，有助于未来的工作。

二是通过集体小品表演的练习，达到对电视编导各种共通艺术能力的提升。事实上，通过集体小品表演，可以培养艺术想象力，提高艺术感受力，促发艺术激情等。

三是集体小品表演涉及到现场组织、指挥、调配、协作等诸多行为，可以提升应变能力、执行能力与协作精神。

现有的表演体系分为三大类：一是苏联斯坦尼斯拉夫斯基体系，二是德国布莱希特体系，三是中国梅兰芳体系。中国高校的戏剧表演教学法所遵循的是斯氏表演体系。斯坦尼斯拉夫斯基体系包括导演、表演、戏剧教学等理论与方法。在导演理论体系中，斯氏认为导演是整个戏剧的组织者、教育者、领导者与阐释者。斯氏理论强调演员的舞台地位，导演应发挥演员的个性，激发其创作的积极性。斯氏理论强调内容与形式的统一、部分与整体的和谐，保证一出戏是一件完美的艺术作品。斯氏表演理论被称作体验派。演员要深入现实生活，研究角色的生活逻辑，体验角色的内心活动。强调将普通的、日常的生活转变、净化与升华为艺术真实。通过演员的表演，达到塑造形象而不是模仿形象，使观众与舞台演员的表演达到情感共鸣。这里的集体小品表演就是采用斯氏表演方法，教学中将对这种表演方法进行一些讲授。

集体小品表演的训练流程：

1.教师讲授集体小品表演的规则与要求，并出题。

2.学生分组，并从教师那里领取题目。

3.推选临时总导演，大家共同出点子，设计故事，分配角色，并共同商量场景、情节、台词等，总导演决断。

4.分组做出文案。

5.各组根据文案进行试演，可以根据实际情况修正文案中的内容。

6.正式演出。

7.评价。

作为编导课来说，集体小品表演，可以成为课前活跃气氛的游戏内容，那么，可以简化操作程度，比如临时由教师出题，即席性进行表演。

【本节要点】

◆戏剧小品的特点就是短小精悍，是一种场景集中的舞台表演，有单人表演与集体表演的形式区分。小品的文类特点表现为两大方面：一是文本规制上的小、简、精，二是故事形态的戏剧性。

◆戏剧小品与电视的类型融合，还得益于戏剧小品本身的类型潜质，那就是戏剧小品所传达出来的强可视性，即小品人物的身体机制、人物表演的动作感、人物语言的喜剧化以及小品中的音乐、舞蹈、道具、布景等元素。

◆小品主题，按照主题价值的正负方面可区分为正面表现型的主题价值、负面揭露型的主题价值。

◆小品选题要注意切中社会心理，以小见大构建叙事框架。

◆小品人物设计需要特征化、夸张化、戏剧化。

◆小品台词制造包袱与抖包袱的技法有穿凿附会法、拿名人说事法、偷换概念法、歪接台词法、混用外语法、戳穿大话法、望文生义法、顺势陷阱法、仿用流行语法、越纠越错法等。

◆小品开头要开门见“戏”，即行内所言称的“皮儿薄”。小品的结尾大抵有两类，一是末尾揭示主题法，二是末尾是话题的自然结束。但一般来说，小品的结尾都要伴随一个响亮的包袱来结束演出。

◆集体小品表演，是由多人合作设计故事、场景、情节、动作、台词等，共同协作、配合进行舞台表演，并实现良好演出效果的一种训练形式。

【实验与练习】

◆目标：集体小品表演。

◆操作：

1.先布置集体小品表演的题目：接站。

2.分组准备，排演。

3.正式上台表演。

4.总结评价。

第四节　演讲与即兴评述

【阅读导引】

◆什么是演讲？可采用哪些技法进行演讲训练？

◆演讲有哪些开头方法？演讲有哪些结尾技法？

◆演讲中如何控场？

◆什么是即兴评述？即兴评述的特点有哪些？

◆如何针对不同类型的问题进行即兴评述？

演讲是一个人面对特定或不特定的多数人发表言语性的信息，使对方获得知识、意见或受到启发、鼓动，并企图使其发生演讲者所希望的思想反应与行为趋向。对于电视编导教学来说，演讲也是一个不可缺少的内容。电视编导要想将自己的导演思想与意志贯彻给整个摄制团队，必须进行相应的说服工作，从而使大家接受编导的理念与想法，共同完成电视节目的生产任务。

在电视编导的演讲教学中，可以先做一些必要的发声与朗诵技巧的训练。不要以为，发声与朗诵的技巧，只是播音主持专业的学生才需要训练，事实上，电视编导通过这些技巧的训练，可以更好地锻炼口才。在电视编导教学中，可以聘请发声与朗诵的专业老师对练习者开设专门的讲座。

一、演讲训练技法

演讲训练技法有很多，这里简单介绍笔者常用的几种训练方法。

1.高台训练法

高台训练的目的：让练习者处在一个异于寻常的空间位置里，从而加大练习者的心理难度，使之适应，而当练习者回复到寻常高度的空间位置时，不再出现演讲的恐惧心理。

操作方法：

设置一个高台，让练习者站在高台上进行演讲。

高台演讲训练时，要注意安全，可以安排其他人在旁边进行保护。

2.表演训练法

表演训练的目的：一方面就是想让拘谨的练习者能够很快放开自己，变得灵活自如；

另一方面是使他们找到能够提升演说感染力的感觉。

操作方法：

设计合适的演讲内容，在演讲训练中，根据演说内容与情景的不同，进行相应的身体表演，提高演讲的感染力。

第一步训练，可以是强表演性的演讲训练，即运用色彩浓厚的身体表演性提高演讲的感染力与表演。

接下来，当表演训练到练习者能够自如地以身体表演辅助演说时，再转到弱表演的训练，即让练习者在言语演说的同时，辅助以少量的手势或身势语，最后转到完全脱离表演的单纯言语演讲。

3.变奏训练法

变奏训练法的目的：让练习者了解演讲的节奏，并擅长利用节奏的快慢，调动听众的情绪。

操作方法：

设计一个演讲题目，让练习者根据内容的需要做快节奏的演讲。

设计一个演讲题目，让练习者根据内容的需要做慢节奏的演讲。

设计一个演讲题目，让练习者根据内容的需要做快慢结合的演讲。

4.即时复述法

即时复述法的目的：培养练习者快速记忆能力与即时复述能力。这种能力对于演讲才能的培养是非常有益的。

操作方法：

练习者领取一份文字材料，开始阅读两三遍之后进行复述。

再提供新材料，慢慢地减少阅读次数乃至一次，就可以比较准确地复述所提供材料的内容。

5.传话游戏法

传话游戏法的目的：培养练习者学听话能力、记忆能力及复述的能力。

操作方法：

分组，其中一组练习，其余小组人员观摩，并注意找出传话最走样的人。

练习组的第一个人从教师那里领取传话题目，其他人回避。

第一个人临时准备几分钟之后，叫出第二个人，将准备的话说一遍；再叫出第三个人，第二个人将听到的话复述给第三个人，如此循环，直到最后一个人面对大家复述。

让大家评价传话的走样程度。

各组练习后，再评选传话走样程度最低的一组。

二、演说训练的身势语言

在演讲训练中，练习者还需要对脸部表情、眼神、身势语等进行控制性的训练。

i）笑肌控制。

ii）眼神流转。

iii）眼睛平视。

iv）头部要正。

v）身姿挺拔，流线型。

vi）站姿有平行式、前进式、正面式、侧面式等。选择适合自己的方式，也要视具体的演讲场景而定。

三、开头与结尾的演讲训练

演讲开头与结尾的重要性无需赘言，在演讲训练中，可以将开头与结尾单独拎出来进行训练。演讲开头与结尾的方法有很多，这里分别介绍一些开头与结尾的方法。

1.开头的方法

演讲开头很重要，关系到能否引发听众的兴趣，调动大家听演讲的情绪。开头顺利，给后续的演讲打下良好的铺垫，更增强演讲的自信心。这里介绍几种演讲开头的技法：

i）开门见山开头法：直接切入演讲的主体内容，不绕弯子。适用于很多场合的演讲。

ii）情景式开头法：一开始就描述相关的特定情景，吸引听讲的人群，然后，再转到演讲的正题。有时，描述的情景就是演讲的一部分。

iii）悬念式开头法：制造一个悬念，并告诉悬念的答案，却在后续的演讲中揭晓。

iv）幽默开头法：幽默是演讲的兴奋剂。每个人选择适合自己的幽默技巧，通过一段幽默的开场白，很容易拉近与听讲人的距离。

v）提问式开头法：设计一个问题，引发听讲人的兴趣，并可以不急于告知答案，使悬念发酵时间长，而后在一个恰当的时候揭晓答案。

vi）故事开头法：听众最不能拒绝的就是故事，可以讲相应的故事来开启自己的演讲，当然故事要吸引人。

vii）接近性开头法：面对陌生的演讲听众，拉近距离很重要，运用一些套近乎、拉关系等接近性办法，实现与听众的感情热场。

……

2.结尾的方法

结尾的重要性在于对整个演讲内容是一个总结，对演讲情绪是最后的总动员，也是演讲者如何实现自己终止演讲状态的理由陈述等。下面介绍一些比较常见的结尾方法：

i）总结性结尾：这是很多人所采用的形式，即在结尾对自己所演讲的内容、观点进行一个简要总结。

ii）号召性结尾：在结尾时，演讲者向听讲人发出某种倡议、号召。运用得当，可以激发听讲人的情绪，使整个演讲气氛高涨。

iii）赞美性结尾：运用称赞听众的方法来结束演讲，可以使听讲人得到尊重，使其最后的心理状态停留到愉悦的感受里。

iv）哲理性结尾：演讲者通过自己的整个演讲内容，在最后总结出一些有哲理性的道理，让听众得到启发。

v）延伸性结尾：演讲者针对自己所谈话题进行内容、观念、时空、心理等方面的延伸，引发听众获得更深层的联想与思考。

vi）幽默性结尾：幽默总是演讲者最优良的武器之一，以某种幽默性的典故、调侃、故事、自嘲等获得听讲人的会意笑声来结束自己的演讲。

……

四、控场技巧

一个优秀的演讲者需要有良好的控场技巧。一般来说，演讲者在以下情形需要进行现场把握，调整演讲方向、方法与策略等。

i）对怯场的应对

初习演讲者，都有可能发生怯场现象。即便一个老练的演讲者，面对特殊的场合，也有可能很紧张。这里要说的是，适度的紧张是正常的，有时也是必要的，可以提起演讲的兴奋度。准备充分是应对怯场最好的技巧。此外，上场前可以适当做一两次深呼吸，做大鹰展翅状的舒展运动等。

ii）对情感的控制

情感控制要恰当，根据演讲内容的实际需要，也根据个人的演讲风格，对情感张扬有度，不能失控。歇斯底里式的情感抒发，无论是正面还是负面的，都不是很适宜。

iii）对失误的纠错

演讲时难免有失误。一旦失误，也不要慌张，否则会严重影响后续的发挥，要镇定地纠错。有两种办法自我纠错，一是直接明了告知刚才的口误，二是针对问题较轻的失误可以在后面的演讲中悄无声息地纠正过来。

iv）对气氛的调动

演讲的气氛，需要根据对象、内容、主题及个人风格等进行事先的设计，并针对现有的演讲准备，对气氛类型、热烈程度、受众可能的反应方式等进行一些预估。在演讲过程中，如果不能实现目标，那就需要调整内容、风格，临时加入一些话题元素，甚至融进某些插科打诨的材料，或者运用省略法淘汰某些不适宜的内容等。

控场的方法还有很多，需要练习者在不断的实践中进行演讲心理能量的汇聚与控场经验的积累。

五、即兴评述

即兴评述是在没有任何事先预备的前提下，发表对某个问题的看法。一个电视编导需要有较好的口才，说明你的创作设想，贯彻你的创作意志，说服你的团队一起努力去协作，这些都离不开口才。即兴评述的素养训练，就是为了达到这个目的。通过即兴评述来培养练习者的快速反应能力、敏捷思维能力及语言组织能力，提高练习者的心理素养。

即兴评述的特性表现为以下几点：

i）临场性

ii）敏锐性

iii）针对性

iv）主题性

即兴评述有两点非常重要：一是“即兴”之速，二是“评述”之理。既然是即兴，那么就必须要求是反应快，最好能够脱口而出。即兴评述要求快，但不是乱说一气，要求有的放矢，言之成理，言之有物。

对于一场即兴评述，具体可如下来评价：

一是言语表达。

i）流畅、不吞吐、不卡壳

ii）抑扬顿挫

iii）最好一气呵成

二是观点。

i）观点要言之成理，有内容，让人觉得比较充实

ii）观点能有出彩的地方最好

iii）令人耳目一新

三是结束语。

i）一定要干脆利落，不要拖泥带水的

ii）最后需要较好的结尾句做结

下面针对几种类型的问题简析即兴评述的方法与策略。

一是针对陈述事实性的问题。

比如：

谈谈你喜欢的季节和天气

谈谈你向往的地方

谈谈家乡最让你骄傲的地方

谈谈你喜爱的一种动物

谈谈你喜爱的一种植物

……

这类问题如何即兴评述呢？这些都是陈述事实的题型，也就是需要你以叙述性话语来表达内容。这类题型在即兴回答时，可以以“三什么”式思维模式展开内容：

i）“是什么”

首先得让人知道你喜欢的、向往的、骄傲的、喜爱的是什么。可以直截了当地告诉你的答案，也可以以迂回的方式告诉你的答案。

可以以一个谜语开头，点出你所要陈述的对象；也可以以一个故事、情节或细节开头，然后说到你要陈述的对象，如“那一个冬天，我来到外婆家，因为走了半天的路，肚子早已闹了饥荒，外婆还没有准备饭菜，临时拿出一些乡里的特产给我们充饥，我一看顿时来了神，原来是又大又红的柿子……”

ii）“为什么”

这一层面就是讲述你喜欢、向往、骄傲、喜爱的原因。可以不必太实在地指出一二三等原因，而是突显以下几个特点：

故事化：讲故事，可以大大吸引听众的兴趣。

细节化：有时，一两个细节往往让人特别难忘。细节是新鲜的，大家都会感兴趣的。

情感化：如果能在讲述中带着某种情感，那么就容易感染听众。当然不能矫揉造作，让人觉得假就不好了。

iii）“做什么”

在说出你喜欢、向往、骄傲、喜爱的对象后，又讲了原因，还可以谈到自己的行为或心理，比如每年我都会怎么样，或者我会如何想念，或者说出我的憧憬或梦想。

结尾,最好能提炼一句比较有灵气的话,结束你的陈述。

二是针对需要表明观点性的问题。

比如:

非典带给我们什么样的启示?

你怎样看待禽流感?

大学生应该为环境保护事业做些什么?

谈谈你对学生之间相互攀比现象的看法。

你对青少年沉溺网络有什么看法?

谈谈你对家长给孩子物质奖励现象的看法。

……

这类问题主要讲述你的观点,并回答为什么。我们可从以下几个步骤来即兴评述。

第一步:普遍现象陈述。

第二步:举个案例子,进一步说明现象。

第三步:表明观点,并阐述观点。

第四步:概括有意味的一两句话,结束评述。

三是针对观点争论型问题。

比如:

竞争与合作哪个更重要?

打假主要靠消费者还是靠执法者?

现代社会文才与口才哪个重要?

语文学习有没有窍门?

星巴克能不能开在故宫里?

这类题目都是具有一定的争议性,有较大的评述空间。

第一步:将题目分解为几个观点:

正面观点

反面观点

中间观点

比如,"星巴克能不能开在故宫里",可能有几种观点:

i)星巴克作为一种西方文化开在一个最具中国文化特色的故宫里,显然是不可取的。

ii)故宫根本不能有过多的这种商业行为。

iii）星巴克不可以，但中国茶馆可以。

iv）星巴克不可以，中国式茶馆也不可以。

你可以将这些观点都摆出来，接下来一一论述，如此可以既有逻辑性与条理性，又显得内容丰满。

第二步：分别论述几种观点。

对陈述出来的观点，一一阐述其成立的理由。

第三步：选择你的观点。

从列举的所有观点中，选择一条，作为你赞成或主张的观点。用论据去否定其他观点，再稍稍补充一个或两个论据说明你支持的观点。可以这样说："对于上述观点，我倾向于第三种，也就是，在故宫里可以开茶馆，但不可以开星巴克。这是为什么呢？"接下来说出否定第一、二、四个观点的理由。

还有一种方式，就是在第一步列举观点，留下一个观点不说，而在第二步中托出。

第四步：思考有力的一句话结尾。

即兴评述，需要有一定程度的口语表达水平，更多临场发挥的能力，因此，平时要多加练习，形成张口就来的习惯。当然，丰富知识也是很重要的。

【本节要点】

◆演讲是一个人面对特定或不特定的多数人发表言语性的信息，使对方获得知识、意见或受到启发、鼓动，并企图使其发生演讲者所希望的思想反应与行为趋向。

◆演讲训练技法有很多，如高台训练法、表演训练法、变奏训练法、即时复述法、传话游戏法等。

◆在演讲训练中，练习者还需要对脸部表情、眼神、身势语等进行控制性的训练。

◆演讲开头很重要，关系到能否引发听众的兴趣，调动大家听演讲的情绪。演讲开头的技法有开门见山开头法、情景式开头法、悬念式开头法、幽默开头法、提问式开头法、故事开头法、接近性开头法等。

◆一些比较常见的结尾方法有总结性结尾、号召性结尾、赞美性结尾、哲理性结尾、延伸性结尾、幽默性结尾等。

◆演讲者需要针对怯场、情感控制、失误纠错、气氛调动等方面进行控场训练。

◆即兴评述是在没有任何事先预备的前提下，发表对某个问题的看法。即兴评述的特性表现为临场性、敏锐性、针对性、主题性。即兴评述有两点非常重要：一是"即兴"之速，二是"评述"之理。对于针对陈述事实、针对需要表明观点、针对观点争论等不同类型的问题，可以采用不同的即兴评述方法与技巧。

【实验与练习】

◆目标:即兴评述。

◆操作:可以选择以下题目进行即兴评述。

题目:

学历与技能哪个重要?

研究生能不能当环卫工?

网络是否使地球变小了?

你如何理解“郁闷”?

你怎么看待中国人过洋节?

如何看待国外留学的低龄化?

如何看待分数与能力?

你是如何理解细节决定成败的?

春节期间火车票该不该涨价?

灾区最动人的口号:有手有脚有条命,天大的困难能战胜。你如何看待这个口号?

你怎么看待贵州老板自办60桌火锅宴请600名员工迎冬至?

大学生志愿者拿学分志愿服务会不会“变味”?

比尔·盖茨退休不留财产给子女,你怎么认为呢?

“学生校服”该不该成为校方的“广告版面”?

你怎么看待福州中学生体验传统拜师礼?

大学聘请明星任教是人尽其才还是作秀炒作?

谁该为大学生能力差买单?

统一校服,该还是不该?

“京剧进课堂”引热议,你的意见如何?

谈谈你的某个亲人。

说说你最大的爱好。

某地明清妓楼有没有必要作为文物古迹进行保护?

第五章　创意与策划

在未来的影视传媒职业中，需要电视编导进行创意与策划的地方有许多，其中，电视栏目、电视广告、主题性活动是非常重要的三种类型，这里主要介绍这三者的创意与策划。

第一节　电视栏目创意及策划案

【阅读导引】

◆什么是电视栏目？电视栏目的创意与策划大体包括哪些项目？

◆栏目定位包括哪些方面？

◆电视栏目创意与策划如何做市场分析？

◆电视栏目有哪些结构形态？如何进行版块设计？

◆电视栏目有哪些推广与营销的手段与策略？

所谓电视栏目，就是在特定频道、特定时段里播出题材内容、风格、版式相对统一稳定、时长固定的电视节目的传播平台。电视栏目，类似工厂里的生产车间、超市里的货柜，电视节目就是其中的产品或商品。

与电视栏目相关联并且相互区别的另一个术语，就是电视节目。它可以包括电视栏目形式里的具体节目；也包括非栏目形式的具体节目，如为特定宣传任务而制作的文献片，是非栏目形式的节目。在一些非正式的语境里，电视节目一词又可以看做是电视栏目，如说“我们现在为电视台某个时段来策划一档节目”，这里的节目绝非一个具体的节目，而是一档栏目。

本节所指称的电视栏目的创意与策划，不是指具体的节目，而是论述栏目策划案所要包括的项目以及每个项目的创意诉求。一档电视栏目的创意与策划，一般包括以下方面：

一、策划案名称及方案说明

策划案的名称由栏目类型、性质、栏目名称与“策划方案”或“策划方案（草案）”等构成。比如，某个栏目的策划案的名称：大型娱乐脱口秀《亮活达人》策划方案（草案）。如果已计划好在某个电视频道播出，还可冠上电视频道的名称。

有些大型的创意与策划案，一开始还有方案说明，介绍本方案的文本构成，即由几大板块组成，每个板块的基本内容是什么，有时还提请特别注意某些事项。方案说明的主要目的，就是有助于人们较快地、顺利地阅读一个复杂方案。

二、栏目名称、背景与宗旨

名称是一个栏目的招牌。取一个响亮的合适的名称，对电视栏目来说，极为重要。策划案中需要说明栏目名称的由来，解析名称含义，有时还要说明栏目名称与传播内容的贴近性等问题。一般来说，还需要说明栏目创意与策划的由来及背景，同时还要说明栏目传播宗旨，即电视栏目所要实现的目标。

三、栏目定位

栏目定位包括受众、内容、风格等三大方面的定位。

受众定位，即电视栏目针对什么样的受众设计，需要明确其目标受众是谁，还可以说明栏目可能会吸引哪些边缘受众。受众定位，可以进行性别、年龄、教育程度、职业类型等社会学特征的界别。

内容定位，即在设定目标受众后，希望以什么样的内容去吸引这些受众，为此进行内容题材方面的界定。

风格定位，即目标受众面对某种内容题材范畴，可能会有什么样的栏目风格出现，必须对此进行设计。

以上三个定位是相辅相成的、相互共存的。什么样的受众定位，必定会出现相应的内容、风格定位，而相应的内容与风格定位，也意味着吸引什么样的目标受众。

有时，栏目定位还要说明所播出的频道与时段．因为频道与时段与栏目的目标受众休戚相关。某个频道的某个时段，往往对应一定的受众群体。比如，湖南电视台的卫星频道，其频道的目标受众是8–25岁的年轻群体，其周末晚间时段的目标受众，可能涵盖整个的年轻群体，而平时的晚间时段的目标受众年龄阶段大约在18–25岁之间。因此，受众定位与具体频道、具体时段的定位具有一致性。

四、市场分析

任何一档栏目都存在于一定的市场语境之中。有没有市场，市场有多大，市场前景是好是坏，必须经过一定的调查、研究与预测。

市场分析，首先需要分析大的社会语境，即栏目所传播内容是否能够为目标受众所接受，是否有足够的社会心理动力推动受众来观看节目。比如，当下策划一档以海外旅游为内容的栏目，其社会心理动因就远不如1990年代初期．也就很难出现CCTV《正大综艺》当年的收视盛况。

市场分析，还必须分析具体的市场语境，包括受众市场、节目市场、广告市场等。受众市场是关键。如果栏目形态、内容及风格在受众中拥有相当的市场,栏目才有存在的基础。节目市场是指同类或相似节目的情况。一般来说,如果市场上充斥着同类或相类似节目的话,那么新创意栏目的生存空间就存在问题。如果坚持此类创意与策划,一定要说明自身生存的策略。比较好的情形,即是节目市场存在一定的空白或竞争不充分,有较大的节目市场空间。创意与策划电视栏目,还需要对广告市场进行分析与评估,需要说明栏目可以吸引哪些类型、性质的广告以及广告量大小。

有些栏目缺乏强大的商业潜力,但具有较强的政治性、宣传性、公益性等社会效益潜力,能给电视台带来政府资源、社会声誉及美誉度等,也需要做一些相应的分析。

五、栏目宣传语

简单、响亮、朗朗上口的宣传语,直达栏目主旨,成为栏目宣传与营销的重要手段。

栏目宣传语,有多种多样的设计办法。

以栏题加栏目宗旨为栏目宣传语。比如,《快乐大本营》曾有一句非常有名的栏目宣传语:“快乐大本营,天天好心情!”

以题材为宣传语。CCTV曾有一档著名的栏目叫《正大综艺》,有一句脍炙人口的栏目宣传语:“不看不知道,世界真奇妙!”这个宣传语就是选用押韵的俗语加上栏目的题材内容改造而成。

以点题法做宣传语。CCTV的《挑战主持人》,即以点题的方式做出一个宣传语:“挑战,无处不在!”这个宣传语很有气势。《影视同期声》的宣传语:“这里是生产快乐的‘影视同期声’!”则是一种直接说穿栏目宗旨的点题法。

一般来说,宣传语不能太长,尽可能押韵,以求好记。《焦点访谈》宣传语由早期的“时事追踪报道,大众话题评说,新闻背景分析,社会热点透视”转为后来的“用事实说话”,变得简洁明了,干脆透彻,更具冲击力。

六、栏目类型与播出频次、时长

栏目策划案需要说明所策划的栏目属于哪一类型的节目,如新闻消息类、社会专题类、综艺娱乐类、娱乐资讯类、访谈类、野外竞技真人秀类、生活服务类等。有时,每个大类还可以细分下去。比如,策划一档大型礼仪娱乐脱口秀的节目,即是从访谈类细分而来。

播出频次,是说明栏目属于日播、周播还是一周播出若干回的频次形式,甚至是季播形态。

一个电视栏目还必须固定时长。时长的设计具有一定规律可循。一个节目的时长不能任意设定，需要综合栏目的性质、受众特点及业界习惯进行考虑。比如，一档新闻专题节目，业界习惯在15分钟至20分钟之间，这是考虑到受众对此类节目的收看时间的极限，像CCTV《新闻调查》长达45分钟的时长，其风险很大，一方面是来自题材的风险，一般题材要撑过45分钟是不容易的，另一方面是来自受众的风险，连续45分钟的新闻专题，特别考验受众的忍耐力。

娱乐节目的时长不能短，太短了难以形成相应的节目氛围。一般来说，娱乐节目则以60分钟为基准进行上下浮动。

七、栏目结构

一般来说，栏目有单体型、链式、板块型等三种基本结构形态，并由此而演变出其他结构模式。

单体型结构，即从头至尾叙述单一内容，并且节目形式没有多少变化。比如，《焦点访谈》、《新闻调查》等就是单体型结构。一些访谈类节目，自始至终就是对某一嘉宾进行访谈，并不穿插其他环节，也是单体型结构。

链式结构，即节目内容之间，以主持人的串联形成一个节目整体。晚会是典型的链式结构的节目。一些表演类节目，选手一个接一个上台演出，也是链式结构。

板块型结构，是指栏目由两个或两个以上的板块构成，每个板块之间有较大的形态差异，由片花或广告断开。比如，湖南电视台娱乐脱口秀节目《越策越开心》，即由情景表演秀、脱口秀式访谈、搞笑VCR、拍摄花絮等四个板块组成。

有时，一个节目可能由链式加板块的结构，即在板块中是链式结构。CCTV的《非常6+1》就是如此，节目分为若干板块，每个板块又链接了三个选手的不同表现，最后汇聚一起形成一个选手同台竞技的板块。

在策划方案中，需要具体说明每个板块的名称、内容、形态等。

八、演播室构想与主持人设计

许多栏目有演播室内容，所以必须对演播室部分的内容进行说明，并且对演播室形态、结构、布景等进行安排与设计。

主持人是节目最为重要的元素之一。选择什么样的主持人，在栏目创意与策划中一定要有设计。选择主持人，要看年龄、性别、外貌、阅历。如果选择现有的主持人，需要参考其主持经历及以往风格，看是否和创意与策划栏目的气质相通。有时，主持人此前的主持风格并不适合创意与策划的栏目，但其有转变风格的潜力，亦可作为主持人候选，待测试之后再做定夺。比如，CCTV的李咏曾是新闻节目的主持人，基本上是籍籍无名。后来，哈文策划了一档娱乐性节目，坚持让李咏主持，却也风生水起，从此名闻天下。

主持人出镜方式、主持形态也是需要考虑的。单人主持、双人主持、三人主持，还是群体主持，需要策划。两人以上的主持形态需要对成员分工与配合方式进行适当说明。

九、生产流程

生产流程指节目创意、策划、选题确定、外出采访与拍摄、演播室录制、后期制作等一系列过程。生产流程是栏目化生产极为关键的环节，直接关系到节目质量与传播效果。那么，在创意与策划中，必须对生产流程进行合乎栏目实际情况的设计，策划案需要对此进行相应的说明。

十、赢利模式

在当前的传媒语境中，除了新闻消息类、宣传类与公益类的节目之外，其他类型的电视几乎都有赢利诉求。如何赢利，也是电视栏目策划时需要考虑的一个重要问题。有时，甚至是一个关键的问题。如果一个节目不能赢利或赢利不到位的话，那么，节目问世的概率要小得多，这是一个必须正视的事实。

当今最主体的赢利模式就是广告模式。在策划节目时，我们可以考虑这个模式是否适合节目。有些节目策划还会细化本节目可以吸引哪些类型商品的广告。比如，一档受众定位年轻观众的娱乐资讯节目，其广告赢利模式就可以吸引那些时尚类的日化用品、电子产品以及各种时新饮料等。

节目版权、播映权出售也是一种重要赢利模式。电视剧作为节目类型，其主要赢利模式就是播映权出售。制播分离语境中的许多节目，也是以电视台购买制作公司的节目版权或播映权为主要赢利模式。

电视节目还有一种新媒体赢利模式。有些电视节目与互联网企业、手机媒体企业合作，卖出网络、手机媒体播映权，或者可以通过点击率的方式进行收费分成。这些赢利模式既可以获取一定的经济效益，又可使节目通过新媒体传播得到营销与推广，一举两得。随着新媒体发展，传统媒体与之合作空间将愈来愈大，传统节目通过新媒体赢利的方式也将扩大。

有些电视节目还以衍生产品的方式进行赢利，即由主产品而衍生的一些副产品，也可以拓展一些赢利空间。比如，出版书籍、光碟是一种传播产品的延伸。有些节目还发行主持人公仔、相关玩具等，湖南电视台栏目《越策越开心》就曾经发行过主持人公仔，《超级女声》火爆之后曾发行过超女娃娃之类的玩具等，都是一种好的市场开启。

此外，还有比较常见的短信、活动等赢利方式。

十一、营销与推广策略

当电视由卖方市场转为买方市场时,营销与推广变得异常重要。通过营销与推广,从原来的随机吸引受众转变为自觉吸引受众,同时,也是一个由品牌自然形成转变为自觉建设的过程。电视节目的营销与推广手段是多元的。从营销与推广的内容来看,全方位的内容营销也变得越来越普通。电视节目的营销与推广由传统的辅助性地位转变为营销为王或营销先行的高度与强度。

营销与推广策略有很多,细述如下:

i)主题营销:以主题统辖某一系列节目,形成一定的三题印象与规模效应,达到集中营销的目的。

ii)导视营销:通过导视的方法牵引受众对电视节目的收视。导视营销功能有引导、诱导、指导等。

iii)明星效应营销:通过明星、名人的影响来宣传与推广电视节目。

iv)粉丝营销:利用节目所关联的粉丝进行节目的营销与推广。

v)新媒体营销:通过新媒体,对电视节目进行营销与推广。

vi)负面营销:通过负面消息的炒作达到对节目的营销与推广。

vii)话题营销:通过制造话题,引起受众议论,从而吸引受众持续关注节目。

viii)活动营销:围绕电视节目,开展各种活动,营销与推广电视节目。

ix)衍生性营销:通过开发与营销衍生品,实现对电视节目的营销与推广,如书籍出版、光碟出版、网络版权、玩具等。

当然,还有直接在其他媒体上做广告进行电视节目的营销与推广。电视节目的营销与推广手段与策略随着实践的深入,还有很多的方法与手段。

十二、经费来源与预算

一档电视栏目需要经费开支与财力支持,在策划方案中要说明经费来源。经费来源有多种形式:电视台拨款,这是最常见的形式;广告商、赞助商全部或部分投入,电视栏目再以广告的形式进行回报;自筹经费启动,电视台认可后追加经费投入;宣传性或社会公益性节目,可以争取政府机构或公益部门的资助经费;完全制播分离的垫资生产而后由节目出售获得资金的回笼,等等。

电视栏目策划对节目经费需要做出预算,以便清晰地看到总的经费投入以及每期节目的成本是多少。更重要的一点就是,投入与产出的比例是否合理,便于做出电视栏目是否能够上马的决策。

十三、团队设计

一个优秀的栏目创意最终需要团队来完成。团队设计包括人员组成、人员分工以及人员之间的关系构成。对于电视栏目来说,其人员组成一般包括总制片人、执行制片人、主编、编导以及剧务、办公室工作人员等。明确各类人员的分工与主要任务、责任。同时,一定要明确各自的人员关系隶属。

案　例

大型娱乐脱口秀电视栏目《亮活达人》创意文案

一、栏目名称与解析

《亮活达人》,顾名思义,就是“亮”出你的绝活,“亮”出你的才艺,另一层含义:亮活——缘自兰州方言里的“亮豁”,以此显示本栏目鲜明的本土色彩,而“达人”则明确了节目娱乐因素的独特性。在节目中,所有呈现出来的视听效果,都是亮活中的“亮豁”(棒极了)。

二、栏目目的与受众定位

将《亮活达人》打造为一档雄踞甘肃本土电视收视率王牌的特色栏目。我们节目的受众定位应该是“全家福”和“全家乐”式的,宽泛的、多层面的。

三、栏目内容特质

展现西部尤其是甘肃大量特有的原生态的艺术种类,把文化积淀的深厚和文化现象的多样用娱乐的方式进行呈现和解释,完成娱乐话题的艺术占领,快乐电视的独有表达。

四、栏目表现形式

节目以7名男性主持人群体为主,以娱乐脱口秀的方式兼以不同的风格进行阐述,通过相互关联的数个单元,选取甘肃特有的民风民俗、绝技绝活,立足西部的奇人奇事,民间艺术,以极其强烈的流行元素和娱乐手段来进行展示。以方言笑话、情景短剧、音乐演绎、歌舞秀、现场体验等各种形式组合成一幕幕笑料频出的场景,将快乐和轻松传达给观众。

五、栏目时长与播出时间

时长90分钟，每周一期。栏目播出时间：某省级卫视每周日晚后黄金时段。

六、栏目结构

《亮活达人》栏目总体构成的最主要特质，是充满娱乐精神和现场操控能力的男性主持人群体7名，他们共同承载的任务是脱口秀，是调侃，是搞笑，是对整场节目的即兴串接。在总体构成的各个单元里，他们也要随节目形态的需求而角色化、情景化、个性化和特异化。插科打诨，搞笑戏谑，随机应变，现场搞乐和体验，更是他们要完成的任务，充满机智的语言和随之产生的“秀”，是节目带给观众的最直接的快乐，然后才是我们所营造的刺激性、神奇性和PK的紧张度。根据这一特质，我们拟定了节目的数个单元（板块）。

板块一：引子（开场秀）

根据每期节目反映的不同主题，推出令人意想不到的节目开场秀，用极度夸张的手法抓住观众眼球，完成主持人的出场并点题。

板块二：现场情景演绎

在此环节中，我们塑造一个以兰州方言为主打的本土化小人物，围绕他营造一个极其搞笑的情景，用荒诞的方式引出本期节目中的“亮活”点及“亮活达人”，用平民化、草根化的视角和手法来演绎绝艺绝活，继续营造主题的悬念感，牵动节目的合理继续。

板块三：亮活达人秀

以歌舞秀和众多主持人不同的现场搞笑方式，将本期节目中的重点绝艺绝活、奇人奇事奇俗推出，并以此拉开许许多多的“亮活”点，进行现场互动和体验，展示出亮活内容的“新、奇、乐”。

板块四：亮活“PK”

在现场互动和体验的过程中，主持人用调侃的方式将本期节目中诸多的绝艺绝活、奇人奇事再一次并行展示，并分组进行现场PK，决出优胜。这一环节的目的，就是要再次点明主题，展示绝艺绝活、奇人奇事带给我们所有人的快乐、新奇、回味和感动。

七、栏目组织构架

栏目将本着“节俭、节约、高效”的原则，在组织架构上尽量做到“少用人，多办事”，以在编人员7人为基础（其中制片人：1名；总导演：1名；编导4名；制片主任：1名）进行岗位设置并提出工作要求，在责权清晰的同时做到1人多职，在分工明确的同时做到1人多用。此外，所要用到的技术人员、剧务人员和广告外联人员及部分主持人均可按节目需求临时聘用。

八、栏目运作模式

管理办法:形成项目责任制管理办法,制片人对总台负责,其他人员对制片人负责。

计酬方式:采用绩效挂钩方式进行,多劳多得,少劳少得,不劳不得,计酬与节目收视率紧密相连。

九、栏目效益预测

一是收视率预测。收视率是节目的生命指针,《亮活达人》栏目将以自己鲜明的特色和优势,形成强劲的收视竞争力,在这一点上,我们有极强的信心和决心。为了达到这个目标,就需要科学地对市场进行细分,对节目精做,注重每期节目的娱乐性、悬念性和刺激性。运用一切手段调动场内外的观看热情,并加大多种媒体的联动炒作。"快乐"、"好玩"、"新奇"、"互动" 这些诸多的节目热点,将形成高收视率的综合因素,我们相信,只要潜下心来,期期精研,一定会在较短时间内形成甘肃电视台的收视热点。

二是市场分析及经营收入预测。遵循市场发展规律,按照"实际、独特、创新" 的策划理念,迎合市场需求,探索广大电视受众的观看心理,形成自己特有的风格,在广告市场中引起共鸣,在地面频道播出的阶段,首要任务是打造收视率,在此过程中,为经营创收打下坚定基础,形成栏目的广告需求和卖点。当《亮活达人》栏目中所蕴含的广告市场、节目资源、赞助商、产业链都日渐清晰的时候,其经营收入也一定会上升一个台阶。

三是影响力评估。《亮活达人》栏目的社会影响力评估其实也就是栏目的生命周期的提前预测,由于其受众定位为"全家乐" 式,故节目每期的播出,都将产生广泛的信息回馈,分析这种回馈至关重要,我们将依托总台研发中心,通过对各种回馈信息的综合析辨,得出节目正确的走向。

【本节要点】

◆电视栏目,就是在特定频道、特定时段里播出题材内容、风格、版式相对统一稳定、时长固定的电视节目的传播平台。

◆策划案的名称由栏目类型、性质、栏目名称与"策划方案" 或"策划方案(草案)" 等构成。

◆名称是栏目的招牌。策划案中需要说明栏目名称的来由,解析名称含义,还需要说明栏目创意与策划的由来、背景及传播宗旨。

◆栏目定位包括受众、内容、风格等三大方面的定位。三个定位是相辅相成的、相互共存的。有时，栏目定位还要说明所播出的频道与时段，因为频道与时段与栏目的目标受众休戚相关。

◆市场分析，首先需要分析大的社会语境，即栏目所传播内容是否能够为目标受众所接受，是否有足够的社会心理动力推动受众来观看节目。市场分析，还必须分析具体的市场语境，包括受众市场、节目市场、广告市场等。

◆简单、响亮、朗朗上口的宣传语，直达栏目主旨，成为栏目宣传与营销的重要手段。

◆栏目策划案需要说明所策划的栏目类型、播出频次与时长。

◆一般来说，栏目有单体型、链式、板块型等三种基本结构形态，并由此而演变出其他结构模式。

◆许多栏目有演播室内容，必须对演播室部分的内容进行说明，并且对演播室形态、结构、布景等进行安排与设计。主持人是节目最为重要的元素之一。选择什么样的主持人，在栏目创意与策划中一定要有设计。

◆生活流程指节目从创意、策划、选题确定、外出采访与拍摄、演播室录制、后期制作等一系列过程。

◆当今最主体的赢利模式就是广告模式，节目版权、播映权出售也是重要的赢利模式，还有新媒体、衍生产品、短信、活动等赢利方式。

◆电视栏目营销与推广策略有很多，如主题营销、导视营销、明星效应营销、粉丝营销、新媒体营销、负面营销、话题营销、活动营销、衍生性营销等。

◆电视栏目的团队设计包括人员组成、人员分工以及人员之间的关系构成。

【实验与练习】

◆目标：掌握电视栏目的创意与策划规律与技巧。

◆操作：针对当前的市场情况，创意与策划一档生活服务类节目，写出具体的方案。

第二节 电视广告创意与策划

【阅读导引】

- ◆什么是联想律？什么是力行创新法？
- ◆头脑风暴法包括哪些阶段与规则？广告创意ROI三原则是什么？
- ◆可以采取哪些方法进行电视广告创意训练？
- ◆写作广告词要注意什么？
- ◆如何写作电视广告脚本与分镜头本？

电视广告是电视传播离不开的影视内容。电视广告的生产与制作是一个高度创意的编导过程。这里介绍的是相应的广告创意思维、电视广告创意及文案写作等。

一、广告的创意思维与联想律

创意必定是事物之间的贯通与对接。联想律提供给我们相应的思考维度。联想律分为三类：一是接近律，二是对比律，三是类似律。三种联想律都指向事物之间的联系，只是思考维度不相同。

一是接近性思考维度。

接近律是指时间、空间或其他属性比较接近的事物或现象之间容易产生联想。比如，河与船容易产生联想，属于空间的接近；送礼与过年过节容易联想，属于时间上的接近；吊脚楼与南方少数民族容易联想，属于文化属性的接近，等等。通过对两类事物或现象之间的接近性联想，从而产生新的创意。脑白金的广告，将过节送礼作为营销点，即是一种接近性联想。

二是对比性思考维度。

对比律是指形态、性质、特点相反或相对的事物或现象之间容易产生联想。比如，黑与白、南与北、冰与火、高山与流水、寒冷与温暖等。有防寒服取名北极、南极之类，显然是为了引发人们的对比性联想，由北极、南极的寒冷反衬出产品所带来的温暖。感冒药取名“白加黑”，并强调“白天服白片，黑夜服黑片”，意在引发消费者强烈的对比性联想，制造记忆点。

三是类似性思考维度。

类似律是指外形、性质、内涵上相似的事物容易让人产生联想。对形式与内容相似的两个事物或现象进行贯通与感知，可以产生意想不到的文学联想。比如，把阳光比作青年，把海比作男人的胸怀等。芙蓉王实业的一个广告就是三个有关“山”的联想：“儿时，父亲是山。成长中，师友是山。立业后，伙伴是山。”

二、广告创意与力行创新思考法

力行创新思考法是美国学者罗伯特·奥尔森提出的创新思维技巧，包含四个阶段与十种技术。对于创意思维的实践，颇有借鉴意义。

力行创新思考法共分为四个阶段。

一是界定阶段。这是明确问题、引发创意的起始阶段。这个阶段可分为三种技术：

i）集中焦点（mind focus）：明确要解决的问题及需要达到的目标，并细化问题。

ii）抓住要点（mind grip）：找出重点问题与目标，加以精确描述。

iii）延展重点（mind stretch）：将需要重点解决的问题与目标加以延展，寻求可能产生的新关系与新契机。

二是开放思考阶段。这是展开思考、放开想象的阶段，尽可能涌现出能解决问题、达到目标的方案、思想、想法与点子。这个阶段包括四项技术：

i）提点思想（mind prompt）：邀请成员进行讨论，运用众人智慧，互相启发，碰撞思维与创意的火花。

ii）奇思妙想（mind surprise）：想入非非，哪怕想出最荒诞不经的构想都不要紧，尽可能从中发现有价值的方案、思想、想法和点子。

iii）自由幻想（mind free）：突破常规与固有思维定势，自由幻想，贯通各种事物之间的联系，激发创意，力求创新。

iv）综合妙想（mind synthesize）：将他人、自己的种种方案、思想、想法与点子进行综合分析，从中发现新的逻辑关系，从而产生更妙的创意。

三是确定思考阶段。在整理与综合各种方案、思想、想法与点子的基础上，筛选出各种具有可行性的创意，去粗取精，并进一步加以完善，使之能够用于实战。

i）整合构想（mind integrate）：反复检讨最初需要解决问题的宗旨、目标与设想，通过直觉从已有的方案、思想、想法与点子中整合出优秀构想。

ii）加强构想（mind strengthen）：挑选构想方案，列举其中的缺点，并设法加以修改、克服与优化，使之更加完善。

iii）激励构想（mind energize）：充分评估新构想与新方案可能产生的正负效果，尤其要提出针对负面效果出现的预案。

四是执行阶段。执行阶段则是将前三个阶段所建构的方案、思想、想法和点子付诸实施的阶段，将务虚式的构想进行现实化、物化，是一种实践验证。执行阶段常常会碰到新的问题，那么依旧可以进行新一轮的力行思考法，产生新的构想，如此循环反复，直至整个问题的最终解决。

三、广告创意与头脑风暴法

创意，在很多情形下，需要凝聚多人或集体的智慧，实施头脑风暴法（Brain Storming），简称BS法。一个颇具智慧的人，其创意也不是一个人闭门造车制造出来的，也是需要在书本上或现实中他人思想、想法或点子基础上激荡而出，因此，头脑风暴法又称脑力激荡术。

头脑风暴法是由美国创造学家A.F.奥斯本提出的一种激发创造性思维的方法。

通过组织小型会议，营造自由讨论、不拘一格的发言氛围，让与会者自由发表看法、陈述意见、贡献点子，由此而激发他人的思维，形成互相启发、互相激荡的"思维共振"性的头脑风暴，从中筛选出最有价值的方案、意见、想法与点子。头脑风暴法提高了集体决策的质量。头脑风暴法大量运用于创意文化行业，广告公司也大量运用这种方法来进行广告创意。

流程大致可分为以下几个大的阶段：

一是确认问题与目标。

会议召集人要收集资料，对所议问题进行初步的研判，明确问题的实质，设定要达成的目标。

二是准备工作。

筛选人员。讨论人员以6～12人为宜，选择有较强联想能力的人，人员结构以专业领域的一线人员、专业领域的高级专家、专业领域的理论研究者以及有较强逻辑演绎与归纳能力的人员参加。有主持人与书记员。

事务准备。布置会场，准备好足够的可供记录的白板。对工作人员进行相应的分工，以便提供相应的会议服务。

三是头脑风暴。

这是最主体的一个阶段。召集人说明会议讨论的主题，营造自由畅谈的气氛。

一般不要事先介绍人员背景、头衔与各种职务，以免对他人产生心理上的负面作用。

与会人员自由发言。

书记员将每个人的发言记录在白板上。这种记录除了备案之用外，更重要的是激发与会人员的脑力。

四是整理问题。

对头脑风暴阶段提出的方案、意见、想法与点子进行全面的整理,剔除重复的内容,合并同类项的问题,对问题进行排序,组合问题,归结成表。

五是会后评价。

会后,由召集人组织人员鉴别、评价所有的方案、意见、想法与点子,选择有价值的见解。

对于头脑风暴的主持人要求如下:

i)必须明确无误地执行讨论的主题与目标。

ii)不独断。

iii)要富有激情,要善于营造气氛。

iv)要有一定的现场操控能力,要能调动大家发言的积极性。

v)是引导者,也是参与者。

头脑风暴的规则:

规则一:现场不许评论。

不要讨论、评价,不要表示对某人或某一观点的支持或反对,不要提问,不要以皱眉、咳嗽、摇头、叹气、冷眼等体语表示态度。

妄加评论的结果,会使发言人产生顾虑,变得拘谨,不敢多发言,从而阻滞讨论的进程与思维空间。

规则二:自由畅想与发言。

与会人员自由发言,可以发表各种奇思妙想,务实的、务虚的,甚至荒诞的都行,只要不远离讨论的主题即可。通过他人的言论与想法,互相激发灵感,产生创意。

规则三:以数量求质量。

头脑风暴中,先追求大家发言的数量,而不是先看质量。在数量的基础上,再转到会后的评价,筛选出有质量的方案。

规则四:可以发挥与延伸他人的观点。

头脑风暴中,无方案、意见、看法与点子的所谓个人专利,可以任意运用、发挥与延伸与会人员的见解,从而提出自己的新观点。

四、广告创意的ROI三原则

广告创意分为艺术派、科学派、综合派。艺术派认为广告是说服的艺术。威廉·伯恩克是其代表人物,其经典言论是:“千万别相信广告是科学。”科学派的代表人物罗斯·雷斯,该派认为广告创意要遵循科学的规则,其经典言论是:“广告需要的是原则而不是个人意见。”综合派则认为,广告的目的在于促进销售,其代表言论有:“顾客是你的妻子而非白痴。”

ROI理论是艺术派广告大师威廉·伯恩克创立的。该理论认为，有一个优秀的广告创意的三大原则，即关联性（Relevance）原则、原创性（Originality）原则、震撼性（Impact）原则。

1.关联性原则

所谓关联性原则，就是说广告创意必须与商品、消费者、竞争者密切相关。关联性原则必须实现与商品的关联，表现其特性、作用等；广告与消费者的关联，要求广告要站在消费者的角度说话；广告与竞争者的关联，要求广告创意与竞争者要有差异化的区分；归根结底，广告创意要与广告最终目标关联。

广告创意必须找到合适的关联体。关联体可以将商品特点生动形象地传达出去。关联体一般来说是人们熟悉的、喜爱的人、物、事或者观念等，比如明星很容易成为关联体。

2.原创性原则

所谓原创性原则，要求广告创意与众不同，必须求新求异。如何实现创意的原创性呢？

路径一：反习惯性表述。

对习以为常的表述进行改造，反其道而行之，获得不同寻常的创意。德国的kookai时装有一个反习惯性的表述：女人是世界的主角，男人尽在我掌握。令人耳目一新。

路径二：USP理论。

运用USP理论，以独特的销售主张进行广告创意。USP是Unique Selling Proposition的缩写。这个理论主张，广告创意必须有“独特的销售主张”，包括三个方面：一是商品必定有特定的效益（Benefit），广告必须说明商品会带给消费者一个明确利益与好处；二是这个主张是竞争对手未曾提出过的，或者不可能提供的，是独一无二的；三是所强调的主张是强有力的，必须集中在一点上打动、感染、吸引消费者前来购买商品。

给予每一个商品以“独特的销售主张”，如此广告创意，其原创性可以唾手而得。

路径三：旧瓶新酒新组合。

利用旧的元素，也就是大家比较熟悉的人、物、事或观念，与新的商品内容进行重新组合，形成新的创意。比如，麦当劳（国际视力表）广告，就是利用国际视力这个旧瓶与麦当劳这壶新酒进行重新组合，取得极妙的广告效果。

路径四：生活积累。

许多的奇思妙想往往来源于生活。对生活的感悟，加上长期的思考，有时，灵感顿现，往往会产生一些原创性的点子。

3.震撼性原则

所谓震撼性原则，要求广告在瞬间引起受众注意，并使受众产生震惊与感动的心理效果。

从生活中寻觅出一些感人的细节，进行艺术改造，运用到广告作品中，可以引发受众强烈的情感诉求。

怀旧是一种特殊的情感诉求。如怀旧情绪在广告创意中运用得当，能够带给受众心理的震动。比如南方黑芝麻糊的一则广告，以小时候对挑担叫卖芝麻糊的温馨回忆为主要情感线，赢得了受众的好感与心理呼应。

广告创意的ROI三原则，其实指向了广告创作的三个维度，关联性原则指向"准"，指定位要准确到位；原创性原则指向了"新"，指广告内容要新颖别致；震撼性原则指向了"情"，指广告要有强烈的情感表述。三个原则是相互联通、相互作用的。

五、电视广告及创意的特殊性

电视广告，即通过影视手段制作的，以声音与画面的结合体来传播信息，并在电视台播放的广告形态。电视广告区别于平面广告的最大特点，就是使用的叙事语言不同，电视广告使用动态影像来做广告，平面广告使用文字或静止画面、图案等。

1.电视广告的传播特点

一是视听性。

区别于纸媒广告的文字广告与广播的声音广告，电视广告是声音、画面相互结合甚至可以融入文字的综合传播形态。

与电视广告视听性相伴生的传播特点就是强大的具象性。这种具象发展到一定程度，构建了受众有关商品主义的梦幻性。基于视听的具象性、梦幻性特点，电视更适宜于企业形象广告、时尚类产品广告、个人终端类产品广告等。由于电视广告稍纵即逝的缘故，某些需要仔细阅读、反复考虑的商品广告，如房地产广告，不适宜于做具体产品的电视广告，而可以做形象广告。

二是寄生性。

电视广告依赖于电视节目的传播，是寄生于电视频道中的一种影像文本形态，是受众观看电视节目的一种附带性阅读。由于寄生性的缘故，那么，电视广告投放必定考虑以下因素：

i）收视率

某个电视频道或电视节目的收视率高，那么寄生于其中的电视广告获得的阅读机率也越高。

ii）受众与消费者的重合率

某个电视频道或电视节目的受众与电视广告的目标消费者的重合率越高，电视广告的传播效益就越好。如果受众与某个电视广告目标消费者的重合率较低，有些电视频道或电视节目的收视率再高，对该电视广告的意义也不大。比如，一个高收视率的青少年节目，很少有汽车类广告，但可以大做时尚类的电子产品广告，因为该节目的受众与电子类产品的消费者重合率高。

iii）千人成本

不同的电视频道或电视节目或不同时段的广告价格是不相同的，那么，如果需要考虑性价比的话，必须有千人成本的计算。

千人成本=（广告费用/到达人数）× 1000

某个电视频道或电视节目的广告价格的千人成本越低，就越可能受到电视广告主的青睐。

电视广告主会综合以上所有因素，还包括电视媒体的公信力、品牌声誉、人际关系等多种因素而制定广告投放的策略与方案。

2.电视广告分类

以电视广告的表现内容来分，基本分两大类，一是商品广告，二是形象广告。商品广告，即为具体商品做广告宣传的；形象广告，即为企业做形象宣传，并不直接推销商品，但其所基于的逻辑就是，形象好的企业更能卖出自己的产品。

在广告经营中，电视广告也被分为两大类：一是品牌广告，二是专题广告。品牌广告，是以建立产品品牌形象、提高产品品牌的市场占有率为目标的一种电视广告形态。一般来说，一则品牌广告的时间较短，有5秒、15秒、30秒等几种类型。专题广告是以电视专题片的形式为某个具体产品或某个企业所做的广告宣传。专题广告的时间一般比较长。

3.电视广告创意的特殊诉求

电视广告与平面广告有诸多的共性。然而，由于电视广告传播介质是影像与声音，因此，电视广告创意需要一些特殊的传播诉求。

一是分析电视广告的受众对象及心理。

电视广告创意只有在分析受众对象类型及其心理的基础上，才能把握他们的心理，从而选择表现题材、内容及话语风格。比如，针对年轻人的广告需要时尚、青春、劲爆，而针对中老年人的电视广告，往往是温暖回忆、娓娓道来、人性化的关爱与体贴、文化层面的映照可能更受欢迎。

二是声画元素的有机结合，绝不能忽略电视广告中声音的传播优势。

电视广告需要重视画面的创意与表现，却不能忽略声音元素。事实上，电视广告的声音传播有一定的符号优势。在家庭收视语境中，人们“听”电视的情形往往要大于看电视，很多情形下，人们往往是通过声音符号获得广告信息。因此，电视广告创意必须高度重视声音元素。

三是镜头感与动作感。

平面广告可以以文字来传播诸多细腻的情感与思想，而电视广告是影像叙事，通过动态叙事传播信息、表现广告主题，电视广告必须注重创意内容的镜头感与动作感。

四是电视广告的时间性限制。

电视广告有5秒、15秒、30秒、45秒、60秒等时间限制。电视广告创意是带着时间镣铐跳舞。在如此短促的时间里，不仅要从容而完整地讲述一个故事，让受众获得商品信息，有时还要得到情感、人性领域的陶冶与洗涤，这就需要电视编导有强大的微型叙事经验与能力。

六、电视广告创意的几种训练法

通常，在教学中，电视广告创意有哪些训练方法呢？

1.头脑风暴训练法

头脑风暴训练法通过团队的思维共振形成一种激发灵感的场效应，制造高密度、高节奏的信息运转语境，从而促使各成员的脑力极速运行，通过相互的观点与思想的碰撞，互相离析或整合思想，从而生发出有价值的方案、思想、想法与点子。同时，这种训练法还可以锻炼团队，提高团队的协作性，激发团队的活力与锐力。

操作程序：

i）确定时间、场地与分组。

确定讨论的时间、场地。

全班分若干组，每组6–8人，并指定或选举一个召集人，安排一个记录员。

ii）布置题目，明确问题与目标。

将需要进行广告创意的对象介绍给各成员。告知需要讨论的主要问题与达到的目标，提醒各成员必须事先做功课，预先准备创意的方案框架或点子。

iii）召集人主持会议，讨论。

召集人先揭示讨论主题，并提醒大家遵循头脑风暴法的几个规则。

转流发言阶段：可进行两次，成员也可放弃权力。

自由发言阶段：互相激荡，自由发表意见，但要防止个别人主导会场。

记录员——将大家发言的概要记录在黑板上，供大家参考。

iv）评价与讲评。

召集人可邀请教师，与成员一起对整个会议进行分析评价，形成文字方案。

教师汇集各组最终的书面方案，进行课堂讲评。

【实验与练习】

◆目标：运用头脑风暴法进行广告策划。

◆操作：一个床上用品公司在母亲节做一个主题活动，需做一个1分钟的视频宣传，请以头脑风暴法讨论创意。

2.声画隐匿法

将经典电视广告隐匿掉声音与画面两个元素中的一个，让学生补足被隐匿的那部分内容。声画隐匿法具有一定的游戏性与趣味性。

这种训练分为两种情形：

一是将经典电视广告消音，让学生只看画面，揣摩或自创人物对白、广告语、音乐、音响等。

二是将经典电视广告的画面全做成黑底，只留声音，由学生设想原广告的画面，或根据声音自行设计新的画面。

将学生作业与原作品进行对照，课堂讨论，学生相互评价，老师点评。

【实验与练习】

◆目标：练习补足声音法。

◆操作：选择一个学生不太熟悉的电视广告，进行消音后，让学生利用现有画面进行创意，然后补足声音，形成一个完整的电视广告，并与原广告对比，讨论，评价。

【实验与练习】

◆目标：练习画面补足法。

◆操作：选择一个经典但学生不太熟悉的电视广告，做成黑底，放声音，让学生补足画面，并与原广告进行对比，讨论，评价。

3.多媒体广告互换创意法

由于介质的不同，不同媒体的广告需要根据介质的差异变化创意。多媒体广告互换创意法，就是要让练习者了解并掌握不同媒体的创意共性与个性，知道在不同媒体之间进行广告创意必定需要有变通的能力与智慧。这种训练法是以某种媒体广告的内容为另一个异质媒体广告的素材，需保持主题的恒定。

操作程序：

i）教师选择一个媒体的经典广告。

ii）课堂上师生一起分析该媒体广告的主题、内容。

iii）在保证主题不变，并使用其中全部或部分内容的前提下，练习者将该媒体广告改变成另一种媒体广告。

iv）讨论，点评。

【实验与练习】

◆目标：多媒体广告的互换创意训练。

◆操作：

◆先选择一个报纸广告，让学生将其改成一个电视广告或广播广告。

◆再选择一个电视广告，让学生将其改成广播广告或投纸广告。

◆讨论，评价。

七、电视广告词写作

广告词是电视广告的重要组成内容，在一定程度上决定电视广告的成败。这是因为广告词大多转化为声音信息，而电视广告的有效传播很大程度上离不开广告声音。

电视广告词包括画外音（解说）、人物对白、人物独白、歌词、字幕等。广告词与画面共同构成电视广告的叙事系统，提示、补足、概括或延展画面信息，深化广告主题。

1.人物对白或独白写作

人物对白或独白写作要符合如下特点：

i）符号化

电视广告人物设计一般具有很强的符号色彩。对白或独白必须符合人物的身份、年龄、性别、教育程度、职业等社会学特征。农民工的语言显然不同于总经理的语言。

ii）性格化

人物被设计成某种性格，说出的语言必定符合其性格角色。“小男人”与粗犷汉子在语言上有天壤之别。

iii）情景化

广告必定设计为一定的情景，那么人物语言不能离开语境。

iv）通俗化

除非特殊的广告情境，一般来说，人物的对白与独白要尽可能通俗化，不能绕弯子，更不能故作深奥，要让所有的受众一听就懂，因为电视广告时间极短，转瞬即逝，受众来不及思考。

2.广告解说词（旁白）写作

广告解说词首先考虑人称与视角。使用第一人称，比较自然，有亲和力。比如，南方黑芝麻糊曾经的电视广告就是以第一人称旁白，叙述小时候买芝麻糊的温馨情形。使用第三人称，是一种全知视角，比第一人称的限制视角更加自由。很多电视广告采用这种人称形式。

3.字幕型广告词

以文字的形式出现在电视广告中，意在注解、强调某些广告信息。字幕型广告词，有时配音，有时不配音。字幕型广告词一定要简炼，要符合画面的构图美学。

在什么情形下需做字幕型广告词?一是强调性字幕，指有些信息需要着重强调的，便在画面上打出字幕；二是注解性字幕，指某些广告内容需要说明、解释的，便做出相应的字幕。

4.核心广告语

电视广告中点明主题、最具记忆点的广告语，就是核心广告语。这类核心广告语，可能是人物对白，也可能是独白（包括直接面对观众的独白），更多情形下，就是来自解说的画外音。美国贝尔电话公司的广告在讲述女儿在远方打电话给夫妇俩，只是问候他们，说她爱他们，最后画外音“用电话传递你的爱”是核心广告词，点明广告主题。

核心广告语，要符合KISS（即keep it sweet and simple的缩写）公式，就是保证“甜美”和“简洁”。比如，“去头屑，用雨洁”；“人靠衣装，美靠亮庄”。

核心广告语，要易懂好记。比如，“晶晶亮，透心凉”（雪碧），“只选对的，不选贵的”（雕牌洗衣粉）。“亮”与“凉”，“对”与“贵”押韵，读起来朗朗上口。

核心广告语要属于产品的特有语汇，要切中产品的特别属性。

核心广告语要体现企业对消费者的人性关怀。

多媒体使用的广告，还要检验核心广告语是否适合不同媒体。

核心广告语传播的信息是否具有足够的冲击力，是否符合独特的销售主张。

八、电视广告脚本与分镜头本

当一个创意诞生以后，需要以文字方案的形式固化下来，这是电视广告脚本。电视广告脚本是拍摄制作一则电视广告的基础与蓝图。电视广告分镜头本是导演的工作台本，将电视广告脚本改编成分镜头的文本形式。

1.电视广告脚本

电视广告脚本，即用文字表达的电视广告文案，包括广告名称、主题、画面内容、广告词以及创作意图说明等项目。

比如，“索尼”电视广告脚本[①]：

画面：长沙发上一男青年在看电视。电视在画外，人物为正面表情，下同。

男青年旁多了一个女青年。中间又出现一个活泼可爱的男孩。

这对男女逐渐老了。沙发上又多了他们的儿媳和两个孙子。

广告词：这是索尼。

2.电视广告的分镜头本

电视广告分镜头本可分文字式或表格式等，需要标明广告标题、总时长、音乐，以及每个场景镜头序号、时长、内容、景别、摄法等。

一是文字式的分镜头本。

以文字叙述的形式列出分镜头本各部分项目与内容。

比如，安踏时尚运动篇：

时间30秒，音乐：急速动感的ROCK乐

画面1：时长2秒，一时尚装扮的年轻人踩着滑板进入画面，能清晰地看到滑板及鞋上ANTA。（特写腰以下部分）

画面2：时长8秒，滑板者在马路上的车流中自如地穿梭。（特写腰以下部分）

画面3：时长2秒，一辆小轿车迎面而来（近景）发出“嘀——”的长鸣。（音乐急停）

画面4：时长1秒，滑板者腾空而起（仰视，慢镜头）越过车顶。

画面5：时长1秒，滑板者身后，几个滑板青年越过车顶（侧仰视，慢镜头），画面中车里的人目光吃惊地看着滑板青年们。

画面6：时长4秒，滑板者着地，向右边一条无车行驶的马路拐去，不时回头看身后。

画面7：时长2秒，滑板者发现前方无路可走，仓促左拐，撞在一扇关闭的铁门上（急促的刹车声）。

画面8：时长6秒，随着“咣——”的一声，画面晃动，音乐停止，滑板者呈大字仰倒在地上（俯视），画面上出现左右跳动的字幕——“不要得意忘形”。

画面9：时长4秒，“吱——”的一声，铁门上一块类似拍电影用的开镜牌子的左边掉了下来（牌子上画有ANTA），以右边为支点自由左右摇摆，画面渐渐消失。

（画外音：安踏）

二是表格式的分镜头本。

以表格的形式列出分镜头本各部分项目与内容。比如，安踏企业广告分镜头脚本

① 文案选自：金涛声、徐舟汉主编《中国广告精品探胜》，国际文化出版社1995年版，第145页。

（孔令辉篇），时长45秒，列表如下：

画面1：时长2秒，乒乓球台前，孔严阵以待。（半身特写）	声音："噔——"一声闷响出现孔的画面。	注：孔的目光坚定。
画面2：时长2秒，乒乓球台另一边，孔对手持球欲发。（半身特写）	声音："噔——"一声闷响出现孔对手画面。	
画面3：时长20秒，紧张激烈的比赛场面，画面隐约可见计分牌分数交错上升，最后在22：21处停下。	声音：只有发乒乓球出的声和鞋磨擦地板的声音。	注：全部采用近距离拍摄。
画面4：时长4秒，孔令辉持球欲发，目光坚定，额头上有少许汗水。（半身特写）	声音："咚，咚——"心跳声。	
画面5：时长12秒，孔发球，两方你来我往，打得甚是难解难分，对方一记扣球打在孔反手死角，孔见伸拍已不够长，便伸出右脚。（特写脚勾球，将球踢在网上落在对方桌面上，特写，球在桌上上下跳动。）	声效：只有"乒乓"声和鞋磨地声。	
画面6：时长5秒，隔网特写乒乓球，球上有一个红色的产品标志，标志从球上飞出，背景变黑，ANTA四个字母从屏幕右边滚入。	声效：标志飞出配合"噔——"的声音。 画外音 男声（安踏）	注：ANTA四个字母像贴一张纸条一样从左至右过去。

【本节要点】

◆电视广告的生产与制作是一个高度创意的编导过程。

◆联想律分为三类：一是接近律，二是对比律，三是类似律。三种联想律都指向事物之间的联系，只是思考维度不相同。

◆力行创新思考法包含界定、开放思考、确定思考、执行等四个阶段以及集中焦点、抓住要点、延展重点、提点思想、奇思妙想、自由幻想、综合妙想、整合构想、加强构想、激励构想等十种技术。

◆头脑风暴法的五个阶段：确认问题与目标、准备工作、头脑风暴、整理问题、会后评价。头脑风暴的规则有现场不许评论、自由畅想与发言、以数量求质量、可以发挥与延伸他人的观点等。

◆广告创意的ROI三原则，即关联性（Relevance）原则、原创性（Originality）原则、震撼性（Impact）原则。

◆电视广告的传播特点包括视听性、寄生性。以电视广告的表现内容来分，基本分两大类：一是商品广告，二是形象广告。

◆电视广告创意要分析电视广告的受众对象及心理，不能忽略电视广告中声音的传播优势，要考虑到镜头感与动作感、时间性限制等。

◆电视广告创意训练法有头脑风暴训练法、声画隐匿法、多媒体广告互换创意法等。

◆电视广告词中的人物对白或独白写作要符号化、性格化、情景化、通俗化等。核心广告语，要符合KISS公式，要易懂好记，要属于产品的特有语汇，体现企业对消费者的人性关怀。

◆电视广告脚本，即用文字表达的电视广告文案，包括广告名称、主题、画面内容、广告词以及创作意图说明等项目。电视广告分镜头本可分文字式或表格式等，需要标明广告标题、总时长、音乐，以及每个场景镜头序号、时长、内容、景别、摄法等。

【实验与练习】

◆目标：学习做电视广告创意文案与分镜头本。

◆操作：替一种果汁做一个15秒的电视广告文案与分镜头本，讨论，评价。

第三节　主题性活动的创意与策划

【阅读导引】

◆什么是主题性活动？它有哪些功能？

◆主题性活动的创意与策划包括哪些项目与内容？

◆活动对象的角色有哪些？活动模式有哪些？

◆如何设计主题性活动的流程？

◆成功的主题性活动包括哪些指数呢？

活动是人类生存最基本的状态。广义的活动是指个人、企事业单位、社会团体、政府或其他社会集团为实现某个特定目的而发动的有具体参与者、有一定规模与流程的一切实践性行为。狭义的活动，即指主题性活动，也就是指个人、企业事业单位、社会团体、政府或其他社会集团打破正常工作与生活秩序，为了特定主题所进行的目标性活动。

一、主题性活动的类型、功能及意义

主题性活动有多种类型区分：

以活动的规模程度可分为：大型、中型、小型。大型主题性活动，比如“同一个世界，同一个梦想”的2008年奥运会；小型主题活动，比如一个班级的主题晚会。

以活动的延续性可分为：独立性主题性活动、连续性主题活动、系列性主题活动。连续性主题活动是指同一主题下的连续性活动。比如，“动手我最棒”主题活动月，就是围绕该主题做若干讲座、多场比赛与最终的颁奖晚会等。系列性主题活动是指相关几个主题下的系列性活动。

以是否属于商业营利区分为商业性活动、公益性活动。此外，还有仪式性与非仪式性的主题性活动区分，等等。

主题性活动的功能主要概括如下：

1.突显功能

通过主题性活动，将某项活动所包含的行动目标、主题意旨突显出来，使之有别于日常事务与寻常活动。

2.仪式功能

通过主题性活动的仪式性，形成强烈的活动氛围与语境，达到实现强化某个实践性

活动的作用。

3.营销功能

通过主题性活动,可以达到对产品以及个人、企事业单位、社会团体、政府或其他社会集团所倡导的观点、思想等精神产品的经营与推销。

4.形象功能

通过有效的主题性活动,可以大大提高举办单位的正面形象,达到对举办单位的正面宣传功能。

5.企业文化功能

主题性活动往往也是企业文化的一部分。一个企事业单位或社会团体,通过组织主题性活动,可以达到凝聚人心、鼓舞士气、激发干劲的目的。

对于一个电视编导来说,主题性活动的创意与策划以及实践操作,有如下专业方面的意义:

i)电视台或电视机构每年将会开展诸多政治性、工作性、业务性的主题性活动。

ii)活动型电视节目是极为重要的节目类型之一,需要电视编导有强大的创意与策划能力。

iii)通过主题性活动的创意与策划以及实践操作,可以培养电视编导的创意思维,提高策划能力、组织协调能力及实践操作能力。

iv)通过主题性活动的实践,可以加强电视编导的团队精神。

二、主题性活动的创意与策划

主题性活动的创意与策划主要分以下项目与内容:

1.活动主题

活动主题是指活动的意义,是活动的灵魂。主题的确定要体现时代性、对象性、显著性。主题要与企业或单位的实际结合起来,表现出独特性。就电视活动来说,其主题可以多种多样,可以是政治性主题,如配合新农村运动而进行的宣传活动;也可以是经济性主题,如广告营销与宣传活动;可以是推广主题;也可以是人文性主题,如为保护非物质文化遗产而做的主题性活动,等等。

2.活动目标

活动目标,是指主题性活动要实现的目标、达到的效果。比如,做一个“亲子野外生存挑战赛”的电视活动,活动的目标之一是增进父母亲与儿女们之间的感情,消除两代人之间的隔膜;另一个重要目标就是提高亲子团队之间的对抗性,增强节目的可视性。

主题性活动所定目标要适度,期待实际操作中有所突破。

3.活动的对象与角色

要了解主题性活动对象的社会学特点，如性别、年龄、受教育程度、收入等，还要研究他们的心理、爱好、相互关系。要掌握领导、意见领袖等重点对象的资料，还要了解负面人物的情况，如习惯性挑刺者、可能的反对者与破坏者。

要明确活动对象在所主办的主题性活动中的角色。

任何一个主题性活动，按照其作用、地位的不同，可把活动对象区分为活动管理者、参与者、旁观者等角色。每类对象，要给予不同的任务分配，也赋予不同的活动资源。对一个主办单位的领导层如何设计相应的角色，分配适度的活动资源，往往是活动成功与否的重要因素。这里要特别对旁观者进行说明。主题性活动的旁观者有普通的旁观者，类似传播学中所说的“沉默大多数”；还有两类特殊的旁观者，一是上级领导层，二是传媒。因此，许多主题性活动的创意与策划，一定要考虑这两类旁观者的感受，要给予相应的角色分配与资源配置。

主题性活动的对象还可以依照热心程度分为四类：一是意见领袖或带头者；二是热心者；三是普通人；四是反对者。对每类对象要有相应的目标预期与对应措施。

4.活动场景

主题性活动的创意与策划，要明确活动场景。活动场景可分为大环境下的活动场景、小环境下的活动场景；可分为内部的活动场景、外部的活动场景，等等。

5.活动资源

活动资源指场地、财力、人力与社会关系等。首先，要了解主办方所拥有的活动资源，然后，看菜吃饭，设计主题性活动所需要消费的活动资源。拥有资源与消费资源的比例，视情况而定。不量力而为的活动设计常常会招致诟病。比如，有一个年财政收入不到八千万的全国贫困县，拿出二千万做一台大型歌舞晚会，并请来一线当红明星助阵，很可能遭到老百姓谩骂、上级批评。

6.活动模式及形态

主题性活动要遵循某一种或混合多种的运行模式。活动模式有会议、讲座、论坛、沙龙、广场活动、典礼活动、主题晚会、展览会、运动会、读书会、记者招待会等。特殊的情形下，可能会将正常的工作、生活纳入主题性活动之中，使之成为主题性活动的有机部分。

主题性活动可以有各种不同的形式。比如，做一个简易的主题性晚会，那么，活动形态就是组织一场以演员歌舞节目为主、单位职工节目为辅，另加领导讲话的室内演出。

如果是连续性或系列性主题性活动，那么，其形态根据先后顺序区分为开幕式、活动期、闭幕式等；根据重要程度区分为核心活动、重要活动、一般活动等。不同类型的活动所配置的资源要有区别。

7.活动流程与路线图

活动流程是主题性活动极为关键的环节,活动流程设计包括以下内容:

第一,设计活动板块及具体内容。

i)整个活动分多少活动板块

ii)每个板块里的具体场次

iii)每场次的结构形态

iv)每场次的具体内容

v)每个内容的阐述及实施

vi)活动板块之间的关联

第二,设计活动路线图,指主题性活动所要经历的环节或活动流程。

主题性活动实现的路线图必须是明确的、清晰的。如有多少环节,每个环节如何衔接,每个环节中的时间、场地、参加人员、活动内容,等等。

一般说来,对于繁杂程度大的主题性活动,主办者要绘制详细的活动路线图。每一场主题性活动都是不同的,都有每场活动在时间、地点、人员、语境、资源等上的不同,所以不能照搬他人的活动模式及经验,而是需在借鉴的基础上,考虑实际,设计出每场活动的特别路径。

8.危机预案

从理论上来说,任何主题性活动,都存在风险性。不同类型、不同性质、不同时空的主题性活动,其风险性有大小,成功几率有高低。那么,对于一些风险程度高、成功机率低的主题性活动,将如何降低风险、提高成功几率呢?对于这一类主题性活动,必须有相应的危机预案。危机预案又如何做出呢?

理论上,凡是有不确定性的地方或环节都可能出现危机,那么,针对这些不确定性的地方都要做出危机预案。事实上,这是不可能做到的,也没有必要做到,有时也做不出预案。

针对整个活动中风险系数高又关系到活动成败与否的重要环节、内容、细节,一定要做出危机预案。比如,广场活动,除了加强安全保卫外,还要设想可能出现的安全问题,就要制定相应的预案。再如,一个城市在某个时间老是停电,那么,危机预案里,就应做一个停电的危机预案。虽然停电只是一个小细节,但是对一个在夜间进行的主题性晚会是一个致命问题。

危机预案有几种形态:一是出现某种危机时,取消活动;二是出现危机时,如何排除危机,活动照常进行;三是出现危机时,以其他形式的活动来替代正在进行的活动。重大活动或关系生死存亡的活动,可能要制定多套危机预案。

9.活动效益预估

首先要对活动效益进行预估,预测该主题性活动带给主办者的诸如政治、经济、形象、影响、口碑、知识、能力、品德以及团队建设、凝聚力等收益。不同的活动，带来效益的性质、类型、程度都是不一样的。有时，某些活动可能会给主办方及他人、社会带来正面效益与负面效益。这类活动，有时需要主办者有足够的勇气及智慧才能做出是否出笼的决定。如果正面效益远大于负面效益，且正面效益有助于主办方的整体利益与长期发展，权衡利弊，应该支持这类主题性活动。

预估要考虑投入与产出比。如果投入很大，产出很少，或者是零产出，甚至负产出，这样的活动，一般情形下，是需要取消的。因此，效益评估也是主题性活动创意与策划需要考虑的重要一环。

10.活动监测与督查

有些大型活动系统而复杂，执行的人员专业素质参差不齐，品质高下不一。为了保证活动方案顺利实施，需设计相应的监测与督查的方式与办法。

11.活动评估

在策划案中就可以列出本活动的评估方案，包括评估方法与步骤。

方法：影像记录、文字资料查证、人物访谈、媒体报道资料收集与整理、数据统计等

步骤：活动记录、阶段总结与评估、活动结束后的总结评估。

进行前期、中期评估，并反馈给活动主办方的决策者，有利于做出调整，使活动更加良性运行。结束后的评估有利于成果汇报、吸取经验教训等。

做主题性活动策划案有详案与简案。有些大型活动的创意与策划方案，如奥运会，分阶段、分部门、分批次进行，大大小小的方案数以万计，有些小型活动只需几千字数百字即可完成，有些简案可能只是一个提纲。

一个成功的主题性活动要包括以下四个指数：

一是主题性活动的创新指数。

创意与策划的主题性活动，在同类型活动中，是否具备足够的差异化，是否创新。如果过于雷同，与此前或他人的活动有大面积的重复，就应该修正或推翻。

二是主题性活动的贴近指数。

主题性活动与所确立的主题、本单位的性质、情况是否贴切。如果所创意与策划的活动主题虽然很不错，但由本单位去实行有些不伦不类，显然不能批准实行。

三是主题性活动的操作指数。

有时，创意与策划的主题性活动尽管大气、时尚，也有意义，然而，本单位的人力、物力及财力难以应付，或者由于社会条件与各种场景的限制，操作起来异常困难。这样的主题性活动也要被淘汰。

四是主题性活动的影响指数。

主题性活动的影响类型有以下一些分类：根据影响是否达到活动目标可分为目标影响、非目标影响；根据影响的范围与性质可分为人际影响、群体影响、传媒影响；根据影响正负性可分为正面影响、负面影响；根据影响的可控性可分为可控性影响、非可控性影响。

一般来说，主题性活动形成的目标影响、正面影响、可控性影响以及人际影响、群体影响、传媒影响等指数愈高，该主题性活动愈值得实行与推广。

【本节要点】

◆主题性活动，是指个人、企业事业单位、社会团体、政府或其他社会集团打破正常工作与生活秩序，为了特定主题所进行的目标性活动。主题性活动包括突显功能、仪式功能、营销功能、形象功能、企业文化功能等。

◆主题性活动的创意与策划的项目包括活动主题、活动目标、活动的对象与角色、活动场景、活动资源、活动模式及形态、活动流程与路线图、危机预案、活动效益预估、活动监测与督查、活动评估等。

◆任何一个主题性活动，按照其作用、地位的不同，可把活动对象区分为活动管理者、参与者、旁观者等角色。

◆活动模式有会议、讲座、论坛、沙龙、广场活动、典礼活动、主题晚会、展览会、运动会、读书会、记者招待会等。连续性或系列性主题性活动，根据先后顺序区分为开幕式、活动期、闭幕式等；根据重要程度区分为核心活动、重要活动、一般活动等。不同类型的活动所配置的资源要有区别。

◆活动流程是主题性活动极为关键的环节，活动流程设计包括以下内容：一是设计活动板块及具体内容，二是设计活动路线图。

◆一个成功的主题性活动要包括以下四个指数：一是主题性活动的创新指数，二是主题性活动的贴近指数，三是主题性活动的操作指数，四是主题性活动的影响指数。

【实验与练习】

◆目标：策划一个主题性活动。

◆操作：为电视台策划一个年终表彰活动，练习者做出方案，课堂上汇报，教师做出评价。

第六章　文案写作

在电视节目的具体制作过程中，编导需要进行诸多的文案写作。不同类型的节目，需要写作的文案也各不相同；有时即使是同一类型的节目，由于制作目的、性质、流程、管理者的喜好等多方面的差异性，编导所做文案的类型、数量、风格也有不同。这里主要介绍一些如选题报告、编导阐述、室外采访与拍摄文案、文学脚本、分镜头脚本、解说词写作等常用文案或文案构件的写作方法或技巧。

第一节 选题报告及编导阐述

【阅读导引】

◆什么是选题报告？选题把关的意义何在？

◆选题报告主要包括哪些项目？每个项目分别有什么作用？

◆说明选题来源是为了什么？

◆什么是编导阐述？包括哪些项目与内容？

所谓选题报告，就是为制作节目而选择某个题材后，电视编导就选题的内容、来源、性质、适合度及编导意图进行文字性说明的书面报告。

选题报告，需要提请电视栏目编委会讨论，经栏目主编或制片人批准后，才能付诸实际运作。因此，选题报告是作为节目管理者实施“把关人”作用的一个手段。选题把关，是基于传播源头的把关。这种把关包括如下几个方面：

一是对意识形态方面的把关，可以避免不符合法律、法规以及宣传政策等问题的选题进入运作程序。

二是对电视采摄制作业务方面的把关，避免选择那些不符合节目受众、内容、风格定位的选题。

三是对流程的把关，慎重选择那些采摄制作特别有难度、成功几率很低的选题。

四是对采摄与制作成本的把关，每个节目都有相应的经费限制，如果一个选题超过预算过多，投入与产出的性价比较差，选题很可能不会获得通过。

选题报告，也是电视工业化生产的一环。通过选题报告制度，使电视编导能够按照栏目的定位进行选题操作，不至于各自为政。如果不进行选题把关，每个编导做出的节目都不一样，其结果就是无法保证栏目的统一性。

通过选题报告制度，管理者可以集中团队智慧对节目群策群力。选题报告需要在选题策划会上经大家一起讨论，这样，团队成员可以贡献出各自的想法或点子给选题编导参考。

选题报告一般包括如下项目与内容：

一是选题内容。

在选题报告中，需要对题材内容、性质、信息量大小等做出准确的、简明扼要的说明。

二是选题来源。

选题来源的说明，是为了进行真实性与可靠性分析。

选题来源有很多路径，比如，栏目的热线电话，热心观众的报料，编导社交圈的信息，报纸、广播媒体，互联网，手机短信，或者其他电视同行等，都可以成为选题来源的渠道。一个电视编导的社会资源愈是丰富，社交能力愈强，经验愈是丰富，渠道愈多，其选题来源就会愈多，就可能碰到好的选题。

不过，任何来源渠道的选题都不可能是百分之百的可靠。比如，栏目的热线电话、热心观众的报料、互联网等来源的选题一定要认真核实，有时，甚至来自其他体制内媒体的选题，都有可能是一个假命题，因为其他媒体报道也可能受到蒙蔽而出现错误，从历年的假新闻中可以看出这一点。因此，任何选题都需要电视编导进行核实，并将核实结果向栏目主管口头汇报，有时也可以在选题报告上进行说明。

三是选题的时效性。

时效性强的电视栏目对此要求较为严格。题材发生的时间加上制作过程所耗费时间之和，不超过栏目所规定的时间范畴，选题一般是可以通过的。

四是选题的采摄地点。

标明地点，可以让栏目组掌握编导去向，也可以平衡栏目组的选题对某些地域的过于集中，同时，采摄地点的远近、多少还会牵涉到出差费用，这也是管理者需要考虑的问题。

五是经费预算。

许多栏目组的节目运作经费都有相应的规定。一般说来，照规定使用经费即可。然而，由于某些选题的特殊性，需要增加经费预算，也应该在选题报告里得到体现。

六是编导阐述。

选题报告中，最重要的一个项目，就是编导阐述。所谓编导阐述，就是编导对该选题的编导意图进行文字性说明。

一般可以包括以下内容：

i）制作意义

ii）内容分析

iii）主要体现的节目主旨

iv）是否符合栏目定位

v）题材的独特性

vi）采访与拍摄的方案设想

vii）演播室方案设想

viii）后期包装的特色

……

以上内容并不需要全部包括在一个编导阐述里，相反，有时编导阐述只是针对其中的一两个方面进行说明、分析，如主体人物分析以及节目所要表达的主要意图或节目导向。

编导阐述可以以严谨的格式，遵循以上的条例展开。一些艺术性、娱乐性强的节目，也可以以飘逸的语言进行散文式的编导阐述（参见附件1）。

选题报告一般使用表格式，各个电视台、各个栏目组使用的选题表格都不相同，其中的项目内容也不尽相同。但大体包括选题名称、题材来源、编导姓名、题材时效、采摄地点、经费预算、题材简述、编导阐述、领导意见等（见附件2）。当然，有些栏目组也采用非表格式的文字型的选题报告。

【实验与练习】

◆目标：了解新闻专题类节目选题报告的程式。

◆操作：选择一个新闻类节目做模板，替它做一个选题，并做出相应的选题报告，评价。

附件1

《天天向上》的“导演阐述”

每一个艺人都是从新人做起的。

天王也好，巨星也好，LOCALKING也好，都是这样。

对于任何一个站在舞台上、站在镜头前的艺人来讲，没有谁不愿意在舞台上、在镜头前，有更多的台词、更多的戏份，能够担任更重要的角色，甚至是主角，甚至成为炙手可热的知名艺人，甚至是天王天后。

这很正常，没什么不好。

台湾。

1980年代。

吴宗宪与苏芮一同参加台视《五灯奖》歌唱比赛。

1987年。

吴宗宪的第一张华语专辑《是不是这样的夜晚你才会这样的想起我》发行，但是“歌红，人不红”，从此转战综艺节目。

1993年。

吴宗宪参演了华视综艺节目《钻石舞台》的短剧单元。

1995年。

吴宗宪成为华视综艺节目《笑星撞地球2：战神传说》外景主持人。

…………《超级星期天》、《天天乐翻天》、《我猜我猜我猜猜猜》

到2003年，吴宗宪更是高居台湾主持人收入榜首，稳坐本土天王地位。

2006年、2007年吴宗宪两次入围台湾金钟奖最佳主持人。

2010年，吴宗宪获台湾金钟奖最佳主持人。

自进入演艺圈，从新人到成为本土天王，吴宗宪大约走了23年。

自进入主持界，从新人到成为金钟奖最佳主持人，大约也是23年。

香港。

1991年。

梁朝伟出演了王家卫导演的电影《阿飞正传》。

同年，第10届香港电影金像奖颁奖典礼上，《阿飞正传》夺得第10届香港电影金像奖最佳影片。

电影的片尾字幕如下：

主演

张国荣

刘德华

张曼玉

刘嘉玲

张学友

主演名单中，没有梁朝伟的名字。

这很正常。

整部电影的镜头粗略估计超过1000个，但梁朝伟的镜头只有1个。那就是影片的最后一个镜头。

整部影片长为94分钟，梁朝伟的唯一的那1个镜头是2分26秒。整部影片的台词超过500句，梁朝伟1句台词都没有。

四年后，第14届香港电影金像奖。梁朝伟凭《重庆森林》首次夺得香港电影金像奖最佳男主角。接下来，在第17、20、22、24四届金像奖中，梁朝伟凭《春光乍泄》、《花样年华》、《无间道》、《2046》连夺四届金像奖最佳男主角，并在第18、26、28三届金像奖中，凭

《暗花》、《伤城》、《赤壁》三次获得金像奖最佳男主角提名。

第53届法国戛纳电影节（坎城影展）凭借《花样年华》获影帝称号！除此之外，梁朝伟还夺得3次台湾金马奖最佳男主角和3次金马奖最佳男主角提名。第11届香港金像奖最佳男主角曾志伟说，当年《阿飞正传》那1个镜头，足够梁朝伟获得金像奖最佳男配角。

“如果要我对自己所有作品打分的话，《阿飞正传》我会打满分。虽然只有一个镜头，却尽善尽美。”梁朝伟说。

名字没有出现在主演之中，镜头只有1个，没有1句台词。但梁朝伟为这仅有的1个镜头，短短的、沉默的2分26秒所付出的精彩演出，改变了他的演员生涯，成就了今天的香港最佳男演员。

内地。

1979年。

北京电影制片厂电影《瞧这一家子》获得中华人民共和国文化部1979年优秀影片奖。

新人刘晓庆在这部电影中扮演张岚。

在这部90分钟的戏中，作为配角，刘晓庆只拍摄了区区几个场景的戏，剪辑出来是长度很短的28个镜头。但凭借这短短的28个镜头，非常少的台词，刘晓庆斩获1980年第三届电影百花奖最佳女配角奖。

从此，刘晓庆连夺金鸡奖、百花奖最佳女演员，成为中国首屈一指的实力派女演员，并成为内地第一位获得香港金像奖最佳女主角提名的女演员。

简而言之，我认为，舞台上真正的智慧，不在于你从什么角色起步，你在舞台上的时间有多长，你的戏份有多少，而是在于，在那个角色中、在那个时间里，你是否给观众留下了传神而又深刻的印象？

舞台上最大的智慧，则是在遇见可以发挥自己优势的场景时，一定要善于把握机会。

吴宗宪、梁朝伟和刘晓庆在这个方面，给出了深刻的启示，做出了生动的榜样。

不论是做导演、做演员、做主持人、做艺人，做歌手，哪怕只有1场戏，只有1个镜头，只有1句台词，只有1句歌词，只有1个动作，我们都努力让这1场戏，这1分钟，这1句台词，这1句歌词，这1个动作给观众留下传神而又深刻的印象。

言归正传。

这期节目汇集了内地、台湾以及在韩国发展的5位新人。

5位新人机缘巧合，性格、风格、演艺方向都有鲜明的特色，可以说是各自各精彩。

每个人都有自己的梦。

每个人都离这个梦有一段距离。

每个人都正在信心满满地奔跑在自己的道路上，努力向梦想靠近。今晚，我们把舞台奉献出来，与这些有梦的新人一起同台。用言语、用歌声、用拥抱来鼓励他们、帮助他们，让他们充分、尽兴地展现自己！如果要形容这期节目，那就是音乐、是舞蹈；是性感、是阳光；是热辣、是冷艳，是张扬、是励志；是气质美如兰、是才华馥比仙；是想唱就唱要唱得响亮、是舞动奇迹超魅惑逼人；是歌舞青春绝对SHOW场、是才艺碰撞电光火石！

今晚，他们就是主角！

今晚，我们为他们撑腰！

今晚，一起制造一场不一样的精彩！

（源自《天天向上》的官方博客）

附件2

选题报告表

选题名称		题材来源	
编导姓名		题材时效	
采摄地点		经费预算	
题材内容			
编导阐述			
主编意见			
制片人意见			

【本节要点】

◆所谓选题报告，就是为制作节目而选择某个题材后，电视编导就选题的内容、来源、性质、适合度及编导意图进行文字性说明的书面报告。

◆选题把关，是基于传播源头的把关，包括对意识形态、电视采摄制作业务、流程、成本等方面的把关。

◆选题报告包括选题内容、选题来源、选题的时效性、选题的采摄地点、经费预算、编导阐述等。

◆选题来源有很多路径。不过，任何来源渠道的选题都不可能是百分之百的可靠。选题来源的说明，是为了进行真实性与可靠性分析。

◆所谓编导阐述，就是编导对该选题的编导意图进行文字性说明，包括制作意义、内容分析、主要体现的节目主旨、是否符合栏目定位、题材的独特性、采访与拍摄的方案设想、演播室方案设想、后期包装的特色等。编导阐述可以以严谨的格式，遵循以上的条例展开。一些艺术性、娱乐性强的节目，也可以以飘逸的语言进行散文式的编导阐述。

◆选题报告一般使用表格式，大体包括选题名称、题材来源、编导姓名、题材时效、采摄地点、经费预算、题材简述、编导阐述、领导意见等。有些栏目组也采用非表格式的文字型的选题报告。

【实验与练习】

◆目标：了解两种类型的编导阐述。

◆操作：

1.选择当下流行的一档娱乐节目，为其做一个选题。

2.确立选题之后，为其做两种类型的编导阐述：一是严谨的、综合的编导阐述，二是散文式的编导阐述。

3.做完之后，进行评价。

第二节　室外采访与拍摄文案

【阅读导引】

◆为什么要做室外采访与拍摄文案呢？

◆采访文案包括哪些方面的设计？拍摄文案包括哪些项目的设计？

◆为什么要设计室外采访与拍摄的路线图？

许多情形下，尤其是针对突发性事件的采访与拍摄，不必形成文字方案，而只是心中有数，有个腹案即可，或者根据现场情形，临时设计采访与拍摄方案。

大型采访与拍摄任务，只要时间允许，一般需要做室外采访与拍摄文字方案。有了文字方案，有利于电视记者或编导进入现场之后能够有条不紊地采访与拍摄，能够做到心中有数，可以尽量避免采访不周全、采访议题遗漏或镜头缺失等问题的发生。

如果一个采访与拍摄任务分几个摄制组进行的话，更需要每个摄制组都做出文字方案，从而便于全面统筹，避免重复采访与拍摄或遗漏现象的发生。

多机拍摄，或者转播车作业，尤其是直播性质的采摄活动，是一个系统、复杂的流程，需要有特别专业与专门的策划与设计，必须做出细致的文字方案，协调各部门完成采摄任务。

下面就小型的单机或双机拍摄来说明文字方案的设计。一般可以以三大部分来设计，一是采访文案，二是拍摄文案，三是采摄路线图。

一、采访文案

一般来说，采访文案可以包括以下内容：

1.采访对象

分为主体对象、重点对象，次要对象，要有轻重缓急的区分，便于现场采访根据需要与情况变化进行取舍与替换。

2.采访场景

每个对象选择在什么场景中接受采访是有讲究的。比如，在采访农业部门高级官员有关夏收情况时，如果采访场景设计在其豪华办公室，很可能带来遭人诟病的传播效果，远不如将其拉到麦收现场来得合适贴切。

3.采访方式

采访方式有很多种，有静态的坐式、立式采访，也有动态的走式采访，还有跟随式的随机采访等。选择哪一种采访方式，要视现场环境、采访对象及节目制作需要的实际情形而定。比如，有些不易调度的采访对象，选择办公室的静态坐式采访即可。有时，采访对象就在新闻现场，选择走式或跟随式的采访，更有动感与现场感。

4.问题设计

采访文案中，在研究新闻事件或采访对象背景的基础上，设计问题，要体现系统性、重点性。

二、拍摄文案

一般情形下，拍摄文案可以包括以下内容：

1.拍摄方式

区分单机拍摄与双机拍摄，做好采访拍摄团队的分工。

2.采访镜头

除了上述采访文案对采访内容有设计之外，有时对采访镜头还有特别设计的，需要有进一步的说明。比如，在一些回忆性质的文献纪录片中，采访人物可以使用暗背景与灯光照明拍摄，这在拍摄文案中要特别注明。

3.现场活动镜头

说明需要拍摄的现场活动镜头，重点或关键镜头的要求与设计。

4.交代镜头

用来交代事件环境、人物背景等镜头。比如，与节目有关的城市全景或广场镜头、山川情景等；或者退休的采访对象，在自家院里养花种菜的劳作镜头，等等。

5.抓拍镜头

注意说明需要现场随机拍摄的镜头，可以用抓拍到的镜头来突显人物特征，推进叙事。

6.暗访拍摄

文案需要说明暗访的对象与场景、暗访措施等。暗访是否具有合法性的问题，文案需说明清楚，可供主管领导决策。如何保证暗访拍摄的安全实施及拍摄质量，也可以在文案当中说明。

在拍摄文案中，有时还要列明特别的采访拍摄设备，如暗访所用的偷拍设备。

三、采摄路线图

如果有多个采访对象、多个地点的采访，必须先设计好采访路线图，统筹规划，不走回头路，避免时间与成本的浪费。尤其针对某些敏感或揭露性质的采访与拍摄，更需要精心设计采摄路线图，妥善安排采访与拍摄事宜，避免一出场就让采访对象提高了警惕，导致采摄受阻甚至完全失败。

室外采访与拍摄文案，可以根据栏目组与个人情况需要增减一些项目。比如，刚入门的记者或编导可以做得仔细些，而成熟的从业者则可以简略些，甚至在一些简易的小型采访中，可以省略这个步骤。然而，大型的、复杂的采访与拍摄，一定要做出文字方案。

【本节要点】

◆针对突发性事件的采访与拍摄，不必形成文字方案，而只是心中有数，有个腹案即可，或者根据现场情形，临时设计采访与拍摄文案。

◆多机拍摄，或者转播车作业，尤其是直播性质的采摄活动，是一个系统、复杂的流程，需要有特别专业与专门的策划与设计，必须做出细致的文字方案，协调各部门完成采摄任务。

◆室外采访与拍摄文案一般可以以三大部分来设计，一是采访文案，二是拍摄文案，三是采摄路线图。

◆一般来说，采访文案可以包括采访对象、采访场景、采访方式、问题设计等。

◆一般情形下，拍摄文案包括拍摄方式、采访镜头、现场活动镜头、交代镜头、抓拍镜头、暗访拍摄等。

◆如果有多个采访对象、多个地点的采访，必须先设计好采访路线图，统筹规划，不走回头路，避免时间与成本的浪费。尤其针对某些敏感或揭露性质的采访与拍摄，更需要精心设计采摄路线图，妥善安排采访与拍摄事宜，避免一出场就让采访对象提高了警惕，导致采摄受阻甚至完全失败。

【实验与练习】

◆目标：练习做室外采访与拍摄文案。

◆操作：

1.围绕某个地方滥采滥挖现象进行揭露性深度报道，做一个新闻专题片。

2.请设计采访与拍摄文案。

3.练习者相互探讨，分组写作文案。

4.教师评价。

第三节　文学剧本与分镜头剧本

【阅读导引】

◆什么是文学剧本？文学剧本的每个场景要标注哪些项目？

◆文学剧本中的典型场景包括哪些内容？

◆什么是分镜头剧本？其功能是什么？

◆如何做一个分镜头剧本？

◆什么是OS？什么是VO？

电视剧的剧本通常有三大类：一是文学剧本，由编剧操刀完成；二是分镜头剧本，由导演或副导演操刀完成；三是完成台本，由导演安排的工作人员完成。这里主要讲述文学剧本与分镜头剧本，完成台本讲述意义不大，不再赘述。

文学剧本指编剧在创作电影、电视剧、情景剧、电视栏目剧、电视广告、各类新媒体剧以及纪实作品中的“情景再现”等内容时所做的文学性文案，一般应包括场景、人物、情节、台词及表演提示等内容。不同类型的影视叙事作品，其文学剧本格式大体相同，只是包含的项目以及侧重点有些差异而已。不同国家或地区的文学剧本，在格式及风格上也存在一些差异，但基本内容是一样的。

一、文学剧本的场景标注

文学剧本是以场景为基本单元。文学剧本的每个场景都要标注以下内容：

场景序号：标示场景序号，目的是区分哪一集哪一个场景。场景序号一般标为A-b，A指某一集，b指场景顺序号。比如，第三集第四个场景，标为：3—4。

地点：地点是指人物活动的范围，用来区分场景的，导演要按场景来拍戏。场景有粗细之分。有些编剧喜欢细分场景，把一个空间里两个或两个以上凡是视觉发生阻隔的地点再细分为新的场景：比如，老爷与客人在客厅里说话，这是一个场景；如果要表现小姐与丫环在门帘后偷听，就是场景更换了，不能笼统地算一个场景。有些编剧并不分得这么细，而是笼统地算作一个场景，让导演做分镜头剧本时再去细分。

时间：标示时间是为了区分是日戏还是夜戏。有时，为了内容表达的需要，时间标示还可以细分为清晨、上午、午间、午后、黄昏、夜、午夜等。

室内或室外：标示“内”，是指在建筑物里面，也可指其他有遮盖物的空间里面，如军事掩体里、车船飞机里、山洞内;标示“外”,则指室外场景,包括建筑物外、街道上、马路上、荒郊野外等,只要头顶没有遮盖物即是外景。有时,标示为“内外”,常常用于场景中有外景也有内景的情形,目的是场景不宜分得太碎,或两者具有连贯性。比如,一个人从院子里进入屋内,前一个场景是室外,后一个场景是室内,可连接成一个场景,标示为“内外”。

天气:有时也标明天气,晴、雨、雪,或其他天气情况,尤其有特别天气要求的,特别需要标明。

时间、室内室外、天气标示时一般要空格,如“日　外　雪”,也可以相连起来标示,如“日内外”等。

出场人物:有些剧本还标示场景出现的主要人物。

二、文学剧本的场景内容

文学剧本中的一个经典场景,一般包括以下内容:

i)场景描述

ii)人物外形、穿着及表情

iii)人物的行动表现及情节发展

iv)对白

文学剧本的场景,还可以包括独白、旁白、字幕、镜头提示、表演提示等内容。

具体写作时,内容要尽可能表现出三个特点:

i)戏剧性

ii)动作感

iii)镜头感

编剧不要使用小说式的感觉性、心理性的语言来写作剧本。比如,“这几天他心里很难受,预感有大事就要发生”,显然不符合剧本的语言要求,没有镜头感。那么,可以转化为动作性的内容,“他不时在家里抽着闷烟,或焦躁地来回转圈”,还可以转化为独白或对白,他不时挠着自己的头,自言自语地说:“这如何是好呢?”

文学剧本场景的行文格式,一个相对独立的内容需要另起一行,任何一个对白都另起一行,对白不用引号。

案　例①

31.三州街的寒原岭　日　外

〔武士五十人保护一抬肩舆，在山道上急步前进。

〔抬肩舆的都是体格魁梧的武士。肩舆上拴着四条绳，四个武士拉着肩舆以防摇晃。

山县昌景骑着马指挥这一群人。

〔他身旁是手提药箱的侍医。

〔那侍医对山县讲话。

侍医：走得太快了对主公病体不好。在这附近暂时……

〔山县举手，让众人停下。

〔肩舆轻轻放下。

〔山县下马，让人们远离肩舆之后，跪在肩舆旁边。

山县：阁下。

〔没有回答。

山县：（加大声音）阁下！

〔仍然毫无反应。

〔山县着慌，急忙撩开肩舆的门帘。

〔肩舆里的信玄头已低垂，双眼紧闭。

〔山县为之一惊。

山县：阁下！

〔信玄一惊，睁开两眼，环视左右。

信玄：哦，已经过了濑田的长桥了吧……这里该是山科了……啊……京都在望了。

〔山县茫然不知所措地注视着信玄。

信玄：现在再加把力……在京城……把我的旗挂起来呀！

〔死不瞑目的固执。幽灵一般的信玄，在肩舆里想挣扎起来，结果力不从心，又倒了下去。

〔山县呆然若失地看着他。

〔那侍医走近跟前。

侍医：诊一诊脉……

〔他往肩舆里一看，也不禁呆然。

山县：（严峻的目光看了看侍医）现在不用了，该好好休息。

① 日本著名导演黑泽明电影《影子武士》文学剧本选辑。

〔他说完便把肩舆帘放下。

32.三州街的治部坂　日　外

〔撤退的武田军长长的行列。

〔一阵疾风突然袭来，卷起沙尘，把队伍罩住。

〔这沙尘遮天蔽日，尽管是白天，霎时间天昏地暗。

〔武田的士兵们停下来，仿佛有所恐惧似的仰望天空。

〔武田的旗眼看就被风扯碎似的噼啪响，当头是一轮紫色太阳。

33.武田军夜营的中军　夜　内

〔篝火映照中显现出武田家徽的帷幕，帷幕被强风刮得鼓鼓的，象大波大浪一般滚动。

〔它象征着帷幕里鸠首集议的胜赖以下武田的宿将们心里的忐忑不安，以及波澜起伏的武田家的前途。

〔被风吹得晃动不已的篝火，在小声谈话的武将们的脸上，投以深深的光影，这光影急剧跳动，使人觉得这个集议远非寻常。

胜赖：尽管有遗嘱，很难设想，三年之内父亲逝世的消息不泄露出去。首先是有人已经看到了肩舆中父亲的遗体。

山县：不会出差错。可能走漏消息的人已经处决了。剩下的只是些即使嘴被扯烂都不开口的人。

胜赖：不过，织田、德川的间谍的眼是挡不住的吧？

山县：（激动地）不管做到做不到，对于继承主公遗志的我们这些人来说，只有想尽一切办法去做！

马场：对。信廉阁下在过去的无数战役中，一直是当主公的替身，压住阵脚，从来没被敌方看出来。只要有信廉阁下，胜赖阁下就大可放心了。

胜赖：信廉阁下作我父亲大人的替身将军，我们这些人，特别是大将是早已知道的了。欺骗敌人，就得准备欺骗自己。尽管说有信廉阁下，归根结底，父亲业已不在，欺骗自己人就办不到了。

小山田：的确如此。目前，我们这边已有风言风语说，主公在野田城被火铳打死了。为了封住大家的嘴，甚至出了布告。

信廉：的确是这样。光我信廉一个人是遮盖不住的。但是，如果现在已经准备好了一位主公的替身将军，我看那就又当别论了。

胜赖:现在就有一个替身将军?

信廉:对!那是我信廉在一个偶然的机会碰到而准备好的。先请大家看看。

〔信廉站起来撩开帷幔,朝外面说了一声“进来!”

〔一个戴着护面具的武士进来,听候吩咐。

〔信廉指着自己坐的折凳:“坐这儿来!”

〔进来的那武士坐在折凳上。

信廉:拿下护面具,让大家看看面孔!

〔那武士拿下护面具。

〔人们出于本能地匍匐行礼。

〔因为那武士和信玄简直是一模一样。

〔宿将们以惊异的眼神注视着那武士。在序幕中介绍过的和信玄一模一样的那汉子,就跟信玄的举止毫无二致地坐在折凳上。

〔他的影子映在染着武田菱形家徽的帷幔上,摇摇晃晃。

34.三州街·牧场　日　外

〔村落附近的道旁,一群人围着一个木牌。

〔那木牌上写着:此人为德川之间谍。散布关于信玄公之流言蜚语,罪大恶极,因而以此处之。天正元年二月甲斐武田家监察官

〔木牌下面是一个被剥得精光之后惨遭极刑的汉子——跟在信玄的肩舆之旁的那个侍医。

〔人群中有个耍木偶戏的对他身旁的农民搭话。

耍木偶戏的:太惨啦。武田的部队,从这条道开过去了么?

农民:昨天晚上过去的。

耍木偶戏的:那么,你一定拜迎过信玄阁下了。

农民:简直是荒唐。我们只能老老实实蹲在家里打哆嗦吧。人多极啦,足足过了半天,马蹄声,铠甲声,简直就跟暴涨的河水一样,响声大极了。

耍木偶戏的:昨晚上在哪儿住的?

农民:(怀有戒心了)咱哪,什么都不知道!

〔人群中的农民各自不声不响地散开,朝村里走去。

〔留在木牌边没走的只有耍木偶戏的和卖盐的小贩。

耍木偶戏的:(小声)这个村外,靠右边的山脚下有个叫长岳寺的庙。

卖盐的:武田的中军帐昨晚上就设在那里了吧?

耍木偶戏的:我得赶快进山……

卖盐的：好！

〔两人像偶然相遇于途的路人一般，各奔前程。

35.山间伐木工人开辟的蹊径　日　外

〔耍木偶戏的把他那工具扔掉，轻装奔跑。

〔那敏捷和快速，纯粹是搞这种行当特有的、像山间野兽一般的速度。

36.长岳寺·斋房　日　外

卖盐的：不要盐么？

〔斋房里空无一人，他贼眉鼠眼地东察西看。

〔斋堂的板铺上零乱地摞着饭桌和饭碗，扔在厨房穿堂地上的装米草包、灶上零乱的家什。从这些情况看来，说明昨天晚上这个庙里曾经住过很多人。

〔卖盐的一一查看清楚之后朝里面喊。

卖盐的：哪位在呀？

〔“谁呀！”小和尚好象吃了一惊似的大声回答了一声，走出来。

小和尚：我当谁哪，卖盐的呀……盐，还有呢。

卖盐的：白跑了一趟……我在山下边的村庄里听说，武田的中军设在这里，我以为盐一定用光了，所以才跑来的。（他说着就坐在板铺上）那么，你见到信玄公了吧？

小和尚：哪里还谈到什么见到见不到，庙里的人全给赶进仓库，连冻带害怕，半夜里净发抖啦。

37.岩山　日　外

〔耍木偶戏的间谍跑上来，他俯瞰山下人声鼎沸阵阵欢呼的情况。

38.山脚　日　外

〔这岩山山脚和对面的山脚之间有一条弯弯曲曲的小河，武田的士兵在这河滩上休息。

〔信玄骑在马上，亲兵在旁打着孙武子之旗，后面是他的几员大将，沿着河滩旁边的道路悠然前进。河滩上的士兵们遥向信玄举手欢呼。

〔一部分士兵喊着什么朝信玄跟前跑去。

39.岩山　日　外

〔耍木偶戏的像条蜥蜴一样紧紧贴在岩石上，两眼眨也不眨地俯视山下。

40.山脚的道路　日　外

〔信玄的替身将军骑马悠然前进。

〔信廉紧跟在他的后面。

〔这个众所周知的信玄的替身将军信廉,此刻的作用是证明前边的信玄的替身将军是真正的信玄。

〔证明信玄健在的这一示威活动,成功地欺骗了信玄的将官们,那些将官们十分高兴,士气高涨。只是这位信玄好象还不善于骑马,他骑在马鞍上腰板还不够稳当,以致信廉时时刻刻为他提心吊胆。

41.岩山　日　外

〔那耍木偶戏的间谍紧紧趴在岩石上,瞪大眼睛看着山下这副光景。他想爬回来,忽然发现自己身旁也有一条汉子趴在岩石上,使他大吃一惊。

〔那汉子一副托钵僧的装束,但满脸杀气,瞪着那间谍。

托钵僧:你是德川那边儿的吧?

耍木偶戏的:(点点头)

托钵僧:我是织田那边的……实在摸不着头脑儿……我想那抬严加警卫急急朝北攒行的肩舆里一定就是信玄,所以紧盯着不放,一直跟到这里……那肩舆有侍医跟随,那就说明信玄一定被火铳打伤啦……(俯瞰山下)可是,你看……

耍木偶戏的:肩舆里的也许根本不是信玄呢。

托钵僧:你看见牧马场处死刑的那家伙了么?

耍木偶戏的:嗯。

托钵僧:他就是跟随肩舆的医生啊。

耍木偶戏的:?

托钵僧:你说奇怪不奇怪?为什么非要把医生杀了不可呢?

〔两人面面相觑,然后望着山下的峡谷。

42.山脚的道路　日　外

〔信玄和他的亲信将领在骑马前进。

〔前面的部队停下,跪在路旁。

〔信廉催马靠近信玄的替身将军近旁,小声跟他说话。

信廉:不要低头还礼,只举举马鞭就行。

〔替身将军遵命照办

【实验与练习】

◆目标：学习做文学剧本。

◆操作："以码头迎客"为内容，做一个或几个场景的戏，要注意格式。最后评价。

三、分镜头剧本

分镜头剧本，指导演根据主题、理念、风格、投资情况及其他摄制需要，将编剧所做的文学性剧本改为分镜头的文案形式，并用于导演的现场调度与整个摄制工作的统筹安排。分镜头剧本是导演的施工蓝图，也是制订预算、摄制日程的依据。

文学剧本与分镜头剧本是相互关联的，前者是后者改编的依据。分镜头剧本虽由文学剧本改编而来，但导演根据需要，可做部分内容的修正。两者的区别也是很明显的，文学剧本由编剧完成，而分镜头剧本则由导演完成；很多文学剧本具有案头阅读的价值，而分镜头剧本则是导演的工作台本，对于普通读者来说，完全失去了阅读的意义与价值。

分镜头剧本一般有两种形式：

一是普通的分行形式。

跟写文学剧本相似，一行一行地排行下来。

比如：

镜头1：摇摄远景，表现群山起伏的莽苍感。

镜头2：固定全景，树丛中的布依山寨。

镜头3：特写喜字对联。

镜头4：近处仰拍新娘从窗口逃出。

……

分行式分镜头案例[①]：

9▲纠察使署堂前

1★跪伏着的卖柴的（全景）

卖柴的：唉唉唉，确实是的。头一个看见尸首的，确实就是小人。唉？问我看没看见长刀什么的？这，可没有，什么也没有看到。树枝上挂着一顶仕女笠，杉树脚下有轱辘断

① 日本著名导演黑泽明《罗生门》的一段分镜头本。

绳，还有……尸体近旁有一只梳子。遗落在那地方的东西的确只有这么一点。（划）

2★端然跪坐陈述的行脚僧（全景）

后景是跪坐着的卖柴的。

行脚僧：是的，那死主，贫僧的确在路上见过。唉，……三天前的过午时分，地段是贫僧从关山去山科的路上。

10▲驿道

1★行脚僧（全景→近景→特写）→武弘和马上的真砂（全景→远景）

炎天下的大道，白亮得耀人眼。

行脚僧风尘仆仆地走着。

摄影机跟着行脚僧，然后向右摇，把行脚僧从全景拍成近景、再拍成特写之后停下。

行脚僧靠边让开路心。

武弘牵着妻室真砂乘坐的桃花马，朝他面前走来。

马上，真砂戴的仕女笠下的挡脸帔子直摇晃。

行脚僧画外音：女的垂着遮脸帔子，看不见她是怎么个相貌；男的么，……是的，……不但带着长刀，还带有弓箭。

左手拿着一张裹有皮革的长弓，背上背着一口黑漆箭壶，壶中插有鹰羽大箭的武弘，脸上透着幸福的微笑，打行脚僧面前走过。摄影机跟着武弘，然后向左摇，把武弘和坐在马上的真砂从全景拍成远景。

11▲纠察使署堂前

1★仍在跪坐陈述的行脚僧（近景）

行脚僧：……那么个好汉子，竟遭到这样的结果，真是做梦也梦不到的事。的确是人世无常，性命什么，只不过像朝露一般。唉呀，煞是可怜了。

说完，合十。（划）

2★反绑双臂的多襄丸和拽着法绳的捕快（全景）

后景是跪坐着的卖柴的和行脚僧。

捕快不时地偷眼瞅着多襄丸的脸，用报功的口气说：这……这就是小的擒拿回来的多襄丸。

3★多襄丸（特写）

多襄丸咧着嘴，阴沉沉的两眼，仰望着天空。

捕快画外音："他就是京里京外的那个……"

4★夏天的云(大远景)

天上是白亮得令人觉得眼睛刺痛的云头。

捕快画外音:……著名大盗多襄丸。

5★捕快和多襄丸(全景)

捕快(特写)

捕快继续说下去:上一回没能逮住他,那时候他身上穿的也是这件蓝褂子,挎着一柄砸花的长刀。

摄影机推向捕快:是的……是大前天约摸初更时分,在桂河河滩上……

12▲河滩上

1★捕快(全景→近景→远景)

捕快在河滩上挥着鞭子走来。

他突然停下来,向前方了望,然后跑过去。

河滩上躺着个人,捕快跑到他跟前,大吃一惊,竟跌到河里。

2★河滩上(全景)

痛苦得歪着嘴脸的多襄丸,零乱地丢在那里的箭。

马的长嘶。

捕快画外音:黑漆箭壶,鹰羽大箭十七枝,还有桃花马。

二是表格形式。

下面是内容完全齐全的表格形式,并非每个场景的镜头都要在表格中体现,按实际需要,该填的填,不需要填的就空在那里。

分镜头剧本的表格形式:

场景	镜号	机号	景别	摄法	组接	时长	内容	解说	OS	台词	音响	音乐	备注

场景:指事件发生或人物活动的地点,一般还要标明时间与天气,如:河边,晚,雨;或者:酒吧内临街窗口,午,晴。

镜号:指镜头顺序,方便后期找寻镜头。

机号:如果有几台机器同时拍摄,那么,就要标明机号。如果单机拍摄,无需标机号。

景别:指镜头采用的景别,标明远、全、中、近、特写等景别。如果有镜头内部的景别变化，也要标明，如从全—近。

摄法：指拍摄技法、方式。如拍摄一幢大楼，可以说明，先从大楼名字的特写拉开，再上摇至顶，最后形成一个仰望的镜头。

组接：指该镜头与前后镜头如何组接，这些组接一般包括切、划、淡出、淡入、叠画等方式。比如一个段落的起始镜头，可以标明为淡入，切入至下一个镜头，或叠画至下一个镜头。

时长：有两种标法，一是标明镜头的实际时间长度，比如开篇的远景，可以标明：10s；二是标明镜头的起始长度，如开篇镜头也可以标明：0—10s，第二个镜头可以标明：10s—14s。

内容：指拍摄的主体对象。比如：带柳树前景的小河河面与对岸的小学校。

解说：又叫画外音，英文voice over，简写为VO，说话者不在场景之中。解说指编剧或导演加诸画面上的叙述语。配音后即是画外音。有时，使用第三人称的画外音，也称之为旁白。

脱画音：英文是off-screen voice，简写为OS，指人物在场景内，但画面里看不到他，只能听其音。比如，火车站的广播找人，可以听到播音员的声音，看不到播音员本人。其人在场景之中，这一点与其人不在场景中的VO相区别。

台词：标明人物的对白或独白。两个或三个以上人物的对话，称为对白。一个人自言自语称为独白。

音响：标明环境声。

音乐：标明所配的音乐。

备注：即编导需要特别注重的其他任何事件。

以上表格内容，在实践运用中并不需要完全体现，而是根据实际需要而定。

案例：

镜号	景别	摄法	时间	内容	声音
25	大全景到近景	摇镜头	111秒	音乐停，大号手吹响了号子（主要拍几个奏乐的）	转折，音乐起，大号响，乐队齐鸣。
26	大全景	摇镜头	76秒	颠轿子，唱山歌	音乐节奏明快，抑扬顿挫，幽默风趣，铿锵有力
27	特写	固定镜头	19秒	奶奶被颠得难受	音乐喜悦

续表

镜号	景别	摄法	时间	内容	声音
28	大全景	固定镜头	106秒	唱山歌	节奏明快
29	近景	摇镜头	21秒	乐手们兴高采烈地敲打着	
30	近景	晃	57秒	轿夫们得意洋洋地唱着	
31	近景	上下晃动	90秒	奶奶被颠得难受	尽管奶奶在轿子里颠得难受，外面依然是欢歌跳舞，乐队一直是忙得不亦乐乎
32	中景	摇镜头	81秒	乐队和轿夫们得意洋洋，完全不顾奶奶的感受	
33	中景	摇镜头	14秒	乐手坏笑着，知道奶奶在轿子里不好受。（不过这已经形成了当地的风俗）	
34	特写	固定镜头	75秒	欢快的舞步，闹得尘土飞扬	
35	近景	固定镜头	34秒	奶奶哭了	
36	特写主观镜头	固定	22秒	奶奶用脚踩了把剪刀，然后拿着揣了起来	
37	近景	升镜头	40秒	把剪刀当成自己的自卫武器，紧紧地放在胸口	爷爷吆喝继续颠，伙计们应着

【本节要点】

◆电视剧的剧本通常有三大类：一是文学剧本，由编剧操刀完成；二是分镜头剧本，由导演或副导演操刀完成；三是完成台本，由导演安排的工作人员完成。

◆文学剧本指编剧在创作电影、电视剧、情景剧、电视栏目剧、电视广告、各类新媒体剧以及纪实作品中的“情景再现”等内容时所做的文学性文案，一般应包括场景、人物、情节、台词及表演提示等内容。

◆文学剧本是以场景为基本单元。文学剧本的每个场景都要标注场景序号、地点、时间、室内或室外、天气等，有些剧本还标示场景出现的主要人物。

◆文学剧本中的一个经典场景，一般包括场景描述、人物外形、穿着及表情，人物的行动表现及情节发展、对白等。文学剧本的场景，还可以包括独白、旁白、字幕、镜头提示、表演提示等内容。

◆编写文学剧本时，内容要尽可能表现出戏剧性、动作感、镜头感。编剧不要使用小说式的感觉性、心理性的语言来写作剧本。

◆分镜头剧本，指导演根据主题、理念、风格、投资情况及其他摄制需要，将编剧所做的文学性剧本改为分镜头的文案形式，并用于导演的现场调度与整个摄制工作的统筹安排。分镜头剧本是导演的施工蓝图，也是制订预算、摄制日程的依据。

◆文学剧本由编剧完成，而分镜头剧本则由导演完成；很多文学剧本具有案头阅读的价值，而分镜头剧本则是导演的工作台本，对于普通读者来说，完全失去了阅读的意义与价值。

◆分镜头剧本一般有两种形式：一是普通的分行形式，二是表格形式。分镜头剧本需要对场景、镜号、机号、景别、摄法、组接、时长、内容、解说、脱画音、台词、音响、音乐等项目进行说明，其他内容可在备注中来提示。

◆解说，又叫画外音，英文是voice over，简写为VO，说话者不在场景之中。解说指编剧或导演加诸画面上的叙述语。配音后即是画外音。

◆脱画音：英文是off-screen voice，简写为OS，指人物在场景内，但画面里看不到他，只能听其音。

【实验与练习】

◆目标：学习做分镜头本。

◆操作：观看电视剧的几个场景，做一个表格式的分镜头本。

第四节　解说词写作

【阅读导引】

◆解说的功能有哪些?

◆“看图说话”、“声画两张皮”、“声画矛盾”分别是指什么问题?

◆解说词写作有哪些路径?

◆解说词写作有哪些技法?

解说词是文案中用得非常频繁的构件。解说词通过配音后,就转化为电视节目中的解说,有时也称作画外音。做文案时,如何做好解说词是编导必须练习的一项技能。

根据影像叙事的功能、解说的使用程度与作用可以将电视节目分为两大类型:

一是强解说型节目。有些节目类型,需要大量的解说词来传达信息,离开解说词,将会变得不知所云。比如,消息类节目、新闻专题片、文献纪录片等,就是强解说型的节目,它们不能像电视剧、娱乐节目那样可以独立联结成有逻辑性的影像叙事系统,只能借助画外音共同建构叙事系统,达到全面信息的传播。

二是弱解说型节目。这种节目类型,主要通过影像叙事来传播信息,较少使用或不使用解说词。比如,电视剧、娱乐节目,还有一些强纪实性的纪录片,就是这种弱解说型节目。这是为什么呢?影像(包括影像所附着的声音)能够连贯叙事,形成完整性的逻辑叙事,也就是说,这些节目类型,完全可以不依赖画外音的帮助,利用信息功能齐全的影像系统就可以达到完整传播的目的。

弱解说型影像叙事型节目,如电视剧、娱乐节目,有时也会使用解说,除了起到一般的解说功能之外,有时还具有特殊的叙事修辞作用。比如,电视剧《大明宫词》以老年太平公主回忆的画外音贯穿了整个作品,是第一人称的解说方式,在整个作品中不仅具有结构性的作用,还建构了一个老年太平公主的叙述者形象。

一、解说的功能

在电视节目的叙事系统中,解说的功能是复杂的,一般有以下几种情况:

1.叙事提示

针对画面或声音中的相关内容与信息,解说词对诸如说话的主体、事件发生的时间、地点甚至特定的叙事内容等进行叙事提示，让受众得到比较完整的叙事信息。

比如：

解说一："对于这个问题，许多人都是随大流，而赵小明回答却有些出人意料（接赵小明的同期声）……"

解说二："这是发生在1937年卢沟桥事件之前的一件事。"

解说三："如今这儿已经是一片荒凉的不毛之地，但在几十前的枫树坝是一个极为热闹的集市。"

解说四："他站在那里，不仅是为了讨还他的损失，更是为了赢得属于他作为一个人的尊严。"

解说一是提示说话主体，解说二是提示事件发生的时间，解说三是提示事件发生的地点，解说四是提示特殊意义的事情。

2.内容解释

解说词对画面或声音所传达的内容或信息进行解释、说明，让受众听得或看得更加明白清楚。

比如：

解说一："乍一听，我们无论如何不能明白这位老人所说的意思，但是仔仔细细辨别其中的涵义，不外乎有两点，一点是……"

解说二："这是一张年代久远的画，画上的人物形象已经漫灭，但影影绰绰地只能看到其中的轮廓，其余的部分，我们依稀还可以看到树木、山石……"

解说一是对声音内容的解释，解说二是对画面内容的解释。

3.信息补足

在电视节目中，画面、言语同期声、音乐、音响等所包含的信息不足以构成完整的叙事体系，也就是说，由它们所共同构成的信息系统具有缺陷性，只有通过解说才能将其补足。

比如，电视节目要说到某个人物挑着货物出门去赶集，电视画面中只有几个镜头：人物挑货出门、路上行走、街上摆摊。那么，解说是这样的："没有吃饭，带了点干粮，封老头一清早就挑着连夜准备好的货物出门，他只是闷头走着，偶尔有熟人打招呼，他只是瓮声瓮气地答应一句，并不抬头。在集上摆开摊的时候，突然看见一个人，他的心更是一紧……"

这段解说加入大量的信息，与画面共同建构了一个完整的叙事系统。

4.信息浓缩

当信息变得海量与繁杂的时候，解说可以根据节目的需要，将其浓缩或精简成恰当的规模与形式。比如，CCTV《新闻联播》要报道一个重要会议，信息量很大，但时长只有20秒，显然依靠画面、言语同期声等构件难以达到传播要求，通过解说进行浓缩处理之后就可以在规定的时长里实现传播目的。

至于那些上下几千年、纵横几万里的信息内容，只有通过解说的信息浓缩功能，才能使其成为电视节目的有机内容部分。

5.信息定型与强化

影像画面具有意义的发散性、不确定性，那么解说可将其意义进行固定。解说可以规定画面的语境，从而使画面信息定型。比如，一个画面的场景内容是水面上一群人在捕鱼，然而，这个画面的语境意义却可以是多元的，甚至是截然相反的。可以说这群人辛苦劳动，养鱼致富；也可以说这伙人盗窃他人辛苦劳动的成果，他们就是一帮偷鱼贼；可以说渔民丰产增收，但也可以说由于过量养鱼，导致水质污染。因此，解说可以告诉受众这个场景是哪个意思。

一个电视画面总是包含着各种各样的不同指向的信息，解说就是提醒受众关注某一项或几项信息，并对这些信息进行强调，使受众的印象更加深刻。比如，一组侗家山寨的早间画面段落，可能会给予受众无数的意义指向。可以这样解说："这个有着八百年历史的山寨，其早间的雾是出了名的，要到太阳出来三杆高的时候，才会慢慢散去。"

这里的解说没有指向画面上其他的信息，仅强调了雾一项信息。事实上，有时针对某项信息的强化，也会对其进行信息补足，这里的信息补足包括山寨八百年的历史、什么时候才雾散等。

6.意义引申与联想

从某一个电视场景本身的信息而引申出新的比喻、联想、想象等意义。比如，画面就是有人在海边看到一轮红日在海面上升起。解说可以是这样的："对他来说，这轮红日与其说在海面上升起，不如说是在他心里头冉冉升起。此时，他的心里头已是彩霞满天，暖暖的，亮亮的，通红的一片，一个灿烂的明天就在眼前。"

这里由人物观看海上日出而生发起人物的心灵感受与想象。这是画面上没有的，是一种意义的延伸或者联想。

7.心理的揭示

通过解说提示人物的心理世界，反映人物的内心活动。

比如：

解说一："他表面上看起来一点事也没有发生，显得异常的平静，其实，他内心早已经翻江倒海，那件事一直都搁在那儿。……"

解说二："他坐在自家的屋前，心想：'我要是不回来该多好！我不回来，就不会遇着她，不遇着她，我也不会娶她，不娶她，也就不会害她有今天！'他叹了口气，又闷闷地抽起烟来。"

解说一描述了人物的心理状态，解说二直接揭示了人物的心理活动。

8.情感的强化

通过解说进行气氛、情绪的渲染或者情感的表达。

比如，电视片《话说长江》中有一段解说："多少年过去了，岷江一直不知疲倦地流着、流着……她既不因寒暑的交替而枯竭，也不因长久地奔腾而停滞；她用自己的乳汁浇灌着万千顷肥沃的土地，陶冶着川西儿女纯朴而又坚强的性格。流进我心里的是摇篮曲，在耳边回响着母亲的述说。……"

这是一段抒情色彩很强的解说词，是特定情感的体现与抒发。

9.结构关联

通过解说引起话题、叙事过渡、叙事串联或者总结话题等，分别用于事件的开头、发生、发展、高潮以及结束部分，具有相应的结构关联作用。

比如：

解说一："朋友们，你们知道这些植物都来自哪里么？在新的环境里，它们的花朵是否还能够美丽怒放呢？"

解说二："经过这一段时间的磨炼之后，他深深地懂得生活原本就不是这么简单，接下的一件事，更是让他明白另一个人生的真谛。"

解说三："请观众朋友记住他们，记住这群再普通不过的凡人，记住这些伟大的凡人！"

解说一是通过设问式的解说，引起话题；解说二是承上启下的叙事过渡；解说三是段落归结。

10.叙述分割功能

在结构功能中，还有一种常见的情形，就是运用解说将长时间的采访同期声分割成一小段一小段，以免受众看得枯燥。比如，湖南卫视2007年9月13日的《晚间新闻》主要以马德钟的采访信息为主体内容，自然不能让马德钟一直喋喋不休地说个不停，便不断以解说将采访同期声隔断，这样，受众可以听一会对马德钟的采访，又听一段解说，相互交替，可以调节受众的视听神经，而不至于疲乏。

除了上述功能，解说还有其他诸如风格定位之类的功能。在具体作品中，一段解说很可能承担两项或两项以上的功能，形成复合性的叙事效果。比如，在一个纪录片的开头有一段这样的解说："这是一个处在半山腰上的人家，这户人家的男主人也说不清自己的祖上是什么时候搬到这里来的，据说祖上之所以选择这里定居，就是看中了这一口好井水的缘故……" 这段解说有叙事提示、信息补足的功能，也有结构关联的作用，是混融性的功能表现。

【实验与练习】

◆目标：了解解说的功能。

◆操作：选择一两部优秀的专题片或纪录片，仔细观看，分析解说的类型及其功能。

二、解说与影像符号的叙事共构

影像符号包括画面、同期声、音乐、音响等，那么解说分别与它们存在着什么样的关系呢？解说作为声音符号的一种体现，与其他影像符号共同建构电视节目的叙事系统。

1.解说与画面的关系

解说与画面是一种互为依赖、互为表里的关系。每一段解说总要附着相应的画面，即便解说有时出现在黑幕之中，黑幕也是一种特殊的画面。

解说与画面之间的关系是复杂的、多元的。解说对其附着画面具有信息提示、信息解释、补足、信息浓缩、信息定型与强化、意义引申与联想、心理揭示、情感强化、结构关联等功能。对于解说来说，画面就是这些解说功能发挥的依据，画面成为解说的影像依据，画面成为解说的缘起，画面为解说内容提供眼见为实的信息保证，等等。

解说与画面的正确关系，在于信息关联而不是完全叠合。解说与画面的关系应该是解说与画面有一定的信息重合，但解说必须有新的信息产生。图示如下：

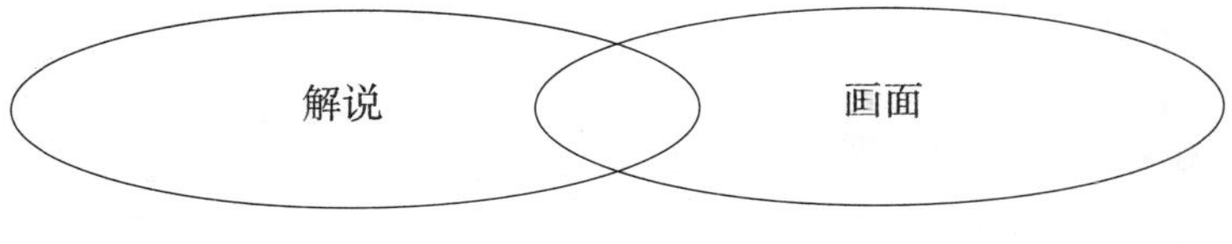

解说与画面的关系要避免出现以下几种情况：

一是“看图说话”。

初学者很容易犯此毛病。这种问题在于解说与画面的信息内容过于重叠，解说完全是画面内容的陈述，变成通常所说的“看图说话”，即：解说信息≤画面信息。

一个解说只是对画面内容的声音陈述，显然这样的解说是多余的。

二是“声画两张皮”。

这种问题在于解说与画面的信息内容完全没有重叠的地方，解说完全没有响应画面内容，或者画面内容丝毫不关联解说信息，导致解说与画面各说一气，形同两张皮。图示如下：

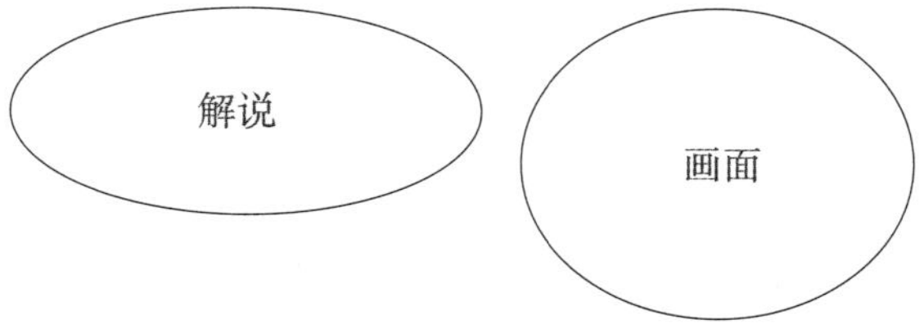

“声画两张皮”，解说与画面信息内容不相干，容易使人糊涂，甚至发生误会。比如，解说说到歹徒如何狡猾，迷惑了当事人而导致犯罪行为的成功实施，但画面全是公安人员的行动场面。这里的“声画两张皮”不仅声画不贴，甚至会带来意义误读。

三是“声画矛盾”。

解说与画面的信息内容互相抵触，相互矛盾。比如，有这样一段解说是讲灾难发生后，全村的人陷入悲痛之中。然而画面中的人物不见丝毫痛苦表情，反而有许多孩子的嬉戏场景。

显然，这样的声画矛盾，使得受众就会质疑解说的真实性。有时声画矛盾是编导有意为之，体现特定的修辞意义。比如，在一则关于整顿会风的新闻报道中，解说是上级如何要求大家开短会，开有内容的会，结果画面却是官员们非常懒散、瞌睡的场景。显然，这样的声画关系带来强烈的反讽意味。

2.解说与言语同期声的关系

解说与言语同期声可以形成如下关系类型：

一是叙事提示。

解说是对言语同期声引用的提示。

比如：

解说一：“让我们来听听邻居们是怎么说的。”

解说二：“这一切，杜小二看在眼里急在心里。”

解说一之后，接邻居们采访时的言语同期声；解说二之后，则接杜小二的同期声，两个解说都是对后续采访的叙事提示。

二是过渡与串联。

解说在不同类型的言语同期声之间，或者是言语同期声与其他类型的叙事段落之间形成过渡与串联。

比如，前面是采访邻居们的言语同期声，现在要转到他的同事，中间需要一段解说来过渡："尽管他留给邻居们的印象不好，但他在同事中的口碑并不太坏。"此后，则接同事们的采访同期声。

三是叙事共构。

在很多情形之下，解说的信息与言语同期声联结在一起，叙述同一人物或事件，形成共同的叙事段落。有时避免人物的同期声过于冗长，就用解说复述其中的内容，再接续人物的同期声。

比如：

解说："他们没有遇到敌人，但遇到了比敌人更可怕的事情，那就是需要穿行一片瘴气弥漫的原始雨林。在原始雨林里行军，最危险的事情就是生病与迷路。当这支部队走进这一片无人区时，恰逢雨季的来临，森林变得更加的险恶。"

解说之后就接被采访者的同期声，叙述他们当年在无人区的遭遇。在叙事共构的情形下，常常是一段解说，一段同期声，解说与言语同期声形成叙事联结。

3.解说与音乐、音响的关系

解说与音乐、音响的关系基本上有以下几种情形：

一是音乐、音响作为解说的对象或者与之相关的其他内容。

比如：

解说一："这一段音乐我们是耳熟能详，然而，谁又知道它的历史出处吗？"

解说二："伴随这一声巨响，他的心似乎变得愈发的恐慌。"

解说一开始之前就开始了一段音乐，这里解说的对象就是音乐，接下来说明音乐的历史出处。解说二开始之前有声巨响，解说是说明巨响给予当事人的心理影响。

二是音乐、音响作为解说的背景声。

音乐、音响作为附着于画面的环境声，可以丰富电视节目的传播元素，增加了解说的背景信息。

三是人工拟配的音乐作为解说的气氛、情绪、情感及主题的深化。

为解说所拟配的音乐,应该说具有强烈的主观目的。一般来说,人工拟配的音乐不是单纯服务于解说的,而是服务于解说与画面的共同体,也就是说,解说、画面(包括画面内音乐、音响)共同构建叙事段落。即便这样,人工拟配的音乐,可以强化解说的叙事,更可以使抒情类解说的情绪、情感得到更强有力的渲染。有时,解说中的音乐、音响则是一种主题的体现与深化。

【实验与练习】

◆目标:掌握解说与画面、言语同期声、音乐、音响的关系。

◆操作:选择一部比较平庸的专题作品或者是练习者拍摄的片子,分析其解说与画面、言语同期声、音乐、音响的各种关系,并评价其关系处置是否得当。

三、解说词的写作

电视节目的解说形成之前,必做文字方案,即写作解说词,再通过配音转换成解说。解说词的写作是一个人理解力、判断力、写作力以及生活阅历的体现,是电视编导一项重要技能。

1.解说词的写作路径

在多年的电视实践中,解说词写作大体遵循三条路径:

一是作家路径的解说词写作技法。

这种路径,源于早期电视实践,节目组聘请不熟悉电视规则的作家或写作能力强的人先做文字方案,再由电视导演将方案转化成具体操作方案,然后采访、拍摄,最后做出成片。解说词的写作,一般在作家或写手最初的文字方案中就基本定型,电视编剧在后续的操作中,根据实际情形做局部的调整或者微调,甚至原封不动。

一些电视节目,如文献纪录片、政治宣传片、电视散文等,其内容相对复杂、深奥,那么前期的内容研究与文字方案异常重要,这样可以避免拍摄的盲目性,节省时间与经济成本。一般说来,一些政治性强的节目,还要进行多层次的文字方案审查。

作家路径的解说词,大多重文采,书面色彩浓厚,艺术性较强。

二是编导路径的写作技法。

编导路径的解说词写作技法,是先做采摄方案,然后根据方案采访、拍摄,包括演播室的录制,再根据前期采摄与演播室录制做详细的方案,包括解说词的写作,最后完成整个作品。与作家路径不同的是，一开始的做方案只是采援方案，并非作品成案，大多数情形下，并不包括解说词。

一些新闻专题片、社教类专题片与纪录片采用这种路径，便于在采访、拍摄流程中获取大量的新鲜信息，并将它们放入后来的文稿中并最终形成作品。在这个路径中，编导的主观能动性比较强。

三是新闻记者路径的写作技法。

新闻记者往往面对最新的新闻事件，根本不做初案，或者只是做一个简单的初案提纲，有时仅仅是腹案。进入现场后，灵活机动地进行采访与拍摄，回来后再根据采摄写稿，包括解说词，最后进行画面编辑与节目包装。

新闻消息的采访与报道就是采用这种路径，是为了消息采访与报道的快速性、灵活性。

2.解说词写作的风格化

解说词写作，要根据节目主旨、目标受众、题材类型以及编导个性等，表现出相应的叙事风格。

解说词写作并不是孤立的，相反，解说词必须服从叙事主题，呈现出相应的风格。一个严肃的专题节目，解说词绝对不能写得诙谐搞笑；一个娱乐资讯的节目，解说词写得跟时政新闻一样，恐怕要出问题。因此，解说词的写作，必须注意相应的语言风格。

如何确立一个影视作品或一段解说词的风格呢？

一是区分解说词的文类差异。文类不同，解说词风格显然就会不同。新闻消息、专题片、娱乐节目、电视剧等不同文类的解说词写作风格是不同的。即便是同一种文类，还可以细分出许多小文类，风格仍有差异。同属新闻消息的时政新闻与民生新闻，其解说词亦有天壤之别。

二是确立解说词的描述性、抒情性或者议论性。写作时，我们要明确解说词是哪一种属性，或者该段解说词需要融合哪两种以上的属性。

三是明确解说词的情感表达方式与程度。解说词的情感表达，可分为无情感、隐匿情感、低调的情感、高亢的情感。

四是确立解说词是口语化的还是书面化的。

五是确立解说词叙事风格。解说词的叙事风格可包括严谨的、朴素的、幽默诙谐的，甚至搞笑的等。

解说词的风格化不能脱离整个节目的语境，更不能脱离前后叙事的意义语境，即解说词的语境化。否则，让人产生突兀之感。解说词写作具有一定程度的个人创作色彩，其风格化也表现编导的个性化。

3.解说词的写作技法

解说词的写作技法有很多,这里介绍实践中几种比较常见的类型。

i)解说词的顶针连接

解说词与人物同期声的头尾相接,即一段解说结束后,接下来的人物同期声紧接解说的最后词句而展开;或者是人物同期声结束后,解说词紧接同期声最后的词句而展开。

例一:

解说:好久没有回故乡了,这里有他曾经是那样熟悉的人情风物。踏进院子,他第一眼就看到那棵凤尾蕉……

人物同期声(朱小明):凤尾蕉正开着花呢,红艳艳的一片,仿佛灿灿火光的那种,当时心里就是……

例二:

人物同期声(当事人一):没有的事,我们不可能做这样的事,你看看,这里的一切都完好无缺,一点都没有动过。

解说:是啊,一点都没有动过,我们初看时,也是非常疑惑,既然一点都没有动过,那么里面的物品是怎么不翼而飞的呢?这些人又是做了什么样的手脚,使得这一切遮掩得如此之好,一般人都无法窥探其中的奥秘呢?

人物同期声(侦查者):一切的奥秘在于他们并非破门而入,而是从外面打地道,从储藏柜的底部进入……

顶针式解说,使得解说与人物同期声关联得异常紧密,给人一种纹丝合缝的叙事感觉。当然,一部作品中,不能频繁运用这种顶针式写作技巧,那样容易给人以一种做作之感。

ii)解说词的提示

解说自画面开启,那么先提示或提醒受众注意画面的内容,然后,再转到需要解说的信息。

画面提示或提醒,有多种形式:

一是直接提示。

比如:

解说:“当你仔细观察画面时,将会有一个惊喜的发现,那就是湖中心有一个黑点,当我们的镜头拉近的时候,黑点的轮廓显现出来,仿佛是一条大鱼的外形……”

解说："从我们暗拍的画面中，不难看到……"

二是间接提示。

比如：

解说："面对我们的采访，他在镜头前面不免显得羞涩，然而，他在舞台上却完全是另外一种状况，全然的洒脱，忘乎所以地表演，全部身心融入了自己的世界……"

三是指代提示。

比如：

解说："这种树叫做桉树，由于从土壤中吸收水分的能力特别强，人们形象地称之为'抽水机'……"

四是人称提示。

人称提示可分为第一人称提示、第二人称提示与第三人称提示。

第一人称提示的解说词中的"我"或"我们"，可以是实指的"我"与"我们"，也可以是虚指的、泛指的。

比如：

解说一："这就是我当时所住的地方，如今已经面目全非……"

解说二："事情很快过去，我们希望看到这种的结果并不如期而至，只是再后来传来的一个消息让我们惊诧不已……"

解说一中的"我"是实指，解说二中的"我们"可能是实指，也可能是虚指，要看前后语境而定。

第二人称提示中的"你""您""你们"，显然是一种虚指，是虚指电视机前看电视的受众。有时，在第二人称提示前，还会加上"电视机前的观众朋友"的呼唤语。第二人称提示式解说词拉近了解说与受众的心理距离。

比如：

解说："你看到的这种情景……"

解说："电视机前的观众朋友，你们也许不太明白他为什么要这样做，更不知道他这样做有什么样的后果……"

第三人称提示式解说运用比较多，可包括以下情形：

一是前面已经对人物信息进行一些直接传达，为避免重复，后面即以第三人称进行指代、提示。

比如，电视节目前面已经介绍了这个人物是一个云游僧人，叫智通和尚，并说了他的一些事迹，接着可用第三人称来介绍人物："他就是这样游历了很多，最后回到最初出家的地方……"

二是以画面呈现人物的信息，常常以第三人称的方式与指示代词"这人""这些人""那些人"，或者与"画中我们所看到的这些人"之类的话语相互结合，共同指称、提示。

比如，CCTV纪录片《再说长江19》之《水映三千峰》中，先是画面呈现出一群挑山工，再接着解说："山中这一群人，与张家界有着最紧密的联系，他们都姓张，就住在大山脚下，相传很久很久以前，张家界叫青岩山……"

这里先以"山中这一群人"指称画面中出现的挑山工，再用"他们"来指代。

三是画面出来一个人物，首先并不介绍人物身份，而是用第三人称解说具体有些什么作为，最后才告知人物的身份。比如，CCTV纪录片《再说长江19》之《水映三千峰》中有一段这样的解说："他的名气早已传到张家界以外，他画的画不是油画，也不是国画，而是取自于张家界山里的石头，石头研磨成的各色粉末，绘制成独具一格的砂岩石画……"此后才介绍名字、身份等。

这里需要注意的是，用指代代词或人称进行多次指代之后，根据实际情形，需要回复到实际的名称。

iii）解说词的引用与转述

通过引用或转述他人所说的话，或者题字，或者著作内容等，使之变成解说内容。引用式解说，即直接陈述他人的话语、题字、著作内容，原话是怎么就怎么的，不改变人称或说法；转述式解说，就是引用他人的话时，改变人称、说法，但意思不能变。

比如：

解说一："八十年代初，吴冠中先生来湘西写生，眼前的一切，使这位游历过祖国名山大川的丹青妙手异常兴奋，随手写下《养在深闺人未识》的游记，游记中说，峰峦陡起，绿树叠翠，疑是到了桃花源洞口，我被引进了奇异幽深的世界。此言一出，前来探幽、寻

美的人与日俱增，从此张家界名扬海外……”（CCTV纪录片《再说长江19》之《水映三千峰》）

解说二：“杜小朋很仔细地听老农说自己的身世，老农说自己年轻时其实住在城里，那一年躲日本来的乡下，后来一家子就扎在我们从面前看到的这个地方了……”

解说一直接引用了吴冠中先生游记中的一段话作为解说的内容，直接引用可以大大增强说服力、实证性。解说二则转述老农的陈述，显然改变了人称，也对其中的内容进行了调整。

iv）解说词的时态

电视作品呈现出的时态有现在时态、过去时态、未来时态。解说词同样也有这种时态。就局部语境来说，过去时态、未来时态的解说词可以单独存在；就整体语境来说，过去时态、未来时态需要立足于现在时态，即从当下去说过去或者未来。

比如：

解说一：“这是多年前的事了，好多具体的细节，他有些记不清了，但是那只葫芦还一直伴随在他身边……”

解说二：“七十年前的雪峰山地区，完全是一片原始森林，人烟稀少，住在深山里的有几个少数民族的部落，他们日出而作，日入而息……”

解说三：“他会买一辆属于自己的皮卡，租一个小小的临街铺面，摆上各种各样的山货，让小琳子守着店子卖东西，自己可以拉货、联系业务，想到这里，他嘴角不由泛出了笑意……”

解说一以现在时态关联过去时态；解说二说的过去时态的内容，却以“七十年前”关联当下的说话语境；解说三则是站在现在时态的角度想象未来的情景，是一种心理活动的呈现。

v）解说词的特殊形态

一般情形下，编导将解说词转化为画外音，然而，有时，为了叙事与艺术表现的需要，有可能将解说信息转化为其他形态。

一是歌声式解说。

以歌声歌词介绍情况、传播信息，其作用等同普通的解说。比如，CCTV纪录片《再说长江19》之《水映三千峰》的开篇就是女声山歌：“我的家乡哟，那个张家界，山山那个水水脉相连，澧水流进洞庭湖，湖水啊，波涌入长江，入长江。”

这里，通过歌声歌词将著名风景地张家界与长江的关系说明得极为清晰，让人在悦耳的歌声中知晓了其中的信息。

二是字幕式解说。

通过字幕把相关的信息传达给受众，其作用与解说相当，事实上，编导完全可以将字幕转化成解说词，然后配音成为解说。

比如，张以庆纪录片《英与白》有很多字幕式解说：

字幕一："1200万年前熊猫就存在了，是属于那种独居的动物。300万年前产生了人类，那时人们是群居的。今天熊猫依然独居，而人们……"

字幕二："白，驯养师，父亲意大利罗马人，母亲中国山东人，因此，白有一个意大利名字——德莱莎，"

字幕三："资料表明熊猫至少能发出11种不同的声音来表达情绪上的微妙转变，但是它们很少很少叫。"

字幕一用于开头，具有题记的作用，是编导对整个作品进行主题暗示。字幕二介绍了驯养师的家世身份等。字幕三传达了熊猫能以发声来表达情绪的信息。这里的三个字幕以及该片其他所有的字幕都完全可以转化为画外音。然而，编导为了整个作品的表现需要，全部以字幕的形式出现，以此表达特殊的叙事诉求。

三是零解说。

零解说，也可以说是无解说，即整个作品不用画外音来解说，完全是画面叙事。从某种意义来看，字幕式解说由于没有画外音，也可以看做是零解说。纯粹的零解说就是完全用画面、同期声等贯穿整个作品，也不使用字幕来解说，许多电视剧、纪录片就是零解说。

此外，还有一种字幕加画外音的解说，这是字幕式解说与画外音解说的结合，意在强调，加深受众印象。

【本节要点】

◆解说词是文案中用得非常频繁的构件。解说词通过配音后，就转化为电视节目中的解说，有时也称作画外音。做文案时，如何做好解说词是编导必须练习的一项技能。

◆根据影像叙事的功能、解说的使用程度与作用可以将电视节目分为强解说型节目、弱解说型节目。

◆解说的功能表现为叙事提示、内容解释、信息补足、信息浓缩、信息定型与强化、意义引申与联想、心理的揭示、情感的强化、结构关联与叙述分割等。

◆解说与画面是一种互为依赖、互为表里的关系。解说与画面的关系要避免“看图说话”、“声画两张皮”、“声画矛盾”等问题。

◆解说与言语同期声的关系有叙事提示、过渡与串联、叙事共构等。

◆解说把音乐、音响作为解说的对象或者与之相关的其他内容，也可以把音乐、音响作为解说的背景声，人工拟配的音乐常常是对解说的气氛、情绪、情感及主题的深化。

◆在多年的电视实践中，解说词写作大体遵循作家路径、编导路径与新闻记者路径。解说词写作，要根据节目主旨、目标受众、题材类型以及编导个性等，表现出相应的叙事风格。

◆解说词的写作技法有很多，文中介绍了解说词的顶针连接、解说词的提示、解说词的引用与转述以及歌声式解说、字幕式解说、零解说、字幕加画外音的解说等。

【实验与练习】

◆目标：写作解说词。

◆操作：做一个选题，经过前期的预采访，写出一个带解说词的文字初案。

第七章　采摄与制作

电视节目采摄与制作是技术含量很高的环节，涉及诸多工科性质的电视设备与设施的操作知识与技术，但这些并非该书论述范畴，本章主要针对电视编导专业领域的电视采访、电视摄像、演播室布置与设计、镜头剪辑与画面转场等四个方面进行介绍、分析与研究。

第一节 电视采访

【阅读导引】

◆什么是预采访？预采访的作用是什么？

◆采访语态有哪几种？各有什么特点？

◆什么是隐性采访？卧底式隐性采访与旁观式隐性采访分别有什么特点？

◆什么是体验式采访？什么是调查类采访？

◆电视直播采访分为哪两种情形？如何做好电视直播采访的危机预案？

无论是哪一类型节目的编导，都需要与人打交道，需要当事人的信息传播，因此，需要对当事人及其相关人物进行采访。

新闻资讯类、新闻专题类的电视节目，是以传播新闻信息为主的，采访当事人而获得的内容是最重要的信息来源。在这类节目中，编导需要承担前期的外联、预采访以及各种采访摄制流程的设计、安排及事务统筹，更重要的是作为记者进入新闻一线，采摄相关的新闻信息，而后再进入写作稿件、编辑等后期制作流程。

访谈类电视节目，是以访谈为主体手段，需要记者、编导或主持人有很强的外景采访技巧与演播室访谈能力。

娱乐类节目中的明星访谈是需要采访技巧的。有人可能认为，这些访谈可能由主持人完成，而不是编导，诚然如是，然而，设计主持人访谈议题、流程均由编导完成，那么，编导需要事先对嘉宾进行预采访。

生活服务类节目，如果是专题性节目，需要编导采访各类专家完成片子的制作；如果是演播室访谈节目，也需要编导提前做预采访，设计演播室访谈议题等。

至于虚构类节目，如电视剧、栏目剧、情景再现类节目，编剧可能采访原型人物、原生态事件或相关当事人，还有更多的情形是在生产、传播过程中与各方面的人员的交流与沟通，与采访具有本质上的相似性。

一、预采访

预采访是为正式采访拍摄或者演播室访谈进行铺垫性、工作性的采访形态。预采访的作用主要有以下几个方面：

一是通过预采访实现选题的最终确立。

选题初步确定以后，通过预采访，了解采访对象或事件的真伪、是否适合节目性质、信息大小等，最终决定选题是否实施。如果选题不真实、与节目性质不符、信息量不大，都可能导致选题的废弃。

二是通过对当事人或相关人的预采访初步掌握所采访对象的背景与信息。

虽然预采访并不像正式采访或演播室访谈时那样进行详细采访，但需要大体上了解采访对象的相关信息。一般来说，预采访可以不太详细，但预采访的范围可以比正式采访或演播室访谈更广泛。

三是通过预采访设计正式采访或演播室访谈的议题与流程。

在预采访的过程之中或之后，根据节目意图、性质及采访对象的实际情形等，设计采访对象、议题及采访摄制的流程。这些议题与流程，一般需要与采访对象进行商议，满足采访对象的知情权，取得采访对象的配合。有时，为了特殊的编导目的，会采取扣留信息的办法，隐匿某些议题或环节，并不预先告知采访对象。比如，在对明星的演播室访谈中，突然邀请一个神秘嘉宾上场，令访谈对象与观众都感到惊奇，都在想："这是怎么回事？"于是，悬念顿生。原来在预采访时，编导其实早已探知访谈对象感恩某人，苦于多年忙碌未见，于是将明星所感恩的人物设计进入访谈议题与流程，却对访谈对象保密，方才出现前面的效果。如果一切透明，其效果就会大打折扣。

四是通过预采访提升编导的控场能力。

通过预采访，了解采访对象的背景信息，也设计了正式采访的议题与流程，使得正式采访或演播室访谈时，编导对整个场面做到心中有数，能够较好地把握采访或访谈议题与进程。如果是比较复杂的正式采访或访谈，尤其是直播性质的，更需要预采访来提升编导控制现场的能力。

五是通过预采访可以节省时间与成本。

预采访可以有目的、有秩序地采访摄制商议或设计好的对象，可以避免采摄不必要的人物、过多的冗余信息，甚至重复采访，可以节省采摄时间及采摄资源，做到更有效率。

预采访广泛用于大型仪式性电视直播活动、大型演播室新闻访谈、娱乐节目的嘉宾访谈以及行程比较复杂的新闻外采活动等。

预采访的形式可以是通讯式预采访，即通过电话、电子邮件、其他新媒体的即时通讯工具，如MSN、QQ等，还可以通过社交媒体的留言、私信之类进行信息交流，实施预采访。无论是远距离还是同城，通讯式预采访可以节省时间，减少经济支出。如果条件允许的话，通过与采访对象的面对面交流而实施的预采访，更是上佳之选。

预采访的对象，可以是当事人，也可以是当事人的辅助者，如经纪人、助手、秘书、亲属、办公室人员、宣传人员或其他人员等，还可以是当事人所做事情的知情者。比如，采访一个单位的老总，可以通过老总本身来了解信息或安排采摄事宜，也可以通过其身边的人进行预采访来了解采访对象的信息，安排采摄议题与流程。

【实验与练习】

◆目标：了解如何预采访。

◆操作：为校园电视台的某档节目做一个选题，再联系当事人，先做一个预采访，分析选题的可行性，确立正式采访对象与流程，做出节目。

二、采访语态

采访时，需要对记者、编导、主持人等采访者与采访对象的对话语境、状态进行设计。实践中，电视采访语态一般包括以下几种情形：

1.静态型采访

静态型采访是采访对象以站、坐等静态方式接受记者、编导、主持人的采访。

这种采访形态，显得正式、严谨，一般比较讲究构图、背景设计等，有条件的情况下，还需要考虑用光等问题。

静态型采访被运用到各种节目类型之中。

2.动态型采访

采访对象以运动的方式专门性接受记者、编导、主持人的采访。跟随采访对象的运动，采访的记者、编导、主持人也要有相应的运动，摄像机也在运动。比如，记者、编导或主持人与采访对象向镜头走来，边走边采访，那么，摄像机就要做后移运动。

3.现场型采访

在受访对象的现场活动中，受访者一方面进行自身活动，一方面接受记者、编导的话题采访。例如，我们采访一个农技人员，可以举着话筒站立着做静态型的采访，也可以在乡间的小道边走边谈，做动态型的采访，还可以让农技人员下到田间地头，直接参与农事活动，农技人员一边干活一边接受采访。

现场型采访可以得到第一手采访资料，内容鲜活，现场感强。

4.演播室采访

采访对象在演播室里接受主持人的采访。演播室采访一般是静态型采访，或坐，或站，很少是动态型的。

新闻访谈节目、谈话类节目是以演播室采访为主体形式的节目类型。演播室采访还可以广泛用于娱乐类、真人秀类、选秀类、生活服务类等节目的人物采访。

演播室采访是一种很正式的采访，并且具有一定的仪式性质，一般需要与记者、编导事先有沟通，需要通过预采访来确立演播室采访的采访方向、话题、流程等。

【实验与练习】

◆目标：了解几种采访语态。

◆操作：观看几档消息类或专题类节目，分析其中的采访语态。

三、采访的手段与方式

常规的采访手段与方式有很多，电视编导采访活动中也都会用到。这里主要介绍几种比较特殊的采访手段与方式。

1.隐性采访

按照采访规则，采访者需要报出自己的供职单位与身份，满足采访对象的知情权。然而，有时候，出于特殊的采访目的、采访情境等需要，采访者隐匿自己作为媒体工作者的身份，这样才有可能实施采访行为，并且才有可能获取真实的素材。

隐性采访可以分为卧底式与旁观式两种情形。

所谓卧底式的隐性采访，是指采访者隐匿真实身份介入采访对象内部，参与其活动，通过观察与体验，从而得到直接的一手采访素材，真实、新鲜。比如，有记者、编导打入传销者内部，参与其活动，然后将自己的所见所闻所感报道出来，具有很强的新闻震撼性。卧底式的隐性采访，需要注意自身的介入式不能违法或犯罪，比如，为报道贩毒分子的罪恶活动而秘密打入一个贩毒集团内部，并介入他们买卖毒品的活动，这样的隐性采访已经触及法律，是不允许的。卧底式的隐性采访，一般不能在采访中促使当事人做什么或不做什么，不能改变采访对象的原初活动，否则，就会使采访活动发生偏差，或者成为“钓鱼式”采访①。

所谓旁观式的隐性采访，是指采访者并不参与到采访对象的活动中，只是以旁观者的姿态对采访对象进行观察，西方新闻界谓之为“躲在角落里的老鼠”。旁观式采访并不会干扰采访对象的活动，只是客观地观察或者感受，获取原生态的信息素材。

电视的隐性采访，需要偷拍来采集影像素材，而偷拍设施与技巧的娴熟运用在很大程度上关系到采访的成功。需要选用合适的偷拍设施，因地制宜地进行伪装，避免被采访对象发现。虽然电视播出机构对偷拍效果有一定的容忍度，但还是需要注意提高画面

① 当然，隐性采访中制止采访对象严重危害他人或社会的行为，是一种采访伦理，不能算作改变采访对象的活动。

质量与录音效果，比如，能否拍到采访对象的脸，录音是否清晰，对初次实施偷拍采摄的记者、编导或摄像师来说，需要提前做一些演习。

当然，隐性采访也带来一些争议。事实上，在后期制作中，我们要注意过滤一些不必要的个人隐私，要保护未成年人、弱势群体的利益，不能以满足公众知情权的名义伤害他们。

2.体验式采访

体验式采访，指采访者直接介入到采访对象的活动中，通过实际体验，得到第一手的信息素材。比如，记者、编导参与到第一线的农业生产之中，亲自驭牛耕地，插秧，在体验中采访当事人，还可以将当事人的活动、采访谈话与自身的体验进行对照，从而表现稼穑之苦。

记者、编导的体验式采访，是一种陌生者的闯入，带来观察的新视角，形成叙事的陌生化效果，给予观众以新的信息感受。

记者、编导的体验式采访，给予采访对象以行为、心理等方面的触动，使采访话题更活跃，扩大了信息量。

记者、编导的体验式采访，可以看做是受众的替代参与，可以带动受众的心理参与，加强受众与节目的心理趋向性，从而提高受众的观看印象。

体验式采访最需要注意的是，注意采访的最终目的是彰显采访对象的工作、生活与思想，而记者、编导的体验活动只是引子、陪衬或者铺垫。

体验式采访与卧底式的隐性采访的最大区别是，前者的身份是公开的，后者的身份是隐匿的，此外，传播目的、方式等也都不同。

3.调查类采访

调查类采访，是记者、编导深入采访的第一线，通过进行细致、周密的调查，发现并揭露被遮蔽的事情真相。美国《华盛顿邮报》两位记者卡尔·伯恩斯坦和鲍勃·伍德沃德揭露的“水门事件”就是著名的一起调查类采访。调查类采访人，在西方还被称为“扒粪者”，可见调查类采访往往是暴露丑恶、行为不端以及犯罪等社会负面现象。

调查类采访表现出如下特点：

一是运用隐性采访手段与方式。电视调查类采访还要运用偷拍偷录技术，并且需要保证相应的拍摄质量。

二是记者、编导在采访过程中运用限制视角。有时，记者、编导已经知晓或明白事件的全部真相，但不能像平常采访那样以上帝视角俯瞰整个事情，而是以记者、编导所见所闻的限制视角来推进实现采访行程。

三是记者、编导在调查采访中要注意缜密的推导过程。如果没有合理的、合乎逻辑的推导过程，会使得调查过程及结果有很多漏洞，就会使采访立不住。

四是调查类采访需要利用“深喉”,并保护“深喉”。“深喉”是提供采访线索以及内幕的知情人,有时,只能得到他们的爆料才可能实施采访,并由于他们身处“逆境”,必须切身保障他们的人身安全及个人利益不因采访受到报复与伤害。电视调查类采访时,还要隐匿信息提供者的身份、外貌形象,还需要在后期做声音处理。

美国的电视栏目《60分钟》、CCTV的《新闻调查》都是著名的电视调查类采访节目。电视调查类采访还需要培养有个性的、独具风格的一线记者与编导,可以使电视调查类采访更加深入,也更加富有叙事魅力。

【实验与练习】

◆目标:了解几种采访形式。

◆操作:

1.有条件的前提下,分别做一次卧底式隐性采访、旁观式隐性采访、体验式采访与调查类采访。

2.如果条件受限,可以做一次体验式采访,如做一天校园清洁工的体验式采访。

四、电视直播采访

电视直播采访,是采访对象在电视直播的情形下接受记者、编导、主持人的采访。按道理说,直播采访的手段、方式、技巧与寻常采访没有太大的区别,只是直播采访比录播采访更不能出错,后者出错可以重拍重录,而前者却无法重来。因此,电视直播采访很考验记者、编导,更考验采访对象。

电视直播采访可分为突发性事件的直播采访与仪式性事件的直播采访。

1.突发性事件的直播采访

对突发性事件进行电视直播,面临着两个相互纠结的难点,一是事件的突发性,二是电视直播,前者使采访者、采访对象都很难有充足的心理、信息准备,后者又需要采访者、采访对象不能出错。然而,突发性事件直播采访能够使受众获得最直接的、最鲜活的、原生态现场信息,能够使电视传播的效益最大化。这也是一些理念先进的电视台对直播采访乐此不疲的重要原因。

在突发性事件的直播采访中,记者、编导首先要极快地判断并找到合适的采访对象。可以按照信息源的远近、重要性等,可以依次采访当事人、目击者、事件处理者或其他相关者等,当然,有时事件十分火急,可能逮着谁就问谁,也并不为错。

突发性事件直播采访时的提问是一门学问。有经验的记者、编导各有自己的提问方法与策略。这里提供一种突发事件直播采访时的“四问”策略。

i）问现场：what，发生了什么，情形是什么。

ii）问人：who，谁，当事人是谁，事件主导者是谁；事件的对象是谁，谁怎么了；有没有人员的伤亡。

iii）问应对：deal with，谁采取了措施，这里的谁可包括当事人、当地政府与社会、志愿者、目击人、路人等。

iv）问过程：process，来龙去脉，是怎么发生的。

“四问”策略是按照轻重缓急来提问。第一问“问现场”是抓住主体事件；第二问“问人”，以人为本，任何新闻都是以人为前提的；第三问“问应对”，事件发生后，受众自然特别想知道处置措施；第四问“问过程”，追踪来龙去脉。

突发性事件的直播采访，采访记者、编导可能会产生一些心理或情感上的波动，编导要学会控制自己，还要注意平静自己的心境，安抚采访对象的情绪。

【实验与练习】

◆目标：了解突发性事件的直播采访。

◆操作：观看一期突发性事件的直播采访节目，分析其采访有哪些可取的地方，还有哪些不到位的地方。

2.仪式性事件的直播采访

仪式性事件的直播采访有相对充裕的时间做采访前的准备，有时，一些极为重要的仪式性事件的直播采访还会进行彩排。

仪式性事件的直播采访的事先策划可以包括以下内容：

i）采访哪些人

ii）设计哪些问题

iii）现场采访者与采访对象如何互动

iv）采访对象的谈话方向

……

仪式性事件的直播采访的优点在于有事先的准备，然而缺点也会源于这一点，采访对象可能带着事先设计好的问题与采访内容，将其烂熟于胸，直播采访时几乎背诵出来，那样让人觉得很假。因此，仪式性事件的直播采访，需要避免事先的准备使采访变得仪式化、机械化，要尽可能使采访具有一定的保鲜性。

直播采访，无论是突发性事件还是仪式性事件，都有可能在现场采访时遇到意想不到的一些情况，比如：

针对仪式性事件事先设计好的问题，临到直播现场时，所针对的情况发生变化，怎么办？

采访对象临场慌乱，语无伦次，怎么办？

采访对象话不对题，答不到要点，怎么办？

采访对象出现话语错误，怎么办？

采访结束，但直播还没有结束，怎么办？

……

针对以上直播采访中的意外情况，需要记者、编导或主持人注意几个方面的事情：

一是做好直播采访的危机预案。也就是说，在直播采访前，要设想可能出现的一些意外情况，并设计好相应的应对方案。

二是采访者要培养自身对错误的敏感力以及纠错能力。直播采访的记者、编导或主持人，要对自己或采访对象在采访中出现的纰漏、错误能很快地感知，并恰当地进行现场纠错。比如，自己说错话了，可以立即纠正，“刚才口误，把……”；针对采访对象的错误也可以立即纠正，“这位大哥的意思没有表达明白，他其实是想说……”，等等。

三是采访者要培养控场能力。这里的控场，包括采访问题的设计、采访流程的控制、采访对象的引导，也包括采访氛围的制造，同时也包括采访过程中的纠错与自我纠错等。记者、编导、主持人都需要锻炼直播采访的控场能力，培养技巧。

应对直播采访时的危机情景，需要机敏心智、实践经验以及应对自如的能力、自信大胆的性格等。

【本节要点】

◆预采访是为正式采访拍摄或者演播室访谈进行铺垫性、工作性的采访形态。通过预采访实现选题的最终确立，通过对当事人或相关人的预采访初步掌握所采访对象的背景与信息，通过预采访设计正式采访或演播室访谈的议题与流程，通过预采访提升编导的控场能力，通过预采访可以节省时间与成本。

◆预采访广泛用于大型仪式性电视直播活动、大型演播室新闻访谈、娱乐节目的嘉宾访谈以及行程比较复杂的新闻外采活动等。可以通过通讯式、面对面交流而实施预采访。

◆采访语态有静态型采访、动态型采访、现场型采访、演播室采访等情形。

◆隐性采访，是指出于特殊的采访目的、采访情境等需要，采访者隐匿自己作为媒体工作者的身份，这样才有可能实施采访行为，并且才有可能获取真实的素材。隐性采访可以分为卧底式与旁观式两种情形。所谓卧底式的隐性采访，是指采访者隐匿真实身份介入采访对象内部，参与其活动，通过观察与体验，从而得到直接的一手采访素材，真实、新鲜。所谓旁观式的隐性采访，是指采访者并不参与到采访对象的活动中，只是以旁观者的姿态对采访对象进行观察，西方新闻界谓之为“躲在角落里的老鼠”。

◆体验式采访，指采访者直接介入到采访对象的活动中，通过实际体验，得到第一手的信息素材。记者、编导的体验式采访，是一种陌生者的闯入，带来观察的新视角，形成叙事的陌生化效果，给予观众以新的信息感受。记者、编导的体验式采访，给予采访对象以行为、心理等方面的触动，使采访话题更活跃，扩大了信息量。记者、编导的体验式采访，可以看做是受众的替代参与，可以带动受众的心理参与，加强受众与节目的心理趋向性，从而加深受众的观看印象。

◆调查类采访，是记者、编导深入采访的第一线，通过进行细致、周密的调查，发现并揭露被遮蔽的事情真相。调查类采访运用隐性采访手段与方式，记者、编导在采访过程中运用限制视角，记者、编导在调查采访中要注意缜密的推导过程，调查类采访需要利用“深喉”，并保护“深喉”。

◆电视直播采访可分为突发性事件的直播采访与仪式性事件的直播采访。突发事件直播采访时的“四问”策略指问现场、问人、问应对、问过程。仪式性事件的直播采访，需要避免事先的准备使采访变得仪式化、机械化，要尽可能使采访具有一定的保鲜性。

◆电视直播采访需要做好直播采访的危机预案，采访者要培养自身对错误的敏感力以及纠错能力，采访者要培养控场能力。应对直播采访时的危机情景，需要机敏心智、实践经验以及应对自如的能力、自信大胆的性格等。

【实验与练习】

◆目标：了解仪式性直播采访。

◆操作：观看一期仪式性直播采访节目，分析其仪式直播采访是否到位，还有哪些可以改进的地方。

第二节　电视摄像

【阅读导引】

◆从场景来看，电视摄像主要包括哪些类型？

◆电视摄像的编辑意识包括哪些内容？

◆电视摄像为什么需要成组性、相关性？

◆如何进行突发性事件的电视拍摄？

电视编导工作与电视摄像是分不开的。电视编导可以不需掌握特别专业的电视摄像技术，但一定要懂摄像，这里的懂摄像就是知道自己摄制的节目要拍什么，怎样拍，拍多少，拍出什么样的风格等，而不是任由摄像师去拍，结果只能是摄像师拍到什么编导做后期就用什么，那样既有可能达不到节目的编导要求，还丧失了编导的主动权。很多情形之下，电视编导可以亲自掌机拍摄，那样就可以无障碍地实现自己的编导意志。当然，这里不讲工科性质的摄像技术，而只是针对编导专业范畴的摄像知识与技巧做相应的说明。

一、电视摄像的类型与原则

由摄像的场景来看，可以分为外采摄像与演播室摄像。

外采摄像的场景是在新闻发生地。外采摄像的场景，有室外，也有室内的。新闻类、专题类节目最主要的影像素材来源是外采摄像；一些演播室节目的背景片、辅助VCR，也需要外采摄像获取相关的影像素材。

外采摄像要根据编导的采访目的、节目类型，选择合适的采访对象、场景、事件等进行拍摄，并体现不同的采摄技巧与风格。比如，电视新闻节目的外采主要是获取信息、资讯，对画面构图、光线、色调等不是非常的讲究；而专题类节目的外采，不仅信息很重要，也要讲究摄像的艺术性；而一些娱乐节目的背景片或者辅助VCR，其外采摄像的风格可能更活泼，更搞笑。

演播室摄像的场景是在演播室里。演播室是人工场景，因此，演播室摄像有条件来强化镜头景别、运动、构图、光线、色调等艺术性效果。娱乐类、访谈类、选秀类、晚会等电视节目类型主要采用演播室摄像。

根据节目类型的不同，电视摄像还分别可以分为消息类节目的摄像、专题类节目的摄像、纪录片的摄像、娱乐综艺节目的摄像、电视剧的摄像等。每一种节目类型都有符合自身的摄像规则、风格与技巧，需要编导与摄像师在实践中不断探索，积累经验。

电视编导在自己所主导、引导、指导的电视摄像活动中，需要注意几个拍摄原则：

一是主题原则。

围绕题材、主题、目的去拍摄有关影像素材，有的放矢。拍摄太多的无关主题的镜头，既浪费了时间，又浪费摄像资源。

二是叙事原则。

电视摄像是为节目叙事服务的，编导在拍摄前对节目的叙事结构、线索、流程、技巧等要有策划，并以此来指导电视摄像活动。

三是风格原则。

无论是哪一类型的摄像，编导都要进行内容规划与风格设计，同时，还要根据具体节目的题材、主题、目的以及编导的个性化需求进行设计。比如，纪录片的摄像以客观纪实为主要风格，然而有些编导在做纪录片拍摄时，喜欢偏主观一些的镜头，只要设计合理，可能还会带给受众一个别具个性的纪录片。

二、电视摄像的编辑意识

电视摄像为后期提供影像素材，直接关系到后期制作是否顺利，关系到能否做出有质量的电视节目，电视摄像是为后期制作服务的。因此，电视摄像时，需要考虑到整个编导要求，镜头数量是否足够，需要考虑拍摄的镜头的技术指标，如光线、色彩、构图、画面稳定性、声音的清晰度、噪音比是否符合各台的播出要求。还有非常重要的一点，电视摄像要有编辑意识，要站在后期编辑的角度去执机拍摄，获取相应的影像素材。电视摄像的编辑意识主要体现为以下几个方面：

1.镜头拍摄的成组性

所谓镜头的成组性，就是要求多景别、多角度、多视点、多运动方式等拍摄同一对象物，使之形成一个镜头系列。这样便于后期制作。

一个简单的静态采访镜头，不能只拍采访对象，还需要拍摄采访者的问话镜头、两个人的全景以及每个人的反应镜头、反打镜头。有时，还要拍摄两个人的远景镜头。更不用说那些复杂场景的镜头拍摄。比如，做一个专题节目，要拍摄一个农业专家在田间地头手把手指导农民种地的情景，如果只是拍摄一个全景，后期制作要多用几个镜头，恐怕就有问题了；如果拍摄了全景、近景、特写，还可以从不同角度或者运用推拉移跟等运动方法去拍摄，这样，后期制作就有了成组性的素材，不至于出现素材不够而捉襟见肘的现象。

有人可能认为，这种多方式地拍摄同一对象，是否在浪费资源，事实上，如果后期制作，素材不够再重新补拍，那才是最大的资源浪费。笔者曾经带一个经验不足的摄像师采访，在车上让他拍一点从车窗看外面的镜头，这个摄像师足足拍了二十分钟，结果做后期时，发现镜头不够用，原因是他一直同一角度地不停地拍摄下去，无法剪出两个相接的镜头。忽略了镜头拍摄的成组性，结果造成了最大的浪费。

成组性拍摄，有时还需要对同一类型拍摄对象进行若干个案的镜头拍摄。比如，一个车祸现场，我们可能要拍摄多个目击者的采访镜头；观看一场演出，我们需要拍摄多个现场观众的反应镜头等。

【实验与练习】

◆目标：了解电视摄像的成组性。

◆操作：

1.假定做一个新闻专题，需要拍摄一处农庄采摘的场景。

2.设想需要拍摄哪些类型的镜头。

3.评价。

2.镜头拍摄的相关性

电视拍摄要抓住主体镜头，然而，仅仅完成主体镜头的拍摄是远远不够的，还要照顾着拍摄其他具有相关性的镜头。比如，拍摄街头艺人，卖艺过程是主体镜头，需要着力拍摄，然而，要想全面表现这个卖艺情景，还有若干相关性的镜头需要拍摄，像围观行人的反应镜头、街道全景等。

一个对象的相关性拍摄究竟有多大范畴？主要取决以下因素：

类型因素：不同类型的节目，需要拍摄的相关性范畴是不一样的，新闻报道有时抓住主体镜头及相关的信息镜头就可以了，而纪录片的相关性拍摄可能要大得多。

主题因素：节目所表现的主题不一样，需要拍摄镜头的相关性也是不同的。比如，表现卖艺人的艰辛，其相关性镜头可能需要拍摄观众冷漠的反应镜头、寥寥可数的几个硬币施舍等；如果表现卖艺人的浪漫，其相关性镜头可能更多寻找欢腾雀跃的观众反应，以及弥漫整个城市的晚霞之类的镜头。

风格因素：节目的风格不一样，需要拍摄镜头的相关性也不同。比如，一个严肃的节目与一个活跃的节目，需要拍摄与风格相关的镜头。

当然，镜头拍摄的相关性还跟编导对镜头表现、画面叙事的个性习惯、爱好情趣等有很大关系。

【实验与练习】

◆目标：了解电视摄像的相关性。

◆操作：假设要做一个专题片，需要拍摄街道摊贩的情景，思考如何做相关性的电视摄像。

3.镜头拍摄的剪辑点意识

电视摄像获取的影像素材必须经过剪辑环节，才能做成节目，那么，拍摄时一定要注意剪辑点的问题。

一是时间点。

有时，我们并不需要全程拍摄整个事件的经过，然而需要将不同时间节点的镜头拍摄下来。这样的时间节点可能是事件的发生、发展、结束，也可能是早晨、中午、黄昏、夜晚，也可能是春夏秋冬等，主要是看节目叙事与表现的需要。比如，我们要拍摄一个渔夫的专题片，渔夫活动可能晚上撒网，第二天收网捕鱼，这里就有两个时间节点的事情是需要拍摄的；而我们拍摄一个大山里的伐木工人转为野生动物的养殖户的纪录片，可以纪录其一年的生活，这个一年并不需要365天都跟踪拍摄，可能只要拍摄春夏之交、秋天、大雪纷飞的几个时间节点即可。

时间节点其实取决于事件节点。只有处于事件节点上的时间，对镜头拍摄来说，才是有意义的。比如，拍摄一个南方农民在夏天农忙到秋收之间有一段农闲的时间，需要上城里找点临时活干，挣点钱贴补家用，这段时间里的若干节点具有跟摄的意义，因为这些时间节点有事件发生。

对一些需要完整表现过程的节目来说，有些时间节点是无论如何不能忽略的。比如，拍摄一个跑步比赛，那么开赛的时间点、赛跑之中的镜头、跑到终点的镜头都需要，否则就不完整。

二是动作点。

拍摄一个连续的或系列的动作时，如果不是全程摄录，而是选择性地拍摄部分内容，那么，就要注意具体动作拍摄的完整性，还要注意选择过程的节点进行拍摄，从而方便后期制作中的动作转换与衔接。

比如，拍摄一个人物上台表演杂技，先是顶物，再是走钢丝，那么，拍摄顶物时，除了顶物的主体动作之外，还要拍摄顶物结束的镜头，以此作为节点衔接下一个走钢丝的内容。拍摄中，某个具体的连贯动作如抛碟后用头顶住，需要拍摄完整，使之成为一个内容节点。

三是情绪点。

拍摄时，需要选择一个节点来照顾人物情绪表现的相对完整性。比如，镜头的主体人物沉默几秒之后突然恸哭起来，只有等到她哭完才停止拍摄。再比如抓拍一个人物转脸向伙伴议论的反应镜头，一般需要录到他转脸回来为止，才能成为一个节点。

四是动静节点。

拍摄运动镜头与固定镜头时，需要考虑它们组接时的节点。“动接动”，我们可以拍摄两个运动镜头从某个运动节点上相接，也可以选择两个具有动作相似性的镜头切换，如拍摄一个爆开啤酒瓶的喷射状态的镜头，再拍摄一个歌舞欢腾的场景，两者可以进行很好的组接。至于“静拉静”的节点比较好处理。“动接静，静接动”的节点处理，需要拍摄运动镜头的起幅、落幅，通过起幅或落幅让运动镜头与固定镜头进行组接。

五是人物入画出画的节点。

拍摄人物入画、出画的节点，在于入画、出画时的路线、位置及时间。比如，从哪个方向入画，多长时间里入画，入画之后到达镜头前哪个位置，又从哪个方向出画，出画后的镜头停留多长时间。

六是人物视线点。

拍摄几个可能前后组接的采访对象时，需要前后人物的视线最好相对。比如，前一个采访对象的视线是向右的，那么后一个采访对象的视线最好向左，这样剪辑起来才比较顺。

【实验与练习】

◆目标：了解剪辑点问题。

◆操作：拍摄一个野外烧烤的场景，注意多种剪辑点问题。

三、突发事件的拍摄

很多突发事件，稍纵即逝，容不得有策划的时间，甚至连多思考一下的余地都没有，那么，如何拍摄呢？如果是直播采访的拍摄，就依照直播采访的对象、场景及流程进行拍摄。如果是录播性质的拍摄，突发性事件的直播采访依然具有参考意义，可以按照信息源的远近、重要性等，依次拍摄当事人、目击者、事件处理者或其他相关者等的镜头。

突发事件的拍摄，无论是直播还是录播，都要注意照顾到相应的拍摄技巧，而不是手忙脚忙地一顿乱拍，或者拍摄的镜头单一，后期制作就很成问题。应注意以下一些方面：

1.主体人物的主体景别是关键

如果主体人物是单个的人物，可以以中近景为主体景别；如果主体人物是一个群体，局部的全景应该是主体景别。根据实际情形去掌握主体景别，目的是通过你的镜头拍摄纪录到最重要的现场信息。

2.照顾一些主体人物的次要景别

在拍摄主体人物主要景别的前提下，可以拍摄主体人物的次要景别，比如，主体人物的特写，用来表现细节；有时可以拍摄一些全景，用来表现氛围、环境等。

3.兼及次要人物的主体镜头

在突发事件的拍摄，还需要照顾目击者、围观者等次要人物的采访镜头，或者他们的反应镜头等，这也是镜头拍摄的成组性诉求。

4.声源交代及声音的连续性

一切重要的现场声、同期声，要用镜头交代其声源，是由谁发出的。一些特别重要的声音信息，要注意录制完整，注意其连续性，以便后期制作选择之用。

【本节要点】

◆由摄像的场景来看，可以分为外采摄像与演播室摄像。外采摄像的场景是在新闻发生地。外采摄像要根据编导的采访目的、节目类型，选择合适的采访对象、场景、事件等进行拍摄。演播室摄像的场景是在演播室里。演播室是人工场景，因此，演播室摄像有条件来强化镜头景别、运动、构图、光线、色调等艺术性效果。

◆电视摄像体现主题原则、叙事原则、风格原则。

◆电视摄像的编辑意识主要体现为镜头拍摄的成组性、相关性以及剪辑点意识。

◆所谓镜头的成组性，就是要求多景别、多角度、多视点、多运动方式等拍摄同一对象物，使之形成一个镜头系列。这样便于后期制作。

◆镜头拍摄的相关性范畴主要取决于类型因素、主题因素、风格因素，此外还跟编导对镜头表现、画面叙事的个性习惯、爱好情趣等有很大关系。

◆镜头拍摄的剪辑点包括时间点、动作点、情绪点、动静节点、人物入画出画节点、人物视线点等。

◆在突发事件的拍摄中，主体人物的主体景别是关键，还需要照顾一些主体人物的次要景别，兼及次要人物的主体镜头，注意声源交代及声音的连续性。

【实验与练习】

◆目标：如何拍摄突发事件。

◆操作：使用DV机上街拍摄突发性事件，或者让一拨练习者演习一个事件，另一拨练习者拍摄，注意拍摄的轻重缓急。

第三节　演播室布景与功能设计

【阅读导引】

◆演播室有哪些布景法？

◆什么是全景舞台式布景法？什么是无墙式布景法？

◆演播室一般可分为哪些功能区？表演区是指什么？

◆观众区有哪些传播功能？

◆表演区与观众区有哪些结构关系？如何设计嘉宾的入场与离场方式？

有些电视节目全部是外景内容，有些电视节目则要全部是演播室内容，还有些电视节目则是由外景内容与演播室内容组合构成。事实上，电视节目已经愈来愈依赖于演播室的内容建构。

电视编导无论如何是需要演播室相关知识的储备与操作能力的培养。虽然演播室具有极强的技术性，需要专门的专业人员，如舞美师、灯光师、音乐师及技术操作人员来完成，但电视编导需要了解相关知识、技术要求与操作流程，便于编导流程的设计及演播室执导，从而使电视节目获得最优质的演播室内容。

一、演播室布景法

演播室布景，一般由舞美师进行设计、制作与操作完成，但需要从编导那里获得节目构想与编导意图等。编导需要一定的演播室知识与经验，才能更好地与舞美师合作，从而优化自己的演播室置景方案。

一个演播室通常会置办最基础的技术设施，具有最基础的功能，如灯光照明、音响、导播、放映等。然而，具体到一个栏目或节目时，还需要进行相应的改造，加建相应的设施，适应每个栏目或节目的个性化需求，形成相应栏目或节目的演播室布景。

根据演播室布景时的面墙利用方式，可以为以下类型：

1.一字形布景

这是一种比较老式的布景办法。在正面的墙上，布景呈一字形排开，人物活动就在这个一面墙的背景下进行。这样的布景方法简单易行，然而，由于只有一面墙的布景，没有其他面墙布景的陪衬，缺乏纵深与透视，场景变化较少，机位不多，整体效果显得单调、呆板。不过，在一些对演播室诉求不高的电视节目中，如新闻消息类的口播串联、三两个嘉宾的简式访谈被广泛使用。这种一字形布景，可在背景的景片上做些文章，如选用纵深感强的景片，或者通过增加道具来丰富层次，或者在一面墙布景开窗增强透视感，等等。

2.三面墙式布景

三面墙式布景，即在三面墙上布置景片，空出“第四面墙”留给观众观赏节目。如何利用三面墙式来布景？实际使用中，有着各种各样的尝试。在三面墙式布景中，U形与弧形的布景比较多。U形布景法，即是正面墙的布景与左右两面墙的布景，呈比较圆润过渡的方式，一般不是90度角的生硬连接。U形布景法，一般开口稍大，主要景片被置放在正面墙上，左右则是陪衬的副景片。

弧形布景法，即布景呈弧形展开，正面墙与左右两面墙的景片连接呈一体状，正面墙与左右面墙的布景连接处不再明晰。弧形布景法，使演播室场景更显灵动。

在三面墙布景法的场景中，正面常用作主景区，左右两面用作副景区，如两大阵营的对抗节目常常置放在两边，而中间是主持或裁判区。U形与弧形等三面墙式布景法，开合空间较大，景片丰富，符合平常的观赏视角与心理，是实践中常用的布景法。

3.角落式布景法

这种布景法呈角落式排开，也就是说，选取两面墙及其共同的角落进行景片的布置。在实践中，角落式布景法，要善于处理角落的景片与道具，使之与视焦地位相适应，同时又与两面墙的布景圆润相接。角落式布景法，开放了两面墙，可提供更多的机位选择，同时，也使得舞台场景更为紧凑。多用于中小型访谈类与小范围的表演类节目，其功能相对单一，可以突显出比较浓厚的家庭或小剧场氛围。

4.全景舞台式布景

全景舞台式布景法，即是布景时将四面墙与上下两个面的空间全部考虑进去，利用景片、灯光等元素，将整个演播室布置成一个完全的场景空间。

全景舞台式布景法，运用得当，一般显得大气恢宏，有强烈的感染性，能产生较好的“场效应”。这种布景法特别适合大型的综艺娱乐性节目，特别是环节多、互动性强的节目类型。

5.无墙式布景法

这种布景法打破了四面墙式的理念，即利用旋转舞台技术将人物活动置于一个环形旋转的背景之中，或通过灯光效果置于一个没有实际背景的场景中，如上海东方卫视《幸福魔方》的布景，就是在演播室中央设了一个透明的方块形棋子框子，形似魔方，主持人与主嘉宾在框子内交流，另一些副嘉宾则在框子外与之交流，通过灯光来映显主副访谈区，其余则没有任何背景。

无论采用哪一种形式的布景法，都必须有相应布景项目与内容。一般来说，演播室主要包括以下常规项目与内容：

一是栏目（节目）标志性内容。这是演播室布景的主体项目与内容，主要有栏目（节目）LOGO、经典性景片等。

二是装饰性内容。所谓装饰性布景，是为了实现演播室场景的美学化与艺术化，让受众一看到场景就心情愉悦。装饰性内容，一定要与栏目（节目）的定位、风格相符。比如，一个中国文化传统很浓厚的节目，可在背景板上装饰传统性的图案或花纹或其他文化符号性的物件。

三是广告内容。在电视市场化语境下，绝大多数节目都有可能在演播室里进行广告传播，那么广告也是演播室场景布景的重要内容。

四是放映设施。通过放映设施播出VCR等视频内容供主持人、嘉宾及现场观众观看，然后展开讨论，已成为演播室录制的常见方式。随着技术的发展，放映设施也愈来愈先进。

四是道具内容。一些电视节目在演播室录制时，需要各种各样的道具来开展相应的活动。

事实上，除了常规项目与内容之外，在录制某一期具体节目时，编导还需要根据具体节目的内容、主题与风格等，增加某些布置项目。

【实验与练习】

◆目标：了解演播室布景法。

◆操作：观看几个演播室节目，分别指出属于哪一种演播室布景法，分析其特点。

二、演播室的功能区

演播室场景按照功能可以分为以下几大类型：

1.表演区

表演区，是主持人、演员、嘉宾、选手、现场观众等进行主体演播活动的区域。

有时，根据演播活动的重要性，又可以分为主表演区与次表演区。主表演区带给电视节目最重要的内容信息，一般来说，演播室流程最重要的环节或主体表演情节都在这里完成，由主持人与主体嘉宾共同完成。次表演区则是关联主表演区的流程与环节，起辅助与陪衬的作用。比如，在一些情感访谈节目中，由主持人与情感委托人在主表演区进行交流，当进行到某个环节时，可能请出一个相关的情感当事人，这个当事人又不便露面，于是薄帘隔开一个次表演区，让该当事人站在帘后接受主持人的访谈。

在大型晚会、综艺娱乐或大型活动型节目中，可能还会设立多个表演区，一个主表演区是供晚会实现基本流程使用的，还有一个次表演区是供访谈嘉宾使用的，此外，还可能设立一个热线电话、网络互动的表演区，专门有主持人负责与场外观众互动的，等等。

2.观众区

许多电视节目的演播室场景设有现场观众区。一般来说，在演播室设立现场观众区，具有以下传播学功能：

一是对象性功能。现场观众能给主持人或嘉宾以一种对象感，使主持人或嘉宾的表演具有现场的针对性，并可以从现场观众那里获得信息反馈，及时调整自身的主持、表演、言语或其他行为。

二是效应性功能。现场观众的情绪反应，可以鼓励主持人或嘉宾的行动，并形成相应的场景叙事效应与氛围，如兴奋、喜乐、欢呼、同情、紧张、反感、恐惧等观众反应，与表演区主持人、嘉宾的行为混融一起，共同构建演播室的叙事内容。

三是参与性功能。在许多电视节目中，观众不仅仅是点缀性的对象，也不只是起烘托气氛的工具，而是要加入到节目的表演序列，从而达到对演播室主体内容的建构目的。比如，主持人邀请场上观众进入表演区尝试进行游戏的体验，或者请出观众对某一观点发表意见等，都会成为整体内容的有机部分。

四是替代性功能。无论是点缀性、烘托性，还是参与性的现场观众，均有一个共同的功能，那就是作为电视机前观众进入演播室现场的某种替身。现场观众的喜乐哀怒及行为，其实在很大程度上代表了电视机前的观众的情绪与心声。一个优秀的编导，常常会揣摩透电视机前观众的心理，将其转化为现场观众的参与性表演。

事实上，根据重要程度，有时，观众区也可以分为核心观众区与普通观众区。

核心观众区与普通观众区，在空间上也会有差异，那就是前者比后者所占据的位置，更接近于表演区特别是主表演区。如果观众区是一个统一的整体，并不隔开的话，往往前排中央是核心观众区。在多个独立的观众区里，贴近舞台的是核心区。核心区的观众主要承担的任务有：一是需要承担更多的情绪参与或气氛制造的任务，包括举牌、呐喊及其他符合编导诉求的情绪反应等，二是还可能需要承担上台参与互动与表演的任务。在一些明星类节目中，明星的粉丝们往往占据了核心观众区的位置。

3.场外访谈区（观察区）

场外访谈区，是为了呼应演播室表演区的场景设计，可能对进场或出场嘉宾、选手、主持人等人物进行场外访谈。如选秀节目中对入场选手就信心、准备工作等方面的采访，对失败或成功的出场选手进行心情、感言、体会方面的采访。场外访谈区，不像演播室那样正式与严谨，很可能就在休息厅、化妆间或门口，但规范一点的做法，可以在一个相适宜的地方，设置一个背景板，访谈时可以在背景板前进行。

有时，在演播室外某个场地设置一个场内情景的观察区，观察区嘉宾的反应与言行成为节目内容构建的一部分，同时，他（她）还有可能转到演播室。这个场外观察区，事实上，就是另一个与演播室同时进行的准表演区。

【实验与练习】

◆目标：了解观众区的传播功能。

◆操作：观看几档演播室节目，分析观众区的传播功能。

三、表演区与观众区的结构关系及活动路径

表演区与观众区如何结构在一起呢？大体有以下几种情形：

1.二元分立式结构

这是比较传统的形式，即表演区与观众区一分为二，结构明晰，功能独立，观众容量大，显得场面也大。不过，这种结构形式也显得呆板。因此，有些编导在采用二元分立式结构时，会将观众区稍稍做些调整，如设计使前面的粉丝群与后面的普通观众有服装、道具、动作等方面的区分，使整个观众区看起来有些变化感与层次感。

2.环形包裹式结构

这种结构适用于圆形舞台，中间是表演区，环绕表演区四周是观众区。一般是三面环的观众区。这种结构形式，将主持人、嘉宾与观众关联得很紧密。

3.交错式结构

交错式结构，即表演区与观众区相互交错，也就是说，当表演区设计成T形、哑铃状或其他镂空形状时，那些空出来的地方就为观众占据，即为一个个的观众区。交错式结构，看起来显得变化多，形式新颖，观众区与表演区融为一体，具有场景的浑融一体感。

4.二元分立+交错式结构

这种结构，即是核心观众区与表演区形成交错式，此外再与普通观众区形成二元分立式结构。这样就兼具交错式的浑融一体感与二元分立式的大场面感。

还有一种融入式结构，即在观众数量少、观众参与程度高的情形下，将观众区与表演区融在一起，使观众区成为表演区的一部分。这种结构显得精密、紧凑。一些情感类访

谈节目，适当请一些热心观众，人数少而精，介入到现场观察与访谈中，既充当了观众，又承担了部分嘉宾的任务。

除了新闻类或简易性的访谈节目外，一些大中型的演播室节目，还要设计出人物活动路径。

主持人、嘉宾、观众的活动路径，这是需要编导事先设计好的。包括主持人出场、嘉宾出场、主持人与主持人互动、主持人与嘉宾互动、主持人与观众互动以及主持人、嘉宾与观众三者互动等路径，都是需要提前考虑的，有时，如果场面很大，人员又多，路线复杂，便需要通过彩排让大家熟悉一下路线。

在活动路径中，还包括主持人或嘉宾入场、出场方式的设计。

i）传统方式入场与出场，即从演播室左边入场，右边出场。

ii）正面敞门式入场，即从演播室敞开一门，可从门后左右两边入场，从表演区的两边出场。湖南卫视的《天天向上》就是这种形式，正面敞门的后方，则置设放映屏幕。

iii）正面开门式入场，将正面墙的布景设计成一个可以开启的门，主持人或嘉宾入场。

iv）高台式入场，设计一个高台，主持人或嘉宾从后面上到高台（隐在幕后看不见），从高台走下来入场。

v）升降台式的入场与离场。这类方式的仪式感很强，多用于一些大型晚会或选秀节目。

案　例

2002年《讲述》栏目春节特别节目
演播室录制方案（节选）

【演播室】

分为三个区域：

A. 讲述区（主持人+嘉宾）

B. 互动访谈区+观众区

C. 表演区

主持人功能：

沙负责引导讲述人讲故事，敞开心扉及转场。

曾负责现场互动交流，访谈观众和观众席上的嘉宾（已安排好发言的观众）

王颖高月负责场外观众反馈信息播报，与场内交流，“送”电视贺卡----（即众明星讲短小精彩的过年的真情故事）。

记者在168热线接线台纪实纪录接电话内容……场外真情反馈。

【演播室】

A区

沙碧红：各位观众，过年好。过年啦，家家户户都该是团团圆圆，高高兴兴，忘掉了一年中的酸甜苦辣，企盼着新一年里的风调雨顺。

曾晶：今天，我们《讲述》栏目的特别节目，首先也给大家送上一个特别的祝福。

【电视贺卡：】《世纪婴儿》（大屏幕播放1）

要点：以音乐和画面展示一组儿童的画面，充分体现出天真的童趣。

亲情篇

【演播室】

A区（两个主持人对话，内容如下）

沙：婴儿的诞生，象征着人生的开始。

曾：在春节里降生的孩子又是喜上加喜。因为新的生命是伴随着新希望开始的，当他开始牙牙学语，蹒跚学步，人生的探索就开始了。

沙：在此，我们祝福这些新的生命，也祝福所有人新春有好运。好人一生平安。今天，“讲述”栏目愿意敞开家门，为你圆一个相逢梦，了一段团聚情。

曾：为此我们还开通了热线电话16899678，请打电话进来，讲述你的故事，告诉我们你要寻找的人。

现在，我们现场已经来了一些朋友，他们中，有些是我们讲述开播半年来节目中的主人公，因为有些未了的故事，所以再次团聚在一起，寻找结局，另一些朋友则是带着一个寻找的愿望而来的，在每一个寻找的背后，都有一个动人的故事。（郭，赵，郑）（大屏幕上放讲述的片头）

沙：好，我们有请今天的第一位朋友郭峰。

曾：你想找什么？

郭：我不是找什么人，我是想找一种感觉。

沙：找什么感觉呢？

郭：想找一种家的感觉，因为过年了，演出比较多，和家人也不能团聚。

曾：真巧今天还有几位朋友也是来找感觉的，我们请他们也上来，好吗？

（曾去观众席请嘉宾：郑，郭，赵）

曾:有请各位。(三位嘉宾上场,落座,曾留在观众区)

A区讲述开始

沙:最想的人是谁?

满:我儿子。(讲儿子的故事)

赵永庄说父母大学故事。

郭峰说国外想家的故事。

最后让郑荃说在海外过年做小提琴的故事。

(在访谈过程中,沙穿插讲自己的故事及感悟)

B区访谈

曾晶采访现场观众

楠楠:想起父亲,讲父亲故事。

小冬:向远方的哥哥说:回家吧,过年了,大家都在想你。

曾:讲一个自己的故事。

C区灯光暗

镜头摇向二楼演奏区,一束灯光打在小提琴演奏者身上。

在音乐声中有海外华人的欢庆,底下打字幕:郑荃的朋友某某。提琴特写:字幕:此琴由金牌大师郑荃教授制作,他曾因制作提琴荣获过国际大奖三十多枚,堪称世界提琴第一人,被誉为中国的金手。

字幕隐。

乐曲中插入画面与思乡有关的镜头。拍诗歌MTV,一组海外游子在街上走的画面,几个留学生碰杯过春节相聚的镜头。

场内(演播室)亲情部分结束

场外与现场互动部分开始

场外主持人播报168热线关于对场内亲情故事的反馈

发布寻找及问候、道歉、致谢等等的信息

送电视贺卡

——明星们讲述过年的亲情故事(主要是体现出了亲情,与片中的故事比较吻合)

频道统一片花

(以下省略)

【本节要点】

◆根据演播室布景时的面墙利用方式可分为一字形布景、三面墙式布景、角落式布景、全景舞台式布景。

◆三面墙式布景，即在三面墙上布置景片，空出“第四面墙”留给观众观赏节目。在三面墙布景法的场景中，正面常用作主景区，左右两面用作副景区。

◆角落式布景法，要善于处理角落的景片与道具，使之与视焦地位相适应，同时又与两面墙的布景圆润相接。

◆全景舞台式布景法，即是布景时将四面墙与上下两个面的空间全部考虑进去，利用景片、灯光等元素，将整个演播室布置成一个完全的场景空间。全景舞台式布景法，运用得当，一般显得大气恢宏，有强烈的感染性，能产生较好的“场效应”。

◆无墙式布景法打破了四面墙式的理念，即利用旋转舞台技术将人物活动置于一个环形旋转的背景之中，或通过灯光效果置于一个没有实际背景的场景中。

◆演播室场景按照功能可以分为表演区、观众区与场外访谈区（观察区）。表演区，是主持人、演员、嘉宾、选手、现场观众等进行主体演播活动的区域。有时，根据演播活动的重要性，又可以分为主表演区与次表演区。

◆观众区的传播功能包括对象性功能、效应性功能、参与性功能、替代功能等。观众区也可以分为核心观众区与普通观众区。

◆表演区与观众区的结构关系有二元分立式结构、环形包裹式结构、交错式结构、二元分立+交错式结构、融入式结构等。

◆一些大中型的演播室节目，还要设计出人物活动路径以及主持人或嘉宾入场、离场的方式。

【实验与练习】

◆目标：了解表演区与观众区的结构关系。

◆操作：观看几档演播室节目，分别指出表演区与观众区是什么样的结构关系，有什么样的优点。

第四节　镜头剪辑与画面转场

【阅读导引】

◆镜头剪辑要遵循哪些逻辑关系？

◆镜头剪辑包括哪些方面的匹配？

◆画面剪辑包括哪几种类型？分别有什么特点？

◆如何进行声音剪辑？

◆有哪些技巧转场的方法？无技巧转场有哪些方法？

镜头剪辑指完成拍摄任务之后将一定数量的镜头素材，按照节目要求与编导设计的主旨，剪辑成表达一定意义的影像段落或作品。镜头是影视叙事最基本的意义单元。无论是5秒钟的电视广告，还是长达几十集上百集的电视剧，都是由一个个镜头剪辑而成。几个镜头剪辑成为一个影像段落，若干影像段落再构建成为一部影视作品的影像叙事系统。因此，镜头剪辑是非常重要的影视创作环节。

一、镜头剪辑的逻辑性

镜头剪辑需要遵循哪些逻辑关系呢？

1.镜头剪辑要符合人们的生活逻辑

影视作品是现实生活的影像再现或艺术表现。因此，镜头剪辑必定要符合自然界、社会与人类的生活规律。这种生活规律与逻辑，表现为时间顺序、空间秩序与事物之间的相关性。

比如，我们用镜头来再现一场暴雨带来的灾难，可以依次剪辑下列镜头：刮风下雨，电闪雷鸣，山洪暴发，泥石滚落，树木摧折，河流漫溢……这样的剪辑符合自然规律。再比如，有关车间生产的镜头剪辑要符合工业生产的流程，不能混淆生产的前后环节。

2.镜头剪辑要符合受众的认知逻辑

影视作品必定要让受众看懂。比如，前一个镜头是某个人物举枪瞄准，受众希望知道，瞄准对象是什么，那么，后一个镜头就应该是瞄准物。假如该人物并非瞄准特定的目标物，只是试枪做瞄准状而已，那么接下来的镜头应是停枪评说。这样，就是按照受众的认知习惯与思维规律来剪辑镜头。

3.镜头剪辑要符合人们的视觉逻辑

假定人物的视线没有变化，那么该组镜头的人物视线要保持一致，否则，令人心生疑惑。比如，上一个镜头是人物从左向右走去，如果接一个同场景中的人物从右到左的“反轴”镜头，就会让受众不知所措。那么，接一个中性镜头之后就可以转换视线，再接其他视线镜头。遵循视觉逻辑，使得镜头剪辑流畅悦目。

4.镜头剪辑要符合艺术逻辑

许多影视作品是一种艺术表现，必须遵循艺术创作的规律。比如，为了表达相应情绪的需要时，可以将暴风雨镜头、人物冥思苦想的镜头、焦急踱步的镜头等剪辑在一起，突显人物焦躁不安的心理状态。

二、镜头剪辑的匹配原则与轴线规则

所谓镜头剪辑的匹配，即指上下镜头剪辑符合逻辑的一致性，在视觉上表现出流畅感与连贯性，符合人们在日常生活中的心理体验。镜头剪辑的匹配原则表现在以下方面：

1.位置的匹配

所谓位置的匹配是指前后两个镜头在剪辑时，要保证前后主体在空间的统一性与协调性。比如，前后两个镜头是同一个主体，剪辑时只是变换景别，那么，就要使该主体在画面保持大致相似的位置，如果位置变化太大的话，观众就会搞糊涂的。

2.视线的匹配

镜头剪辑要注意人物视线的一致性或人物视线之间的对应关系。比如，前一个镜头的人物从右向左看，那么后一个镜头，可能是人物的主观镜头，也可能是另一个人物从左向右的对视镜头。

3.运动的匹配

运动是影视语言最重要的特征之一，也是区别影视语言与摄影、绘画最根本的要素。镜头剪辑，有关运动方式的匹配可以表现为三个方面：一是镜头内部的主体运动；二是镜头外部的机位、焦距的变化及摄影（像）机运动带来的镜头运动；三是剪辑率的大小。剪辑率影响到影视语言的节奏，是影视语言一种特殊形态的运动方式。镜头剪辑时，需要很好地把握三种运动方式各自的特征，抓准剪辑点，保证镜头运动方式的匹配，实现镜头语言的流畅性与逻辑性。

运动剪辑的基本原则就是动接动、静接静，是指前后两个镜头内部的主体或外部摄影（像）机的运动要保持一致性。这样可保证画面的流畅感。

运动剪辑可分几种情形来分析：

固定镜头接固定镜头：前后两个镜头的主体是静态的，那么，根据实际需要来确定每个镜头的时长;如果两个固定镜头的主体运动有静有动,那么可以选择静态的剪辑点来剪辑;如果两个镜头的主体是运动的,那么就要根据主体运动的连贯性进行“动接动”的剪辑。

运动镜头接运动镜头:这里的运动镜头是指机位、焦距变化或摄影(像)机运动的镜头。两个运动镜头剪辑时,前一个镜头没有落幅,后一个镜头可以无起幅,进行“动接动”式剪辑;如果前一个镜头有落幅,后一个运动镜头必须有起幅,进行“静接静”式剪辑。

固定镜头接运动镜头:固定镜头与运动镜头一般以“静接静”的方式进行,即前一个是运动镜头保留落幅与后一个固定镜头剪辑,或者是前一个固定镜头与有起幅的后一个运动镜头剪辑。

运动镜头剪辑还要考虑到其他因素,如镜头的方向、因果关系、对应关系以及速度、幅度、节奏及情绪等。实施“动接动”“静接静”的剪辑原则,目的就是实现运动镜头剪辑的流畅感与统一性。

4.景别的匹配

景别是影视语言表现力的重要因素。镜头剪辑时,首先要了解不同景别的各自特点,再要明确在剪辑中所具有的表意功能。

在叙事性段落中,景别剪辑要平稳、流畅。

前后两个镜头剪辑时,景别变化要明显,同景别不能相接,若两个相同景别的镜头剪辑在一起,就会出现“跳”的感觉。

镜头剪辑时,景别变化要明显,但又不能相差太大,需要循序渐进,否则,就会出现跳跃性太大,导致主体不连续,把观众搞糊涂。

景别的剪辑式可分前进式、后退式及回环式。

至于景别相差巨大的两极镜头的剪辑方式是有条件的。

在镜头剪辑时,要注意景别的成组使用。当然,镜头剪辑的景别匹配要服务于作品主旨、内容及意义表达等。

5.影调、色彩的匹配

镜头剪辑要注意保持影调、色彩的统一性,不能反差太大,从而导致画面很“跳”。

有关镜头的匹配性原则,需要灵活掌握,创造性运用,千万不能当做教条。事实上,艺术创作,有时却是反原则的。比如,为了达到某种艺术的效果,在镜头剪辑时故意不匹配,使人观影时产生不适感,从而表达编导的特别意图。比如电影《寻枪》最后,主人公与火车遭遇的那一段,故意将同景别相接致使剪辑画面很“跳”,这种故意的景别不匹配,是导演追求某种艺术效果所特别设计的。

初学编导,应该在掌握“匹配”原则之后,再尝试运用“不匹配”的方法与技巧。前者是基本功的问题，后者是熟能生巧之后才能生发的艺术创作行为。

镜头剪辑，为了保证运动方向的正确，必须遵循特定的轴线规则。所谓轴线，即是被摄对象物因视线、运动方向及运动轨迹或两个以上对象之间构成的对应关系而假定的一条直线，可分方向轴线、运动轴线与关系轴线。所谓轴线规则，即同一场景拍摄相连镜头时，机位应该选择在轴线一侧的180度以内，否则就是“越轴”，造成画面的混乱。轴线规则可以保证镜头空间方向的统一。那么，如何合理“越轴”，既不造成画面的混乱，又能更完备地表现对象物呢？可以通过以下一些方法：

i）通过被摄主体的运动来改变轴线

ii）摄影（像）机的运动越过轴线

iii）通过人物视线的交代越过轴线

iv）插入中性镜头、空镜头、特写镜头，再越过轴线

v）重新以全景交代被摄对象的关系，再越过轴线

【实验与练习】

◆目标：镜头剪辑的匹配原则。

◆操作：观看一集电视剧，分析其镜头剪辑中的匹配原则。

三、画面剪辑类型

镜头剪辑根据剪辑出发点的不同，可分为客观剪辑与主观剪辑。客观剪辑是依据客观的生活规律与逻辑来剪辑镜头。主观剪辑则是从影视作品某个人物的主观感觉出发来进行镜头剪辑，或者编导为了实现夸张、想象、变形、梦幻等强烈主观意图而实施的镜头剪辑。

根据对象的不同，可分为画面剪辑与声音剪辑。画面剪辑与声音剪辑是交融一体的，其实二者并不可分。画面剪辑与声音剪辑各自又分为不同的类型。

在谈到镜头剪辑时，必须谈到剪辑点的术语。二者是相辅相成的。所谓剪辑点，就是前后镜头转换与接合的点。剪辑点的选择，非常关键，关系到影像叙事的逻辑性与流畅性，给予受众视觉的愉悦性。剪辑点可以分为画面剪辑点与声音剪辑点两大类型。

画面剪辑介绍以下几个类型：

1.动作剪辑

动作剪辑是最常见的剪辑选择方式。选择被摄主体与镜头运动的转折点作为剪辑点，容易遮掩镜头转换的痕迹，可以使前后镜头所表现主体的动作与摄影（像）机的运动

变得自然流畅,叙事明晰清楚。

比如,在剪辑被摄人物弯腰割稻、打稻、挑担等一系列镜头时,弯腰割稻的剪辑点可选择在弯下腰割完一把稻的瞬间,打稻的剪辑点可选择稻脱粒后的一瞬间,挑担的剪辑点可选择人物挑担抹汗珠向镜头微笑的瞬间。

有时,一个动作镜头有多处剪辑点,选择哪个点,就需要视叙事目的与编导意图而定。

2.情绪剪辑

情绪剪辑是镜头剪辑时依据人物情绪、场景氛围来选择镜头的剪辑点。

一般来说,动作剪辑看得见被摄主体的外部运动,而情绪剪辑却是针对被摄主体的内部运动,即心理活动与情绪表达。

比如,上述例子中通过动作剪辑的方法让被摄人物在经历弯腰割稻、打稻、挑担之后,紧接着以一系列的镜头如喝茶歇息、鸡狗围绕、庭院植物以及西边的晚霞进行情绪剪辑,表现出一种劳动之后的欢愉场景。

再如,有时在编辑电视采访镜头时,被采访对象的话虽然已经说完,有经验的编导却并不立即终止画面,而是让被采访对象的镜头再延续一会儿,让观众看到被采访对象接下来的神情与心理活动的外露,这也是一种非常典型的情绪剪辑。

3.节奏剪辑

节奏剪辑是在镜头剪辑时,对镜头的长度及镜头间的接合位置进行特殊考虑,以期实现特定的节奏意图。节奏剪辑点的选择即以节奏的考量为出发点,而节奏的选择则依据内容、情绪及编导意图而定。

长镜头、静态镜头所形成的节奏要缓慢一些,可以表现舒缓、平静的氛围。短镜头和强烈的动作感镜头可以制造强节奏。比如,很多电视节目的宣传片就采用短镜头快切的方式制造快节奏的表现氛围,吸引观众去看。

四、声音剪辑

声音包括对白、画外音、解说以及音乐、音响等。不同类型的声音在剪辑点的选择上又有自身的特点,需要编导仔细斟酌与考量。

声音剪辑必须依照声音的特点、内容表现及编导意图来实施,并且必须结合画面来选择声音的剪辑点。

1.对白、音响及同期声的剪辑

对白、音响、同期声与画面属于两位一体,即单个镜头里的画面与对白、音响及同期声具有对应性。这类声音与画面剪辑时,可分为以下两种类型。

一是平行剪辑。

平行剪辑是指人物的对白、音响及同期声与画面同时同位切出或同时同位切入。平行剪辑形成画面与声音的完全对应，信息传播与意义表达清晰明了，显得平稳、庄重，但有时也会稍嫌呆板。

平行剪辑也称同位剪辑，同位剪辑时还要注意到画面与声音的“松”与“紧”的问题，即在同时同位切出或切入时，画面与声音有时不能太“紧”，可以适当地“松”一点，给观众的感觉更自然顺畅，而不是太突兀。

二是交错剪辑。

交错剪辑是人物的对白、音响及同期声与画面不同时同位切出，发生错位。比如前一镜头中的人物对白、音响及同期声还未完，而发出声音的画面却终止了，那么余下的对白、音响及同期声落在后一个镜头上。有时，声音前置，即与声音一体的画面尚未出现，而其对白、音响及同期声则已出现到前面的画面中，即可谓不见其人，先闻其声。交错剪辑使镜头与声音的关系变得富有层次，呈现出某种特殊的传播效果。

2.画外音、解说、音乐的剪辑

比起对白、音响及同期声与每个具体的画面的紧密性来说，画外音、解说与单个画面的关系相对松散一些，然而，在许多情形下，画外音、解说要与相应的画面形成一定的对应，即业内所谓的“贴”，即声音所说到的事物，画面要与之相关。比如，画外音、解说中提到“一群穷凶极恶的歹徒”，自然不能落在警察的镜头上，那样会引起不相应的误解与信息传达。

音乐可分为有歌词的音乐与无歌词的音乐。有歌词的音乐，有明确的意义表达，那么剪辑时要注意歌词与单个画面的对应更紧密一点；无歌词的音乐用于情绪的表达、气氛的营造，剪辑时无需考虑与单个镜头的对应关系，只要整个段落的画面内容及节奏相贴即可。

【实验与练习】

◆目标：了解声音剪辑的特点。

◆操作：观看一期专题节目，分析其中声音与画面、声音与声音之间的关系。

六、画面转场

画面转场是指影像叙事中在两个语意场景或段落之间前一个画面与后一个画面的连接与过渡。一个电视节目，就像一篇文章一样，可以划分不同层次的构件，比如，一个电视节目分为若干板块、章节，每一个板块、章节又可以分为若干大段落，每一个大段落又可以细分为很多的小段落，每个小段落可能会由多个场景或叙事情景构成。那么，板块与板块、章节与章节、大段落与大段落、段落与段落、场景与场景、情景与情景是如何明晰、连接与过渡的呢？

在实践中，由于板块、章节与大段落是意义相对完整的叙事单元，已经形成一定的叙事圆足与封闭，于是，在板块与板块、章节与章节、大段落与大段落之间需要叙事结构的明晰，即结构区分的仪式化与符号化，因此，在它们之间插入节目片花、节目预告或下节内容提示，甚至插播广告，就是以仪式化与符号化的方式进行叙事结构的明晰。当然，这些仪式化与符号化的方式也起到一定的叙事连接与过渡的作用。

电视节目的一个小段落，即由若干场景或情景组成，其叙事链尚不够完整，需要前后小段落的相互关联，才能建构成意义相对完整的大段落或者章节、板块。因此，小段落与小段落之间，不像板块、章节、大段落那样特别需要叙事结构的明晰，而是特别需要叙事连接与过渡。小段落之间的叙事连接与过渡，表现在画面方面，即为画面的转场。

1.技巧转场

技巧转场，是指用电脑特技加工、修饰或生发的画面来完成两个段落、场景或情景之间的过渡，完成时间与空间的转变。随着影视科技与电脑技术的发展，后期制作对于原始拍摄画面的加工、修饰甚至电脑独自生发画面的能力在快速增强，用来进行画面转场的特技也愈加丰富起来。这里介绍几种常用的特技转场手段。

i）淡入与淡出

淡入与淡出，又称为隐入与隐出、渐显与渐落、黑起与黑落。这种画面特技用于前后两个场景的画面转场，即前一个场景的画面淡出之后，后一个场景的画面淡出，表明这是两个不同的意义单元，通过淡出与淡入进行界分与过渡。先是淡出，再是淡入，两者一般组合使用。有时也可以单用。如节目的开篇只能单用淡入，而一个段落或节目结束可单用淡出。淡入、淡出的特技叙事，一般节奏较缓，过渡自然通畅。当一个淡出的段落快速切入一个节奏强的画面，即表明影像叙事不仅发生意义单元的转换，而且说明叙事节奏的变化。

ii）化出与化入

化出与化入，是指前一个画面慢慢化变消隐（化出）之前，后一个画面接着开始渐显（化入），前一个画面化变的部分与后一个画面渐显的部分相互叠加。

化出与化入可表示时间的推移，化出与化入的两个画面之间有较大的时间省略。比如，由冰天雪地的画面化出，而由山花烂漫化入，则表现了冬去春来的时间变化与场景内容的转换。

化出与化入可表示空间与场景的转换。比如,一对刚相识的男女,一会儿划船,一会儿溜冰,一会儿跳舞,一会儿打球等,这里每个场景或活动可用化出与化入进行过渡与连接,形成一个叙事段落,表明这对男女已经发展到不同寻常关系的地步。

化出与化入还可用来表现回忆、想象、梦幻等。

许多情形下,化出与化入连续使用,形成一组类似于排比手法的画面序列。

化出与化入的特技,节奏舒缓,过渡与转场流畅自然。有时,还可以表示有强烈抒情意味的影视叙事。

iii)划出与划入

划出与划入,是指前一个画面在某个边界线滑移(划出)之后,迅速被后一个画面代替(划入)。

划出与划入,节奏快,过渡与转场明显,动感大,但有时不免生硬。

iv)圈出与圈入

圈出与圈入,即是划出与划入的变种。圈出,即是从画面中心点向外扩大,接入下一个画面。圈入则是由画面外沿向内缩小至中心而消失,再接入下一个画面。

圈出圈入的特技转场可以让受众注意到画面的中心点,起突出细节的特写作用。

v)帘出与帘入

帘出与帘入,亦是划的一种,即以卷帘或掀帘的方式将上一个画面翻过来,马上接入下一个画面。

帘出与帘入的前后画面,可以形成对比性的、隐喻性的过渡与转场。比如,帘出的画面是大学生儿子在舞场欢愉的场景,接下帘入的画面则是老父在街头叫卖的艰辛情状,两者形成巨大的反差,突显节目的叙事主旨。

vi)静帧

静帧,是一种时间停止,方法是选取镜头中的一帧画面使之静止若干时间,再接下一个画面。静帧是为了受众有足够的时间看清某一画面的细节,而不是稍纵即逝。静帧是一种叙事强调。有时,静帧用于一个场景的结束,并伴随淡去的特技。

【实验与练习】

◆目标:了解技巧转场。

◆操作:观看一期专题节目,分析其中技巧转场的方法。

2.无技巧转场

如果不使用特技而是由画面与画面进行直接切换，那么有哪些技巧使这种时空变换变得自然流畅，甚至意味深长呢？这也是编导组接前后场景需要好好琢磨的地方，即无技巧转场技法。

i）出画与入画转场

出画是指人物、动物或其他动体（如车、船等交通工具）从画面中走出，入画则相反。一般情形下，出画与入画转场是同一主体。上一个画面是出画，使人形成叙事疑问：他（它）去哪里？下一个画面是入画，则解开疑问：他（它）进入了一个新的场景。这样，出画与入画自然地形成转场。比如，警察持枪蹑手蹑脚走上楼梯出画，下一画面则是警察持枪入画到一个公寓走廊的门前停住并猛地踹门而入。后一个画面是前一个画面的行为延续或结果。

有时，出画与入画转场则并非同一主体。比如，上一个画面男人A提着满满的一篮子菜出画，他要给自己的女友做一顿好吃的，脸上带着满足幸福的神情，然而，下一个画面则是一个潮男手捧一大束玫瑰花入画，他将送花给自己的女友。后一个画面与前一个画面形成叙事对照。

连续出画与入画，每一个画面的主体都不一样，场景也不相同，这是将几个场景的人物动作并举，形成特殊情形下的平行或交叉蒙太奇叙事，以实现风格、节奏方面的影视修辞目的。

ii）动感画面转场

动感画面转场，可分为画面内的动作转场与运动画面转场两大类。

动作转场，指利用动作的连续性、因果性形成场景之间的画面连接与过渡。比如，上一个画面是猎人张弓搭箭向天空瞄准，下一个画面则是一只飞鸟扑腾了几下，从天空掉落树间。这是同一场景中的动作转场。如果再继续接一个将禽肉下锅煸炒的画面，则是另一场景的动作转场。

运动画面转场，指利用推、拉、摇、移、跟、升、降、甩等运动摄像技法进行场景之间的画面连接与过渡。镜头运动具有指向性，这种指向性形成画面转场的逻辑依据。比如，跟摄一个农夫挑肥走在田埂路上，那么下一个画面可以是农夫在地里施肥。升镜头后面连接一个画面俯拍全景，是顺理成章的。

甩镜头，有时可用于场景跨度极大的画面转场，形成特殊的叙事效果。比如，前一个画面是一个便衣警察在人群中警惕地注意疑犯的出现，从这里甩起，马上接下疑犯在酒吧狂舞的情形。

iii）特写镜头转场

由于特写镜头体现的是人、物的细部，其整体状态与环境特征不明显，利用特写镜头转场，可以使受众正在疑惑该镜头是属于上一个场景还是下一个场景时，就自然地转场了，受众从接下来的画面可以获知已经进入新的场景。比如，一组河边捕鱼的画面后，接一个鱼在锅里红烧的特写镜头，就过渡到一组厨房场景，再接一个碰杯的特写，过渡到喝酒食鱼的晚餐场景。先是捕鱼，怎么就到了锅里的鱼呢，原来场景转到厨房了，再出现碰杯的特写，场景转到餐厅了。

利用特写镜头转场，可以给受众带来由特写形成的瞬间悬念，并把注意力集中到具有视觉冲击力的特写镜头及其后续的画面上，寻找悬念的答案。

iv）挡黑镜头转场

画面人物或其他物体挡住光圈，使镜头变黑。在编辑时，利用挡黑的瞬间，转换到新的场景。比如，比赛结束后的运动员向摄像机走近，身影盖住镜头，再过渡到该运动员在酒吧喝酒。

有时，挡黑镜头转场前后的人物可以不一致。比如，比赛结束后的某男运动员向摄像机走近，身影挡黑镜头，再过渡到一个女运动员离开镜头向前走去参加比赛。

有时，交通工具挡黑镜头、运动拍摄进入黑暗或随运动的被摄对象进入黑暗，都可以做转场镜头使用。比如，镜头随着主人公贴在火车窗口眺望窗外，呼啸着进入黑暗的隧洞里，而后则可以迅速转为其他场景，如同一人物的回忆、幻想或其在其他场景里的行为，也可以是其他人的行动场景。

v）空镜头转场

空镜头，是指没有人物参与及活动的镜头。空镜头一般用来交代环境，用于转场，可以说明另一个场景里的人物活动。比如，上一个场景是一组男女在河面划船游逛的镜头，再接一个夜总会空镜头转场，然后就是KTV里的唱歌狂欢镜头。这里的空镜头意味着场景的改变，也告知受众影视叙事从河面转到了室内，从白天转到了晚上。

vi）主观镜头转场

主观镜头是由摄像机代替人物的眼睛所看到的情景。在影视叙事中，我们可以在前一组画面叙事快结束时安排一个人物观看或注视某一场景或人物的客观镜头，那么，接下来的主观镜头就很自然地转到新的情景。

比如，上一个场景是室内几个人在交谈，其中一人起身走近窗户往外看，楼下一个修鞋匠正在忙碌着。修鞋匠镜头是窗户边上人的主观镜头，通过这一主观过渡，即可从室内转到室外，开始室外的叙事。修鞋匠接待了一个时尚女人后，不停地张望，并开始吆喝起生意来。

许多情形下，主观镜头的情景叙述结束后，还回到原来的客观镜头及场景，用来交代人物在知晓主观镜头所反映的全部情景之后的反应及行动，形成影视叙事的照应与结构契合。

vii）反应镜头转场

反应镜头，是指人物在经历某个事件、从事某项活动、看到某个情景、听到某种声音时所表现出来的动作、表情及其他身势语言。

当上一个场景结束时，使用下一个场景中的反应镜头过渡与转场，再接续该场景的主体场景。比如，上一个场景是学生在军训操练，以一群学生喜笑鼓掌的反应镜头过渡，再接军训间隙学生们的文娱表演。由于上一个场景不可能有如此之类的反应镜头，那么后一个场景的反应镜头前置的做法可以自然地转场，并引发受众的某种悬念：有什么样的精彩事情能引起大家喜笑鼓掌的反应？悬念可以促使受众接着往下探寻。

viii）相似性转场

相似性转场是指利用上一个场景与下一个场景中的相似物象进行连接与过渡。比如，小孩子玩火车玩具的场景与孩子父亲开火车的场景，可以利用其中的相似性转场。

有时相似性转场显得有些隐晦。比如，从开啤酒时酒花喷射的场景过渡到沸腾的迪厅场景，是利用两者共通的强烈动感与场景情状的相似性来转场，颇有意味。

ix）声音转场

利用声音元素来承前启后，达到场景连接与过渡的目的。能用于转场的声音可以是对白、画外音、解说配音，也可以是音乐、音响等。

对白、画外音、解说配音都可以通过声音的内容信息来提醒受众场景的转变。比如，上一个场景的人物有一句对白：“必须找到长连髭须的艺人！”于是，可以过渡到长连髭须艺人正在地下通道卖艺的情景。

不见其人，先闻其声。上一个场景中出现下一个场景的声音，受众愿意寻声而去，自然过渡到发出声音的场景。这里的声音可能是说话声，也可能是音乐或响声。

x）虚化镜头转场

利用镜头虚化部分切入下一个场景的镜头，可以实现转场。比如从甩镜头的虚处接下一场景的镜头，从人物慢慢变虚的身影转场到另外的场景，都是以虚化部分暗示一个场景的结束，这样，就比较容易理解下一个场景是新起场景。

xi）逻辑关系转场

前后场景是一种行为因果或顺承等逻辑关系，这样前后场景就可以自然地转场。这也是常用的转场方式。比如，厨房做饭菜与餐厅吃饭，是一种动作顺承关系，可以直接连接与过渡。

事实上，影视叙事中的转场不止于以上几种方式，另外，有时，转场也不止于一种方式，而是同时使用几种方式来转场。比如，从捕鱼到厨房烹鱼，可以是逻辑关系转场，也可以是特写镜头或空镜头转场，甚至声音转场，比如在捕鱼的场景时有一个人说："今晚可以好好打牙祭啰！"即由声音的信息内容提示转到大家争食鱼肉的场景。

【本节要点】

◆镜头剪辑要符合人们的生活逻辑、认知逻辑、视觉逻辑、艺术逻辑等。

◆所谓镜头剪辑的匹配，即指上下镜头剪辑符合逻辑的一致性，在视觉上表现出流畅感与连贯性，符合人们在日常生活中的心理体验。镜头剪辑包括位置的匹配、视线的匹配、运动的匹配、景别的匹配、影调与色彩的匹配等。

◆运动剪辑的基本原则就是动接动、静接静，是指前后两个镜头内部的主体或外部摄影（像）机的运动要保持一致性。这样可保证画面的流畅感。

◆景别的剪辑式可分前进式、后退式及回环式。至于景别相差巨大的两极镜头的剪辑方式是有条件的。

◆镜头剪辑，为了保证运动方向的正确，必须遵循特定的轴线规则。所谓轴线规则，即同一场景拍摄相连镜头时，机位应该选择在轴线一侧的180度以内，否则就是"越轴"，造成画面的混乱。

◆画面剪辑包括动作剪辑、情绪剪辑、节奏剪辑等。

◆声音剪辑必须依照声音的特点、内容表现及编导意图来实施，并且必须结合画面来选择声音的剪辑点，包括对白、音响及同期声的剪辑以及画外音、解说、音乐的剪辑。

◆对白、音响、同期声与画面属于两位一体，即单个镜头里的画面与对白、音响及同期声具有对应性。这类声音与画面剪辑时，可分为以下两种类型，一是平行剪辑，二是交错剪辑。

◆画面转场可分技巧转场与无技巧转场。

◆技巧转场，是指用电脑特技加工、修饰或生发的画面来完成两个段落、场景或情景之间的过渡，完成时间与空间的转变，包括淡入与淡出、化出与化入、划出与划入、圈出与圈入、帘出与帘入、静帧等。

◆无技巧转场包括出画与入画转场、动感画面转场、特写镜头转场、挡黑镜头转场、空镜头转场、主观镜头转场、反应镜头转场、相似性转场、声音转场、虚化镜头转场、逻辑关系转场等。

【实验与练习】

◆目标：掌握无技巧转场方法。

◆操作：观看一段电视剧，分析其中无技巧转场的方式。

第八章　节目类型与编导要点

节目类型划分，其实不是一件容易的事情，传统类型划分有时很难跟上节目的类型发展。不过，为了论述的方便与阅读者的习惯，本章在节目类型划分上以传统类型划分为主，兼及一些新的划分方式，并合并了某些节目类型。传统类型划分的节目形态有电视新闻类节目、电视综艺娱乐类节目、电视晚会节目、谈话类节目、生活服务类节目等，论述中将专题节目、纪录片、电视散文合并为一个大类型，并新辟一个新的类型，即大型活动型节目，将真人秀节目、选秀节目融入其中进行论述。本章先是介绍当前电视节目的一些文本形态及传播特点，再以类型的方式对节目的编导要点进行分析与阐述。

第一节　当前电视节目的编导特点

【阅读导引】

◆当前电视节目表现出哪些突出的编导特点？

◆什么是强标识性？什么是强功能性？

◆真人秀节目对中国大陆电视的影响主要表现在什么地方？

◆如何采取编导手段加快一个电视节目的节奏？

◆什么是强情境性？如何设计一个节目的强情境性？

◆电视节目的强营销性表现在哪些地方？

◆电视节目如何实现心理互动？

随着电视媒体的发展，电视过剩现象已经开始显现。电视竞争愈发激烈。电视人在节目创新方面做了诸多的探索与实践。归结近几年的电视节目发展态势，我们可以看出，当前电视节目表现出以下几个编导特点。

一、强标识性

强标识性表现为电视节目核心元素的突显。某一个或几个核心元素在节目中得到最大化的强调、放大与扩充。

近年，一度出现的以记歌词为核心元素的K歌节目、以魔术为主的魔术秀、以情感为核心元素的访谈节目、以唱歌与跳舞为核心元素的各类选秀节目等，都是以核心内容为最初原点，对各种形式进行强化后，从而形成节目的最大亮点，期待成为电视节目的最大卖点。

这种强标识性的主要作用在于以下三点：

一是记忆点。通过强标识性制造电视节目的记忆点，使受众能够记住节目，并留下比较持久的印象。

二是差异化。电视节目的强标识性也是差异化竞争的一种策略。通过强标识性达到与他人节目的反差，从而获得受众的青睐。

三是品牌化。强标识性有可能促进某档电视节目向品牌化发展，从而建立起某档电视节目稳定的受众市场，获取理想的收视份额。

电视节目的强标识性，一方面要依赖受众市场对某一个或几个核心元素的认可，最好是某一段时间内受众热望的收视内容；另一方面需要有操作适宜的表现方式，以受众喜爱的节目形态去构建这些核心元素。

二、强功能性

一档节目应该有明晰的传播功能设计。“包治百病”的全功能性节目，如早期《东方时空》那样，名称的模糊化、内容的多样化、版式的杂志化、功能的全面化，已经难以在节目市场上取得长足的发展。

电视节目的强功能性设计，必须服从于现实的社会诉求。首先需要满足受众的某一项最重要的收视欲望，比如，《快乐女声》、《我爱记歌词》就是为大众的音乐表现欲提供一个宣泄平台；而《康熙来了》却能满足受众对明星的窥探欲；《收藏天下》之类节目显然与盛世收藏的流行主题是分不开的；《非诚勿扰》之类婚恋节目，为男女交友提供了一个电视化的表现平台。

电视节目的强功能性设计，还必须实现美学化的提升，也就是说，不能只是受众某种诉求的简单复制，而需要将其集中、提炼、强调、放大，然后建立一个合适的载体或平台。

三、强规则性

电视节目越来越体现出强烈的规则性。这种传播学特点大抵自真人秀节目传入中国大陆以来就开始渐现。真人秀是一个规则性突出的节目类型，是电视舶来品。其中的规则性可分解成诸多的节目元素，如特定的选手、规则、淘汰、胜出、奖赏等。在真人秀节目中，突出地表现为：过程＞结果。过程成为节目的最大卖点。而过程则是通过以上各元素进行叙事化编程后形成的节目序列，提供给受众以某种娱乐参与、共享的阅读体验。

纯粹真人秀节目在原版引进、本土化的模仿阶段并未大行其道，总处于不温不火的状态。选秀节目的出现改变了这种传播状态。选秀节目是舶来的真人秀与中国大陆本土化的综艺娱乐化节目最致密的混融体，使真人秀的规则化元素大放光芒，一度耀眼夺目。

如今，真人秀节目的规则化理念已经深入人心，大大丰富了中国大陆电视节目的表现元素与手段。泛真人秀元素如今已渗入各类节目之中，渐显出中国电视的强规则性态势。

强规则性节目，重在流程所形成的叙事悬念，从而带来巨大的传播张力。

四、强节奏性

一个电视节目的节奏，受制于以下一些因素：

ⅰ)题材因素

电视节目的题材与内容不同,其节奏显然是不一样的。比如,做一个法制节目,一个选题是警察抓捕持枪抢劫犯,另一个选题法官是如何耐心细致地调停一起棘手的民事官司,前者节奏快,后者节奏慢。反映到节目中,自然应该显出节奏的差异性。

ⅱ)受众因素

不同社会学特征的受众对于节奏的诉求又不尽相同。青少年的节奏感是最强的,节奏稍慢一点,他们可能就会无法忍受。中老年人喜欢节奏稍慢一点的节目。受过高等教育的受众,对于节奏诉求可能会宽容一些,快节奏、慢节奏都在一定语境内可以接受,他们可能最关心的还是内容性质。

ⅲ)节目类型因素

不同节目类型,其节奏是不一样的。专题片、纪录片等节目类型,一般来说,节奏较慢,而运动类、竞技类等节目类型的节奏较快。

ⅳ)时段因素

每个时段都有自身的节奏特点。黄金时段的节奏要快,晚间、深夜时段的节奏要慢。时段节奏特点,是与受众类型及作息时间分不开的。黄金时段的受众是包括年轻人在内的大众化受众群,节奏太慢,无法让年轻受众接受。晚间、深夜时分,人们处于入睡休息之际,无论从生理上还是从心理上,需要慢节奏的作品来调理身心。如果这时候的电视节目节奏感很强,弄得受众兴奋难眠,显然是不人性的。

尽管基于受众、时段、节目类型的不同,一个电视节目的节奏程度也不一样,然而,整体趋势是电视节目在不断增加自身的节奏感。受众对于节奏诉求的提升,一是生活节奏的加快,自然需要电视节目的节奏随之“水涨船高”,加上休闲娱乐的需要,节奏感强,更能让人放松;二是随着人们对于影视阅读数量的累积,受众对于节奏的总阈限总在提高。

一个电视节目的节奏可能受制于几种因素,可以通过编导手段对电视节目节奏进行人为的加工,从而使其节奏感增强。这些编导手段,有以下几个方面:

ⅰ)增强视觉节奏

减少全景系列镜头,增大近景系列镜头的运用;合理缩短镜头的存续时间,等等。

ⅱ)提升听觉节奏

避免冗长的人物言语同期声,可以用解说打断,也可以通过两人或多人采访同期声的交替剪辑来替代一个人的冗长解说;加快解说的节奏;加强音乐节奏,等等。

ⅲ)提高叙事密度

加大叙事信息,省略某些使节目节奏变慢的叙事内容等。

iv）制造叙事悬念

悬念可提升受众的阅读欲望，加快受众心理的紧张度，相当于制造新的节奏。

当然，通过以上编导手段强化电视节奏时，不能损害节目的真实性、完整性。

【实验与练习】

◆目标：认识电视节目的标识性、规则性、节奏性。

◆操作：找几档电视节目，分析每档节目的标识性、规则性、节奏性问题。

五、强情境性

所谓强情境性，就是电视节目通过制造特别的情境，让受众沉浸于节目的特殊环境与氛围之中，从而实现人物情感的宣泄与表达。比如，在演播室里，编导先设计让嘉宾回忆最感动的人和事，于是在嘉宾不知情的前提下，请出当事人，使嘉宾发生强烈的情绪变化，并以嘉宾与当事人的突然相遇所带来的感人情景提升节目的情感度。

这种情境化的设计，不仅用于真人秀、情感类节目，而且已广泛运用到娱乐访谈、晚会、新闻访谈甚至新闻报道等诸多节目类型中。比如，春节对于守边官兵的报道，往往会选择最偏僻的哨所，最好是大雪纷飞、官兵艰难巡边等情境化的地点，从而强化与万家团圆的情境差异，促动受众的心灵之弦。

目前许多节目不再满足局部或内容情节的情境化，已经将强情境性大量运用到节目的结构建造之中。比如，凤凰卫视的《一虎一席谈》，是一档新闻评论类节目，却自始至终以对抗性情境作为整个节目的叙事流程。湖南卫视的《变形计》，以境遇极为不同的两个孩子进行互换，记录互换后的一周生活，强烈的情境反差，引发受众的强烈关注。

【实验与练习】

◆目标：认识电视节目的情境性。

◆操作：找一档情境性强的电视节目，分析其中的情境动因，并说明形态是否能吸引受众。

六、强营销性

当前电视节目除了以上所说的几个文本形态上的传播学特点外，还表现为推广策略上的强营销性。

电视节目的强营销性是由于电视领域由卖方市场转为买方市场所致。如果依然如从前那样只是强调生产而忽略推广与营销，那么新节目难以最快速度地脱颖而出，很容易被继起的模仿者超过而失去先发的传播优势，甚至湮灭在浩如烟海的节目当中。品质吸引与营销推广，如今已成为电视传播者所共同倚重的策略。

强营销性，变被动接受为主动推销，让更多的受众在最短时间里知晓节目、认可节目，缩短新节目的市场培育期。受众面的大小、影响程度（包括正面与负面）、美誉度、业界认可度、广告商追逐程度等都可以成为强营销性的转化指数参考。

电视节目的推广与营销方式与手段变得丰富多样。从不同角度可以分为以下类型：

从营销的媒体渠道角度来看，可以分为自我营销与多媒体营销。自我营销，可以在自身节目与自身频道高密度地播出预告片、宣传片等，也可以借助优势的伙伴节目与频道进行推广与营销。多媒体营销，借助除电视媒体外的各种媒体，尤其是新媒体进行节目推广与营销。当前，很多节目通过互联网等新媒体的营销变得愈来愈频繁，并且手段也变得愈来愈娴熟，方法创意辈出。

从营销的影响来看，可分为正面营销与负面营销。正面营销通过对电视节目正面品质进行宣传与推广，获取关注度与赞誉度。负面营销，则利用与电视节目有关的负面事件或负面话题进行炒作，目的是获得高关注度，扩大受众面。负面营销具有很大的风险性，必须做到：一是不能违背媒体的伦理底线，二是运用负面营销在获取高关注度的同时，还要尽可能运用其他手段冲抵负面营销对品牌的伤害。

从营销采取的手段来看，可以分为活动营销、事件营销与话题营销。活动营销，通过做活动来拉升收视率、提高美誉度、积聚人气。事件营销与话题营销分别利用事件与话题达到制造社会关注的热点、提高人气的目的。

【实验与练习】

◆目标：认识电视节目的推广宣传方式与手段。

◆操作：分析当下一档电视节目的推广宣传手段，并补充说明还可以使用哪些营销手段使其获得更大影响。

七、强互动性

强互动性，既可以表现为文本形态的特点，又可以作为推广营销的策略。

强化节目内部互动。嘉宾、选手、现场观众等互动程度加强、方式变得多样化，愈发富有动感。尤其是现场观众，除了作为节目的有机构成部分，还在很大程度上形成电视机前观众的替代参与。

利用越来越多的渠道尤其是新媒体（互联网与手机短信）收集受众的收视意见，以此调整节目内容与形式。事实上，这些手段不只是推广与营销手段，也是节目的重要内容。活动型节目把受众互动强化到形态、结构之中，如电视、网络、短信投票，彩铃下载，大众评审团，媒体评委等形形色色的方法与手段，极大程度地调动了受众参与节目的积极性。

强烈的心理暗示与心理互动使得更大面积的受众投入到电视节目之中。受众的现场参与与各种形态的实际互动，变得越来越频繁，规模也越来越宏大，但电视节目还必须最大程度引发未能实际参与的受众进行互动。如果一档电视节目能够成为电视机前观众茶余饭后的谈资或社交话题，那么，就有可能会使受众得到一种心理暗示：若不看某档节目，可能会在社交生活中落伍。从众心理是很多人看某个火爆节目的诱因。

事实上，能引发受众强烈而持久关注某个电视节目的最大心理动力是什么呢？应该是受众对电视节目中人物命运、事件发展或社会事态的悬念追索。一个电视节目需要捕捉到大面积受众当下最强烈的探询心理，以耳目一新的节目形态、鲜活的选题内容为诱饵，以悬念叙事作为拿捏与调节受众的技法，形成受众欲罢不能的心理期待，直至最后结果的出现。电视连续剧是最典型的代表。如今，电视节目的连续剧化、系列剧化、季播剧化尤其是活动型节目的过程悬念化，大大推进了电视节目与受众的心理互动。

【本节要点】

◆当前电视节目表现出强标识性、强功能性、强规则性、强节奏性、强情境性、强营销性、强互动性等编导特点。

◆强标识性表现为电视节目核心元素的突显。其一个或几个核心元素在节目中得到最大化的强调、放大与扩充。这种强标识性的主要作用在于记忆点、差异化、品牌化。

◆电视节目的强功能性设计，必须服从于现实的社会诉求，首先需要满足受众的某一项最重要的收视欲望，还必须实现美学化的提升。

◆电视节目越来越体现出强烈的规则性。泛真人秀元素如今已渗入各类节目之中，渐显出中国电视的强规则性态势。强规则性节目，重在流程所形成的叙事悬念，从而带大巨大的传播张力。

◆一个电视节目的节奏，受制于题材因素、受众因素、节目类型因素、时段因素等。通过增强视觉节奏、提升听觉节奏、提高叙事密度、制造叙事悬念等编导手段对电视节目节奏进行人为的加工，从而使其节奏感增强。

◆所谓强情境性，就是电视节目通过制造特别的情境，让受众沉浸于节目的特殊环境与氛围之中，从而实现人物情感的宣泄与表达。许多节目不再满足局部或内容情节的情境化，已经将强情境性大量运用到节目的结构建造之中。

◆电视节目的强营销性是由于电视领域由卖方市场转为买方市场所致。强营销性，变被动接受为主动推销，让更多的受众在最短时间里知晓节目、认可节目，缩短新节目的市场培育期。电视节目的推广与营销方式与手段变得丰富多样，从营销的媒体渠道角度来看，可以分为自我营销与多媒体营销；从营销的影响来看，可分为正面营销与负面营销；从营销采取的手段来看，可分为活动营销、事件营销与话题营销。

◆电视节目的强互动性，既可以表现为文本形态的特点，又可以作为推广营销的策略。强化节目内部互动，活动型节目把受众互动强化到形态、结构之中，强烈的心理暗示与心理互动使得更大面积的受众投入到电视节目之中。电视节目的连续剧化、系列剧化、季播剧化尤其是活动型节目的过程悬念化，大大推进了电视节目与受众的心理互动。

【实验与练习】

◆目标：了解电视节目的互动方式。

◆操作：选择一档大型活动型节目作为对象，观看整个活动影像，分析节目流程及互动方式与形态。

第二节　电视新闻类节目的编导要点

【阅读导引】

◆新闻敏锐力表现在哪些方面？如何保证新闻时效力？

◆出镜报道有哪些功能？

◆什么是新闻策划？包括哪些方面的策划？

◆什么是“华尔街日报体”？电视报道如何运用这一写作模式？

◆电视新闻评论有哪些话语模式？

电视新闻节目可分为消息类、专题类、评论类、访谈类等。在新闻类节目中，记者与编导的身份有时比较混同。一般来说，消息类节目的前方采访拍摄人员被称为记者，新闻专题类、新闻评论类尤其是演播室内新闻访谈节目的主创人员常常被称做编导。为了论述的方便，此节权且将电视新闻类节目的主创人员都看做是电视编导。

一个新闻节目的记者或编导必须具备新闻采访、文稿写作、后期制作等专业技能，还要培养人际交流、组织协调、社会活动等社交能力。现在介绍一些电视新闻类节目的编导要点。

一、新闻采摄

新闻采摄是电视新闻类节目最基础的生产环节，尤其对消息类、专题类节目来说，几乎是具有决定意义的环节。

1.新闻敏锐力与选题判断

做一个新闻记者，需要有好的新闻敏锐力来发现新闻线索。

培养新闻嗅觉。每个新闻记者都有新闻鼻，能敏感地嗅到各种新闻素材，并考虑能否成为选题。

拓开新闻源。一个记者的新闻源越广，越能获得新闻题材。

寻找独家新闻。所谓独家新闻，就是具有排他性的新闻发现与新闻报道。一个记者需要有发现独家新闻的意识与能力。在传统媒介语境中，常常把发现与报道独家新闻作为一个记者或编导新闻能力的重要衡量标准。

寻找新闻角度。随着新媒体的发展，信息透明度加大，独家新闻的争抢越来越激烈，越来越难。那么,针对共同发现的新闻,以特别的角度去报道,去开掘,可以获取不同凡响的传播效果。

2.新闻时效力

新闻是易碎品。任何新闻类节目都表现出不同程度的时效力,以动态性的消息报道最为突显。一个记者或者编导必须保证一则消息、一个专题报道、一个新闻评论或者一个新闻访谈的信息鲜活性。

如何保证一个新闻类节目的时效力呢?

i)最早捕捉的新闻线索

ii)最快速的新闻采摄

iii)最快捷的素材传送

iv)最高效的后期制作

v)最合适的播出时间

最大化缩短新闻发生与信息到达的时间,直播是时效力的最高形式。等距离的新闻发生地,两家电视机构的新闻时效力基于采摄人员采摄能力、管理者水平、反应机制以及制作、传输、播映设施等综合因素的考量。

突发事件的采摄与报道是一家电视台新闻报道水平的重要标志。突发性事件的采摄,考验一个新闻记者的能力与素质。突发事件的新闻采访与拍摄,贵在速度。

第一时间获得新闻线索。缩短反应时间,第一时间到达新闻现场。各家新闻媒体,实质上都有一套相应的反应机制。

突发性事件的采摄机会稍纵即逝,无法进行周密的前期策划,都是仓促上阵,但采摄可以遵循一定的流程,可以避免采摄失误。

第一时间确认核心的新闻现场进行采访与拍摄。

寻找并采访突发事件的主体当事人,拍摄核心现场的场景,取得最重要的新闻素材。尽可能避免拍摄次生的新闻现场或采访不重要的当事人而耽搁宝贵的时间,轮到拍摄核心现场时,事件已接近尾声或者已经结束,就会留下遗憾。

再寻找次要当事人、目击者、证人进行采访与拍摄。

最后,可以转到其他次生的新闻现场,发现其他有意义的新闻素材。

注意:

采访同期声:尽可能保证主体当事人、重要当事人言语同期声录制的完整性,一般的做法是尽量保证连续开机,保证重要声音材料不会遗漏。

镜头素材:保证核心场景、核心当事人、核心景别的镜头外,兼顾其他当事人、旁观者反应以及环境交代等镜头类型。

【实验与练习】

◆目标：培养突发性事件的采摄技能。

◆操作：分组实验，上闹市区采访突发性的街头事件，制作成片，评价对突发事件的主次判断、处置以及同期声、镜头的采摄是否到位。

3.出镜报道

电视新闻记者的出镜报道，可以以"我在现场"来凸现媒体的存在感，从而彰显出媒体的社会责任心，也给电视台带来受众口碑、行业声誉，建构电视台的行业形象。

记者的出镜报道给受众带来现场感、亲切感、真实感。记者在新闻现场做出镜报道，观众就能清楚地感受到现场的情况，增强报道的现场感、可视性、真实性的传播效果。出镜报道，即是记者与电视机前的观众进行面对面的交流，让受众觉得亲近、没有距离感。

出镜报道的功能表现如下：

i）信息说明与强调

对于来自新闻现场的一些镜头信息，受众由于缺乏背景知识，不甚了解，于是记者通过出镜报道对其进行阐述说明。对某些核心的现场情况，通过出镜报道进行信息强化，从而给受众留下更深刻的印象。

ii）信息补足

有时由于种种原因，进入新闻现场的记者不能通过影像画面完全地传达信息，那么，通过出镜报道，将自己看到的、听到的以及感受到的信息传播出来。

iii）叙事形态与结构

一方面，记者的出镜报道可以丰富新闻报道的形态；另一方面，出镜报道还有叙事过渡、串联或总结的功能，具有一定的结构意义。

iv）渲染气氛

记者的出镜报道可以强化、渲染某种现场气氛。比如，通过记者的出镜报道，可以传达出突发性事件的紧张感、危机性；也可以通过出镜报道传达出记者对某些仪式性事件的喜悦与激动情绪。

v）出镜记者的明星化

经常做出镜报道的记者，可以成为家喻户晓的明星。记者的明星化反过来可以带动节目的收视。有些节目，干脆以出镜记者来命名，以出镜报道作为主要的节目形态，获得良好的社会反响。

一般来说，出镜报道要选择核心的新闻现场，通过对核心新闻现场进行说明、陈述与强调，让受众了解最核心的现场信息。有时，根据需要也可以选择次生新闻现场，传达某些重要的次生信息。如案发现场是核心现场，可以设计出镜报道，那么，加油站发现了犯罪嫌疑人的踪迹，也可以在加油站做出镜报道，让受众了解相关情况与信息。

出镜报道的背景选择，要与报道内容相关，具有一定的符号化意义与代表性。比如，矿难现场的出镜报道，传达内容主要是救援队下井救人，那么，出镜的背景自然是井口。这样的背景选择，需采用纵深镜头，让受众对背景看得真切。

出镜报道的内容设计，必定包括时间、地点、发生了什么事情、当前的事态发展状况、当事人或相关部门的作为等，有时还可以传达记者的现场感受。比如，一则关于矿难的电视记者出镜报道，报道一开始就是记者面对镜头："观众朋友，我现在是在××煤矿的现场，现在的时间是下午三点二十八分，一个小时前，这里发生了瓦斯爆炸，据说有十二个人被困井下，有关部门正在组织救援。我们看到戴着防毒面具一样装束的救援人员正准备下到井下……"

一些非事件性的新闻报道，如物价上涨对国民生活的影响，可以先选择特别场景进行实景出镜报道，如在超市或菜市场里向受众传达诸多商品涨价或卖空货架的情形，在做完出镜报道后，可以转到现场采访，或者直接回到涨价现象的分析上。

【实验与练习】

◆目标：学习出镜报道。

◆操作：参与一项校园活动，让练习者做一个出镜报道；或者假设一个新闻现场，请练习者做一个出镜报道。教师评价。

4.新闻策划

事实上，从大众媒介报道第一条新闻那天起，新闻策划就诞生了，选择什么、如何报道无论如何是需要考虑的。而今由于媒体竞争与自我发展的需要，新闻策划变得愈发重要起来。

新闻策划并非制造新闻，无中生有的制造假新闻是违背新闻伦理的，甚至是违反国家法律的。新闻策划是对新闻报道行为的方式、策略及流程等的策划，具体可以包括以下内容：

i）新闻源的发现、开发与利用

新闻媒体需要拓展新闻源，对现有新闻源进行最大化的开发与利用。

ii）新闻是否值得报道

面对海量的新闻信息，选择什么样的新闻进行报道，判断该新闻的报道价值，有赖于新闻人的智慧，是新闻策划的重要组成部分。

iii）新闻报道的角度、方法、技巧

这是新闻策划的一个重点。面对一个新闻题材，不同的媒体根据自身的特点与目标受众的诉求选择各自的角度、方法与技巧。巧设角度、创新方法、变换技巧，以同题材的新闻报道获得异于同行的传播效果。

iv）新闻报道的程度与规模

新闻策划需要提前对报道的程度与规模进行预设计，比如，或者采用消息报道，或者采用专题报道，或者追求更大的轰动效应，采用追踪报道，从而形成连续报道或系列报道。在技巧方案上，是否采取直播报道形态等等。对于预设计的方案，还要根据新闻事件发展的态势及传播需要进行及时调整，或者压缩，或者扩大。

v）新闻节目的内容流程

新闻策划中必须制定好新闻节目的内容流程，先报什么，再报什么，最后报什么，有一个通盘的预设计。比如，有些新闻题材，可能先发消息，而后做专题，根据新闻事件的发展再做直播报道，接近尾声时，可做新闻访谈等评论性报道。也可以一开始就做直播报道，后面再陆续做跟踪报道。

vi）新闻报道的行动方案

当内容领域的新闻策划完成之后，必须做出完善的行动方案，即为达到传播目的而必须依赖的行动方法、措施、技术保障及操作步骤等。尤其是大型的新闻直播型报道，关涉人员多，流程繁杂，技术要求高，必定要求新闻策划人员做出详细的行动方案。

5.议题设置

媒介突出报道某些议题，使之成为社会关注的热点与焦点。通过制造或追逐某些具有轰动性，且为广大受众特别渴望知晓的焦点或热点事件、现象或新闻，大面积引发广大受众对新闻类节目的高度关注，提升收视率。

热点或焦点的形成，一般情形下，可能是多媒体、跨媒体报道的结果。诸多媒体形成对某一事件、问题或现象的“狂轰滥炸”，就会引发受众的强烈关注。

对这种议题设置的焦点或热点报道，常常需要连续报道或系列报道。连续报道，是追逐性地、不间断地对某一事件、问题或现象进行新闻报道。系列报道，是对与焦点或热点相关联的一系列事件、问题或现象进行追踪报道。

二、“华尔街日报体”

“华尔街日报体”是在长消息、专题节目对现象类新闻进行报道时所采用的一种特别方法。

《华尔街日报》是美国一家历史比较长的财经金融类大报。针对非事件性新闻报道,《华尔街日报》有一种惯用的写作模式。这个模式可分为四个阶段:

具象化的开头:以一个具体形象的小故事、小细节、小场景或小事例开启非事件性新闻报道,由此而形成非事件新闻报道的叙事悬念,引发受众的阅读兴趣。

过渡:即由开篇的小故事将话题转移到所要报道的非事件新闻上,并初涉新闻主题,点破悬念。

主体内容:有层次、有条理地对非事件新闻现象进行说明、分析与阐释,透显全部新闻命题。

回归:以意味深长的笔调回复到开头的人物身上,深化主题,结束全文。

以上是“华尔街日报体”的完整模式,有时,结尾并不“回归”。

“华尔街日报体”最大特征在于形象化的开头,就是避免非事件性新闻报道的枯燥性。

特别需要注意的,“华尔街日报体”开头故事一定要真实,还要恰当,并且有代表性。最忌讳的是虚构人物故事,那样有违新闻的真实性原则。

尽管“华尔街日报体”是报纸新闻的写作模式,然而,同样可用于非事件性新闻的电视报道模式。比如,关于近期绿豆等杂粮价格疯涨做一个电视报道。那么,一开头可以通过采访,选取某个人物去超市购买食品,发现绿豆涨得有些离谱。再过渡到许多人都在买绿豆,这些人大多是看了一档火爆的养生节目之后奔卖绿豆的货架而来的。再具体说明某个所谓的养生专家如何在电视中大放厥词说绿豆养生的神奇效果,进一步分析大众听信这些说教的更深层的原因,一是世人对养生越来越热衷,另一个原因就是医疗费用的昂贵,望“医”生畏。还可以探析到社会游资进入农副产品领域也是导致绿豆疯狂涨价的原因。最后,电视报道可以回复到开头的人物,以其后来某些有意味的行为作为整个报道的结束。也可以不做开头人物的回归,直接阐明新闻主题或以延伸报道作为结尾即可。

【实验与练习】

◆目标:掌握“华尔街日报体”的写作模式。

◆操作:以“华尔街日报体”针对当前某一非事件性的新闻现象做一则电视报道。让练习者先选择报道的题材,教师进行审核后,再以“华尔街日报体”的模式进行写作,讲评。

三、电视新闻评论节目的话语模式

电视新闻评论已经成为荧屏上非常重要的一个节目类型。电视新闻评论节目有很多类型，按照播音员或主持人的话语模式，可以区分为以下几类：

一是“播”。

这种话语模式以播音员口播的形式出现，用于时政题材或其他严肃的话题，常见于像《新闻联播》一类栏目中，如本台评论等，书面色彩比较浓厚。

二是“叙”。

这种话语模式，以叙述性话语为主，兼以评论。如《焦点访谈》、《新闻调查》就是此类。常常需要文案做基础，但又有一定的口语化。

三是“说”。

通过对新闻事件、人物或现象进行某种幽默性、调侃性的解读与叙说，形成一种娱乐化的新闻风格。如湖南卫视曾经火爆的《晚间新闻》，就是新闻娱乐化的一个典型。一些地方台的民生新闻，如齐鲁电视台的《拉呱》，则是一档“说”新闻的栏目，收视率居高不下。

四是“议”。

通常在演播室里由几个嘉宾围绕一个议题进行讨论，《实话实说》就是如此。“议”作为一种话语方式，显得有些郑重其事，并不随意，这也是《实话实说》式微的一个重要原因。

五是“聊”。

比起“议”来说，“聊”的人际化、日常化色彩更浓。大家的交流有如聊家常一样，显得更加亲切、亲近、亲和。凤凰卫视的《锵锵三人行》，窦文涛与两个嘉宾，以聊天的方式对当下的热门人事进行解读，清新自然，不做作，获得好评。

六是“辩”。

这是一种唇枪舌剑式的多人对话模式，场面热烈，具有一定的情境对抗性。如凤凰卫视的《时事辩论会》、《一虎一席谈》就是如此，以辩为剑，展开交锋。前者以几个嘉宾之间的话语对抗为主，后者则以流程的方式展开众多人物的看法、理念与思想的争辩。

“议”、“聊”、“辩”等三种主持人话语模式，被广泛运用到访谈、谈话、聊天或辩论类的电视新闻节目之中。这些类型的节目，必须做好选题，并邀请到新闻当事人以及合适的谈话嘉宾、现场观众，还要设计好谈话流程、问题等。

【实验与练习】

◆目标:学习电视新闻评论节目的编导技巧。

◆操作:

替当下一档成熟的辩论类电视新闻节目,以编导身份做一个选题,设计如下内容:

1.拟邀请的新闻当事人

2.拟邀请的嘉宾

3.设计现场观众

4.设计谈话流程

5.设计谈话问题

四、电视新闻直播节目的流程与预案

电视新闻直播是一个相对繁复的系统,非常关键的一点是需要做出一个直播流程。这个流程包括两大方面,一是节目流程,二是操作流程。

节目流程,是指呈现在电视荧屏上的节目内容及其顺序。它可以物化为一个节目单。

操作流程,是指为了实现节目流程而进行的操作行为及其顺序,其中至少包括记者、编导的采摄、转播车的运作、总编室的编排、后勤保障等各个部门的行动协调与配合。

直播流程有两种情形的区分,一是突发性事件的新闻直播,二是仪式性事件的新闻直播。

突发性事件的新闻直播,没有充分的时间准备,意味着在极短的时间里做出新闻直播报道的反应,而后投入直播行动之中。重大突发性事件新闻直播要想反应迅速,必须制定一套突发性事件报道的反应机制。

仪式性事件的新闻直播,是指对事先策划好的庆典、展览、重大赛事、婚礼等仪式性事情进行电视直播。仪式性事件的新闻直播,有充分的时间准备,可以按照仪式本身的流程做出直播计划。

突发性事件的新闻直播有许多未确定性,即便是仪式性事件的新闻直播也可能出现意外。

比如,CCTV在做香港回归72小时电视新闻直播报道中,直播到解放军驻港部队越过深圳罗湖口岸时,某个主持人在说出事先准备的稿子后,由于某些原因,接下来并没有如愿以偿地出现驻港部队开过来的情形,主持人在现场极为着急,也勉强地接续了几句,但是接下来却是长时间的沉默,显然,这是一个缺乏预案的新闻直播。

因此，无论是突发性事件的新闻直播，还是仪式性事件的新闻直播，都要准备一套或者几套预设方案。

在新闻直播中，为了避免或减少直播中的不可控因素，实现新闻把关，需注意运用好延时机制。

此外，备播内容是无论如何不可缺少的，如备播广告、宣传片或背景VCR等。

案　例

《魅力东方迎世博·走进连云港》直播串联词工作单

直播时间：2009年8月1日8:29:30 ～ 10:29:30

主演播区地点：连云港花果山山门广场

01. 08:30《魅力东方迎世博》15秒片头

02.★现场：文艺演出：威风锣鼓

03.★现场文艺演出：大圣还乡

04.{姜+丹}主持人开场白+引出VCR连云港概况

姜波：......

丹丹：......

************主持人说完换场************

05.VCR ：连云港城市概况

06.【双框·连线】{姜+丹}主持人呼叫水晶展示区主持人王勃

姜波：......

丹丹：......

07.★直播：王勃+李小婷简单介绍

08.{姜+丹}主持人串联+引出VCR连云港对接世博

姜波：......

丹丹：......

09.VCR ：全市各行各业积极行动迎世博

10.{姜+丹}主持人串联+引出VCR汤沟酒体验

姜波：......

丹丹：......

*************主持人说完换场*************

11.VCR :汤沟酒工艺流程体验报道

12.{姜+丹}喝酒+吃葛藤粉解酒+介绍板浦醋+预告下节

姜波：......

丹丹：......

13.《魅力东方迎世博》5秒片花

14.广告+互动

15.09:00《魅力东方迎世博》15秒片花

16.★现场:文艺演出:少儿电音鼓《敢问路在何方》

17.{姜+丹}主持人串联+引出VCR花果山体验

......

44.《魅力东方迎世博》5秒片花

45. 广告+互动

46.10:00《魅力东方迎世博》15秒片花

47.开场VCR :文艺演出:女子器乐演奏《大海啊,故乡》

48.{姜+丹}主持人串联+引出VCR港口和“三新”产业

姜波：......

丹丹：......

49.VCR :港口+临港工业+ “三新”产业对接上海

50.{姜+丹}主持人串联+引出VCR城市新规划体验报道

姜波：......

丹丹：......

51.VCR :城市新规划体验报道

52.{姜}主持人串联+引出VCR市民畅想

姜波：......

53.VCR :各界人士畅想未来集锦

54.★现场访谈:市委书记王建华

姜波：......

丹丹：......

55.【双框·连线】{姜+丹}主持人呼叫水晶展示区主持人

姜波：......

丹丹：……

56.★直播：王勃+李小婷介绍展区情况

57.{姜}主持人串联+引出VCR上海世博建设情况

姜波：……

58.VCR：上海世博建设情况

59.{姜+丹}主持人串联+引出向五位市民发世博请柬

丹丹：……

60.★仪式1：姜波为五位市民发出世博请柬

61.{姜+丹}主持人串联+引出宣传部长赠礼

丹丹：……

62★仪式2：宣传部长向姜波赠送水晶海宝

63.{姜+丹}主持人串联+引出市长致辞+授旗

丹丹：……

64.★仪式3：徐一平市长致辞

65.★仪式4：徐一平市长向下一站代表授旗

姜波：……

丹丹：……

66.★现场文艺表演：歌舞《在海一方》

67.4位主持人齐上场+结束语

姜：……丹：……王：……李：……

68.★现场女孩及群童放飞心愿白鸽

69.上演职员表+荣威车VCR

（引用自魏育林：《浅谈电视直播流程的规范工作》，《影视制作》，2010.04））

【本节要点】

◆电视新闻节目可分为消息类、专题类、评论类、访谈类等。新闻采摄是电视新闻类节目最基础的生产环节，尤其对消息类、专题类节目来说，几乎是具有决定意义的环节。

◆做一个新闻记者，需要有好的新闻敏锐力来发现新闻线索，需要培养新闻嗅觉、拓开新闻源、寻找独家新闻、寻找新闻角度。

◆新闻是易碎品。任何新闻类节目都表现出不同程度的时效力，以动态性的消息报道最为突显。最早捕捉的新闻线索、最快速的新闻采摄、最快捷的素材传送、最高效的后期制作、最合适的播出时间、最大化缩短新闻发生与信息到达的时间等都是保证新闻时效力的因素。直播是新闻时效力的最高形式。

◆记者的出镜报道给受众带来现场感、亲切感、真实感。出镜报道的功能表现为信息说明与强调、信息补足、叙事形态与结构、渲染气氛、出镜记者的明星化等。

◆新闻策划是对新闻报道行为的方式、策略及流程等的策划，包括新闻源的发现、开发与利用，新闻是否值得报道，新闻报道的角度、方法、技巧，新闻报道的程度与规模，新闻节目的内容流程，新闻报道的行动方案等。

◆"华尔街日报体"是报纸新闻的写作模式，同样可用于非事件性新闻的电视报道，它分为具象化的开头、过渡、主体内容与回归等四个阶段。"华尔街日报体"最大特征在于形象化的开头，就是避免非事件性新闻报道的枯燥性。"华尔街日报体"开头故事一定要真实，还要恰当，并且有代表性。最忌讳的是虚构人物故事，那样有违新闻的真实性原则。

◆电视新闻评论节目的播音员或主持人的话语模式，可以区分为"播"、"叙"、"说"、"议"、"聊"、"辩"等。

◆电视新闻直播流程包括节目流程与操作流程。直播流程有两种情形的区分，一是突发性事件的新闻直播，二是仪式性事件的新闻直播。无论是突发性事件的新闻直播，还是仪式性事件的新闻直播，都要准备一套或者几套预设方案。

【实验与练习】

◆目标：了解直播流程的设计与控制。

◆操作：观看大型直播节目，列出其节目流程，再根据节目流程做出相应的前期与现场的操作流程。

第三节　综艺娱乐节目的编导要点

【阅读导引】

◆什么是电视综艺娱乐节目？

◆综艺娱乐节目包括哪两大类型的场效应？两者有什么关联与区别？

◆综艺娱乐节目有哪些参与类型？

◆综艺娱乐节目的主持人能力主要表现在哪些方面？

◆主持人群集有哪些传播策略？

◆如何建构综艺娱乐节目的当下感？

电视综艺娱乐节目，是指编导运用各种电视表现手段，综合各种艺术、亚艺术或具有一定娱乐色彩的非艺术内容，形成一个主题性的内容整体，通过荧屏播出，满足受众艺术审美、消遣娱乐等收视诉求。电视综艺娱乐节目中的“综艺”是内容，“娱乐”是目的。综艺娱乐节目的编导要点在于以下方面：

一、制造场效应

所谓场效应，是指可以使参与其中的成员整体与个体产生情绪感染、情感认同的一种特殊环境与氛围。综艺娱乐节目的场效应，可包括录制过程与播出节目的场效应。录制过程的场效应，是一种现实场效应，可以使主持人、嘉宾、现场观众的情感与节目发生情感共振，而受众通过观看播出的节目发生的情绪感染与情感认同，则是一个人机互动的虚拟场效应。录制现场的场效应，在很大程度上奠基了播出节目的场效应。

然而，有演播室实践经验的编导会发现，录制现场的场效应并不等于播出节目的场效应。有时，会出现一些令现场观众不理解的情形，他们会发现自己在综艺娱乐节目的录制现场时，觉得节目并不出彩，场效应并不好，可能经过后期加工之后，看到荧屏上的节目变得相当动人、气氛也很好。有时，还会反过来，录制现场场效应很好，但最后呈现在荧屏上的电视节目并不感人。原因就在于通过电视化手段（镜头、角度、剪裁、配乐、广告等）加工后，录制现场的节目文本已变得面目全非，其场效应发生改变也在所必然。

一般说来，综艺娱乐节目的电视编导最终极的业务追求是播出效果，当然，最好能够兼顾现场效果，尤其是在直播情形下，电视化手段加工较少，现场的场效应往往就是播出的场效应。

综艺娱乐节目的场效应制造有赖于以下几种因素：

i）氛围

ii）娱乐

iii）情感

iv）故事

综艺娱乐节目的场效应由低到高可分为几个层次：

一是感官的场效应。也就是说，综艺娱乐节目使人获得强烈的感官刺激，令人感到身心愉悦，符合弗洛伊德的快乐原则。

二是感情的场效应。通过综艺娱乐节目的传播，受众获得情感上的慰藉、宣泄，甚至感动。

三是感悟的场效应。受众从节目中获得深层次的人生感悟，这是综艺娱乐节目的最高层次。

【实验与练习】

◆目标：认识综艺娱乐型节目的场效应。

◆操作：参与一档综艺娱乐型节目的录制，比较录制现场的场效应与播出节目的场效应，分析其中的联系与区别。课堂讨论。教师评价。

二、制造参与感

如今的综艺娱乐型节目，不再单纯强调古典式的欣赏功能，而是提升节目的互动功能，提升受众的参与意识。综艺娱乐节目的参与类型有如下一些情形：

i）心理性参与

加强节目的动态感，实现受众的心理性参与。传统语境下的节目静态性很强，受众大都坐在那里静静欣赏即是，而一个综艺娱乐型节目如果增强动态感，就容易感染受众的情绪，令其跃跃欲试，产生强烈的心理参与感。

ii）现实性参与

通过一定手段促使节目与受众的互动，如早期的奖品、写信、打电话等，后来的短信参与、网络活动等，都是这种类型的参与。

iii）替代性参与

选取现场观众或者与电视机前受众具有相似社会学特点的嘉宾，参与电视节目，其实可以看做是电视机前受众的替代性参与。

iv）叙事性参与

通过强大的叙事性效果，吸引受众进行注意力投入，从而获得参与感。比如，强烈的氛围感、叙事悬念感，均可以实现叙事性参与。

v）结构性参与

将受众的参与作为整个节目的有机部分，或者形成整个节目的结构框架。

电视综艺娱乐节目要求有较强的互动性与参与感，能够使受众把更多的注意力投入其中。有时，对于一个受众来说，其参与形式是混合的，感觉也是复杂的。

【实验与练习】

◆目标：电视综艺娱乐节目的参与感分析。

◆操作：观看某一期电视综艺娱乐节目，分析其提供给受众的参与形式及其效果。

三、主持人与主持人群集

主持人是综艺娱乐节目的最重要因素之一。综艺娱乐节目的主持人与新闻主播、专题节目主持人具有极大的质差，后两者的能力主要体现在表述准确上，而综艺娱乐节目的主持能力主要表现为如下方面：

i）现场反应能力

ii）舞台操控与调配能力

iii）话题制造与扩张能力

iv）纠错能力。这里的纠错，包括自我纠错与纠他人之错

……

“主持人群集”是演播室主持方式的特别形态。主持人群集现象已经扩大到许多综艺娱乐节目之中。主持人群集的传播策略表现如下：

1.团队的标识化

首先是团体名称及其品牌建设。作为一档栏目的策划者，首先节目的名称要取得好，取得响亮，而作为一个主持人团体也应该有一个群体的名字，强调整体与统一。《快乐大本营》的“快乐家族”、《天天向上》的“天天兄弟”，不仅仅凸显了节目的主题，更把主持人团队亲如一家的氛围带给受众，并感染受众，从而使节目获得强烈的亲和力。更值得一提的是，湖南卫视为这两档节目的主持人群体都拍摄过宣传片，在节目开始前播放。“天天兄弟”的“天天小屋”，里面七位主持人扮演一个小店的经营者，大家各忙各的，轻松随意的装扮给观众很强的亲切感。而在快乐大本营的舞台上，快乐家族不仅仅有自己的宣传片，快乐大本营的主题曲在每次开场时，快乐家族的五位成员也会倾情演唱。电视讲究把最精彩的放在开头，在节目开场时首先打出自己的品牌，会给观众留下深刻的

印象。相信每一位观众都记得何炅每次和观众们的开场白："欢迎大家收看这一期的《快乐大本营》,我们是'快乐家族'"。"快乐家族"就这样很容易深入到每一个观众的内心。

其次,注意外在服装与造型。从《快乐大本营》和《天天向上》中可以见到,从主持人的外形包装上,首先是配合每期节目不同的主题,主持人的穿着打扮各不相同。如2009年12月4日的一期《天天向上》中请到了篮球明星作为节目的嘉宾,现场的五位主持人的服装也变成了一袭运动风格的装扮;而有一期节目则是请到了全国知名高中学校的校花做嘉宾,主持人的服装又立马换成了青涩的学生装。《快乐大本营》也是如此。2010年4月的一期节目中请到了四位时尚达人,包括美发达人、美容达人、搭配达人、英语达人,那么主持人的服装也就相应地变得时尚动感,来配合这期节目的主题。这几位主持人的服装造型的整体风格也十分统一。在根据每期节目主题选取服装造型的基础上,选取一致的造型风格,每个人的衣服只是款式不同,但其中的元素都是同样的,颜色搭配也是注重协调统一,绿色就都是绿色,如果是嘻哈风,就都是嘻哈风。这些统一标识的做法,从每一期的节目中都能看到。

另外,还要注意培养主持人群体的内在素质与风格。除了外在的包装与造型之外,主持人内在的素质与风格也是需要整体化和统一化的。以《快乐大本营》为例,从节目名称来看,"快乐"二字就是贯穿整个节目的主题和中心,那么它的主持人也应该强调"快乐"的主题,于是,节目就选择富有娱乐精神和极具快乐特质的主持人担纲节目。多才多艺的主持人们通过他们机智的反应、幽默的言语、夸张的表演和默契的配合,一起营造快乐的氛围。

2.成员的功能化

综观几大综艺娱乐节目的主持人团体,几乎都被设计成这样一个模式:

核心主持+搞笑主持+搭配主持+花瓶主持

这个模式,也就说明主持人群集中的每个成员都有相应的定位,每个成员在主持格局中被设计成不同的功能角色。这样做的出发点,就在于主持人群集中有主有次,不至于出现混乱与重复,同时,又使得每个成员实现个性化,从而吸引不同类型的受众。

《天天向上》选取了七个男生作为核心主持团体:汪涵、欧弟(中国台湾)、田源、钱枫、俞灏明、矢野浩二(日本)、小五(韩国)。汪涵的功能无疑是整个节目的核心人物,自2005年主持《超级女声》以来,他的机智幽默就征服了许多观众,他把握着整个节目的节奏和进程,并用独特的"涵式"幽默继续征服着广大观众。而来自台湾的欧弟的角色则是调节气氛,快速生发话题。钱枫,可谓是一个名副其实的大花瓶,特点就是长得帅,人又高,会讲冷笑话,所以甘当花瓶也显得特别有气质。其他的成员,有些就是充当"拾遗补缺"的搭配性主持。

七人中不仅有中国大陆的主持人,更有来自中国台湾的欧弟和来自日本的矢野浩

二、韩国的小五。七个人的主持团体中，就有来自中日韩三国的主持人，而且都是在演艺界有着自己一席之地的明星。这是湖南卫视国际化战略定位的具体表现。七人主持团队中，小五作为这种特殊的定位很明显，他中文底子不好，在主持团队中基本上处于旁观的角色，人却特别的潮，是一个地地道道的“国际花瓶”。

《天天向上》对每一个成员进行功能化的定位，就是为了吸引相应的受众群体。

3.协作的动态化

与《天天向上》一样，《快乐大本营》“快乐家族”的每个成员也是功能化的角色。谢娜的口无遮拦，大大咧咧的样子，与嘉宾不管不顾地开玩笑。她的坦诚直率赢得了许多观众。有人这样定位谢娜：“谢娜就是找乐的，没了谢娜快乐大本营就损失了一半。”话虽粗糙，但是理不糙，谢娜的乐儿就是一些受众观看该节目最主要的动机之一。杜海涛更是因为他胖胖的外形又爱耍帅的性格成为了大本营的活宝。吴昕的温文尔雅和秀外慧中吸引了其他类型的受众群体。

然而，这些成员在主持中除了展开各自的个性，体现各自的功能之外，还必须有协调与合作，否则，就是打乱仗。何炅就充当着整个主持团队总协调的角色。他是整个节目的灵魂人物，把握着整个节目的进程和节奏，包括与嘉宾的交流、与观众的互动，还有和其他四位主持人的现场沟通等等，可谓是掌握大局的人物，也是升华主题、提炼精华的人物。在何炅无形的指挥下，五人互相协作，以各自的定位与功能，动态化构建成一个主持人集体。

【实验与练习】

◆目标：分析主持人群集的功能及结构。

◆操作：观看运用群集主持方式的电视综艺娱乐节目，分析主持成员的各自功能及整体效应。

四、当下感与明星化

除了极少数节目可以忽略时效性的特点之外，一般情形下的综艺娱乐节目都必定是具有强烈的现实性，因此，做综艺娱乐型节目时，一个非常重要的编导要求，那就是构建综艺娱乐节目的当下感：

i）紧扣当下的社会美学观，包括服装、色彩、器物等的时尚化。

ii）邀请正在风头上的明星人物、娱乐化的公众人物参与节目。

iii）使用流行语，包括流行广告语、网络语言等。

iv）注入新闻元素。

……

对于栏目化的综艺娱乐节目，尽管需要保持连续性的、相对稳定的美学趣味（这种美学趣味也是当下的），并不需要每一期节目都是推陈出新，然而，每一期节目如果能够找到某些当下元素，且当下元素又是如此贴合节目内容与主题的话，自然会给该期节目增色添彩。

明星就是当下感最突显的标志。对于综艺娱乐节目来说，明星化是一种永恒的诉求。其原因有：一是明星带来巨大的受众流，明星背后有巨大的粉丝群体，并且引起巨大的社会关注；二是明星作为记忆点，能让受众对节目产生巨大兴趣与印象；三是草根娱乐，其最终目标依然是明星化。

【本节要点】

◆电视综艺娱乐节目，是指编导运用各种电视表现手段，综合各种艺术、亚艺术或具有一定娱乐色彩的非艺术内容，形成一个主题性的内容整体，通过荧屏播出，满足受众艺术审美、消遣娱乐等收视诉求。电视综艺娱乐节目中的“综艺”是内容，“娱乐”是目的。

◆综艺娱乐节目的场效应，可包括录制过程与播出节目的场效应。录制现场的场效应，在很大程度上了奠基了播出节目的场效应，然而，录制现场的场效应并不等于播出节目的场效应。综艺娱乐节目的场效应制造有赖于氛围、娱乐、情感、故事等因素。综艺娱乐节目的场效应由低到高可分为感官、感情、感悟等三个层次的场效应。

◆综艺娱乐节目的参与类型包括心理性参与、现实性参与、替代性参与、叙事性参与、结构性参与等。

◆综艺娱乐节目的主持人能力主要表现为现场反应能力、舞台操控与调配能力、话题制造与扩张能力，以及纠错能力等。

◆主持人群集的传播策略表现为团队的标识化、成员的功能化、协作的动态化等。综观几大综艺娱乐节目的主持人团体，几乎都被设计成这样一个模式：核心主持+搞笑主持+搭配主持+花瓶主持。

◆紧扣当下的社会美学观，邀请正在风头上的明星人物、娱乐化的公众人物参与节目，使用流行语，注入新闻元素等来构建综艺娱乐节目的当下感。明星就是当下感最突显的标志。对于综艺娱乐节目来说，明星化是一种永恒的诉求。

【实验与练习】

◆目标：综艺娱乐节目的当下感与明星化。

◆操作：替某一综艺娱乐栏目策划一期母亲节节目，如何体现当下感与明星化。分组做出方案，评价。

第四节　电视晚会节目的编导要点

【阅读导引】

◆什么是电视晚会节目？它的双重特性指什么？

◆电视晚会节目有哪些常见的主题类型？

◆电视晚会节目的结构有哪些情形？

◆电视晚会节目的功能性构件有哪些类型？

◆晚会主持人的台词串联有哪些方法？

所谓电视晚会节目，指运用声、光、电、服、化、道等综合艺术手段实现演员的舞台演出，通过主持人串联，并以适合电视传播的方式与语态进行荧屏播映，达到大众化传播目的的节目形态。因多在晚间演出与播映，故名电视晚会。电视晚会节目表现为强烈的仪式感与当下感。电视晚会是狂欢节性质的活动，在特定的时间、特定的空间向受众传播特定的内容，形成电视晚会的仪式感。从宏观的社会背景来看，电视晚会节目必须具有新鲜的时代气息，符合社会心理的趋向，表现为电视晚会的当下感；从微观的技巧层面来看，电视晚会必定在选题、内容、演员、主持人、台词及美学风格等方面也要体现当下感，否则，受众就不会买账。

电视晚会节目类型按照内容可分为：（1）综合型的电视晚会节目。指涵括各种内容与文艺形态的晚会节目，如每年CCTV的春节联欢晚会；（2）专题型的电视晚会节目。指围绕特定专题而举办的晚会节目，如纪念性晚会、颁奖晚会等；（3）竞赛型的电视晚会节目。指以竞赛为主体传播内容的晚会节目，如消防安全知识竞赛的电视晚会节目。此外，按照演出场地，可分为室内与室外的电视晚会节目；按照是否具有互动性，可分为互动性的电视晚会节目与观赏性的电视晚会节目；按照规模大小，可分为大型电视晚会节目、小型电视晚会节目，等等。

电视晚会节目兼具舞台演出与电视传播的双重特性，最终目标是需要得到广大电视机前受众的认可。因此，电视晚会的舞台演出效果要服从于电视传播的效果。有些电视晚会的现场效果不错，但并不意味着荧屏播映的效果也很好。反之亦然。所以必须强化两者的结合，也就是，电视晚会节目的编导既要注意舞台演出的技巧性、连贯性，注意营造现场氛围，又要按照电视传播的规律、手段、技巧与方式对舞台演出的电视晚会进行加工、包装，使之适合电视观众的收看。比如，在编导直播性质的电视晚会节目时，必须注意过渡的巧妙性、无缝性，以免在荧屏播映时出现冗余内容而造成拖沓现象。同时，在操作过程中，要注意将现场演出与提前准备好的宣传片、资料片、人物VCR等进行完美对接。

录播性质的电视晚会节目，需要将舞台演出内容与其他电视构件进行有机融合，加强节奏，使叙事更紧凑；注意包装，使之更美学化。

一、电视晚会节目的基调、主题与创意

除了募捐、赈灾类的电视晚会节目之外，一般来说，电视晚会节目，应该是欢乐、热闹、祥和等正面性的基调。当然，不同性质与不同目的的电视晚会节目，其欢乐性质、程度及层次有所不同。即便是传统节日的电视晚会节目，可以是极度欢乐的嘉年华，如正月十五的元宵晚会；也可以是“乐而不淫”的中秋晚会、春节联欢晚会。

任何电视晚会节目均有强烈的目的性。主题先行是电视晚会节目的不二规则。作为电视晚会节目的编导，必须先明确晚会节目的主题，然后再设计晚会内容与形式。以下几个关键词常被作为各类电视晚会节目的主题词。

“欢庆”：电视晚会节目以各类庆典为主，因此，欢庆成为最广泛的一个主题。这个主题可以包括欢乐、快乐、祥和、喜庆等关键词。

“团圆”：传统节日如中秋、春节被赋予了亲人团圆的文化意义，因此，这类晚会节目可以凸显亲人欢聚与亲情的团圆主题。有时，一些节日庆典性晚会还会加上港澳台同胞及海外华人华侨等元素，更是加深了团圆的含义。

“纪念”：一些以纪念著名人物与重大事件为目的的电视晚会节目，其主题自然是“纪念”为主。这样的晚会节目欢乐基调较弱，而更显庄重。

“表彰”：有些电视晚会以表彰模范人物或给突出人物颁奖为主要内容。前者，有CCTV每年的“感动中国”人物揭晓的电视晚会；后者，有每年的奥斯卡颁奖晚会。

“团结”：该主题可以作为其他主题的共生主题。比如，既可以表现万家团圆的欢乐主题，也可以表现人民大团结的主题；也可以作为最基本的主题来表现，如表现军民鱼水情的电视晚会节目，“团结”就是首要主题。

“感动”：表彰先进人物或赈灾类的晚会节目，感动是其突出的主题。这类晚会节目具有一定的煽情性。赈灾类的晚会节目，感动主题还伴随苦难、坚强、救助、风雨同舟等次生主题。

除以上常见主题之外，还有诸如“奋斗”、“胜利”、“辉煌”等也被用于某些电视晚会节目之中。

一台晚会节目可能是多个主题的复合形态，包括同类性质主题的复合，也包括不同性质主题的复合。前者如春节联欢晚会，可能是“欢乐、祥和、万家团圆”等同类性质的多主题；有一些全景型的多篇章的大型电视晚会，可能开始的篇章是“苦难”主题，接着是“奋斗”主题，最后可能是“辉煌”或“胜利”主题等。

电视晚会的创意主要从以下方面着手：

i）节目内容

ii）主持人

iii）演员

iv）形式与结构

v）舞台技术

vi）电视艺术

其中晚会主持人的选择，要注意以下几个方面：

一是个人气质与主持风格是否与晚会主题、内容与基调相匹配。有些主持人属于冷幽默型的，语速、节奏、音质并不契合晚会，那么就不能安排在主持人或主体主持人的岗位上。当然，不同性质与诉求的电视晚会，需要不同气质与风格的主持人，一定要寻找最适合的主持人。晚会主持人站在舞台上，必须具有舞台的震慑感，即俗话所说的“压台”。如果没有“范儿”，不能“压台”，就可能让晚会丧失支柱。

二是晚会主持人需要台词速记与现场发挥的能力。

三是晚会主持人的舞台驾驭与控场能力，包括舞台气氛营造、纠错、应付突发性事件等能力。

四是晚会主持人与其他主持人的配合默契性。一个晚会主持人需要很好地与他人配合，形成整体的协调性。这种配合包括外形、主持风格的适合程度以及主持行为的默契性等。

二、电视晚会节目的结构

一般来说，电视晚会节目的结构可分以下几种情形：

1.串联式结构

一般电视晚会采取这种结构形态。通过主持人、VCR或其他形态把一个个节目串联而成。这种结构形态相对简单，操作便利，容易把握，缺点是缺少变化，不能给观众以结构形态上的新鲜感。

2.板块型结构

整个晚会分为若干板块，每个板块体现一个分主题，共同构建晚会的大主题。板块型结构一般用于主题宏大、场面浑阔、气氛热烈的大型电视晚会。

晚会节目的板块形成有多种方式：

常用的是时间类的：比如一台晚会用“回顾昨天”、“表现今天”、“展望明天”，或者以“春”、“夏”、“秋”、“冬”等时间类的板块来表现整个晚会。

也可以是主题类的：探索篇、奋斗篇、辉煌篇等。

也可以是物象类的：“水”篇、“火”篇、“光”篇等。

也可以是空间类的：“井冈山上”篇、“长征途中”篇、“延安窑洞”篇、“天安门城楼”篇等。

……

事实上，编导可以根据每一个晚会节目的表现目的、主题，构想新颖而独特的分板块。

3.空间分离型结构

晚会分几个场地进行，需要表现几个场地的内容与情形。空间分离型的晚会，必定有主会场与分会场之异，以主会场的节目为主体，穿插一个或多个分会场的内容与情形。这种结构形态拓展了电视晚会的空间范域，富于变化，能扩充信息量，并能形成叙事悬念，引发观众的收视兴趣，给人新鲜感与心理冲击。但这种空间分离型结构，给予编导的操作难度增大，经济成本上升。

4.平行并进式结构

两个或两个以上的晚会内容平行展开，共同推进。平行并进式结构有如下几种情形：

一是多空间的演出内容平行推进，也就是空间分离型晚会结构形态。

二是主会场+外景访问。

三是现场演出+VCR的播出。

平行并进式结构，使得传播空间形态发生变换，可以给受众以新的空间、新的场景体验。

一台晚会节目采取哪种结构形式，需要根据目的、规模、条件、惯例等多方面因素进行考量。

【实验与练习】

◆目标：了解晚会节目的主题与结构。

◆操作：观看一台电视晚会，分析其主题与结构形态。

三、节目流程与操作流程

节目流程，是指电视晚会所有的节目内容依次呈现的顺序，所表现出来的最后呈现在观众眼前的节目形态。根据晚会目的、主题、基调来设计节目内容，即一个个的表演节目如何串联起来，构建为一个晚会整体，这就是晚会的节目流程设计，主要表现为节目类型、结构方式及顺序。节目流程可以物化成一个节目单，最后表现为荧屏节目。

操作流程，则是为了完成整个晚会，围绕事先设计的节目流程而进行具体实施的方案。操作流程包括团队组建与分工、创意与实施、日常训练与彩排、演出与播出等。

操作流程与节目流程在运行程序上并不相同，操作流程是服务于节目流程的。节目流程是最终节目形态运行的秩序与形态，而操作流程是根据节目流程而制定出来的行动方案。

电视晚会节目需要实现晚会目标，体现主题，满足观众诉求。电视晚会必须考虑到现场传播与电视传播的效果，而非电视传播的晚会，只需注重现场效果，即内容的现场传达效果、现场氛围的感染性等。因此，电视晚会包括两大类型的观众，一是电视晚会的现场观众，二是电视机前的观众。现场观众的诉求，是基于舞台演出效果；电视现场观众的诉求，是基于电视传播效果。因此，电视晚会的节目流程与操作流程，需要同时符合舞台演出原则与电视传播原则。

电视晚会节目设计与流程规划必定要符合经济预算原则，要量体裁衣。投入大的晚会节目可以设计更新颖的大型歌舞节目，可以邀请大牌明星出场，做豪华舞台，等等。

四、电视晚会的功能性构件

按照功能区分，电视晚会节目的构件性节目分为以下几大类型：

1.开场性节目

指用于开场的电视晚会节目，一般以歌舞类的节目为主。主要原因是这类节目给人视觉与听觉的感官刺激较大，能很快使观众感受到一种热烈的氛围，俗称“热场”。

2.主题性节目

指在整个电视晚会之中，一些突出表现晚会主题的节目。比如，在一台以团圆为主题的春节晚会中，一个讲边防战士为了万家团聚而坚守寒冷哨所的小品显然是主题性节目。

3.常规性节目

常规性节目往往是艺术性、演员阵容相对一般，也是受众比较常见的节目类型。这类节目付出的资源较少，却是支撑电视晚会的主体节目类型。

4.点缀性节目

这类节目虽然不能突出地表现主题，其主题、风格往往是中性的，但是可以烘托气氛，丰富节目的类型。一些魔术、杂技类的节目常常作为点缀性节目出现在电视晚会之中。当然，如果这些节目特别地扣题，那就另当别论了。

5.创新性节目

创新性节目是指受众接触比较少，或者在内容或形式上具有很大开拓性的节目。比如，从CCTV某一年晚会开始，一个著名主持人被编入一个小品的演员阵容之中，让人们觉得耳目一新。

6.压轴性节目

压轴性节目是电视晚会中最为重要的节目个体，常常是大牌明星、演员等主演的节目，并放在电视晚会快要结束前的时段里出演。CCTV的春节联欢晚会有些特殊，其压轴性节目是放在新年到来的读秒前。

【实验与练习】

◆目标：了解晚会节目的功能性构件。

◆操作：观看一台晚会节目，分别指出并分析各个功能性构件节目的作用。

五、晚会串联方法及主持人台词

典型性的电视晚会节目采用主持人串联的方式实现单个节目的联结，那么主持人的串联台词有哪些写作技巧呢？

1.招呼性串联

用于主持人在开场或者中间某个时间里面对电视机前观众的招呼性台词。开场性串联词包括电视台呼号、晚会时间、地点、问候语等，一般还要点明晚会性质。

开场性台词中，往往当晚所有出场的主持人都要出现在其中，给每个主持人都要设计单口台词、合口台词及台词顺序。

比如2009年CCTV的春节联欢晚会，在开场节目《中华大联欢》之后，便是全体主持人的出场，其开场串联词是这样的：

朱军：中国中央电视台——

董卿：中国中央电视台——

白岩松：现在是北京时间2009年1月25日20：00，距离农历己丑新年还有四个小时。

在刚刚过去的2008年里，我们中华民族——

周涛：在冰天雪地中播种；

张泽群：在地动山摇中挺立；

朱迅：在奥运辉煌中收获；

朱军：在神七问天中腾飞！

董卿：波澜壮阔的2008，为中国改革开放30年矗立起崭新的丰碑！

白岩松：这一切，都离不开你——我们中华大家庭中每一个成员的辛勤劳动和默默奉献！

周涛：今晚是除夕，在这一年一度中华民族传统节日里，我们给大家——

合：拜年了！

朱军：此时此刻，我们要向全国各族人民——

董卿：向香港特别行政区同胞，向澳门特别行政区同胞——

周涛：向台湾同胞、海外侨胞——

白岩松：向全世界的中华儿女们，道一声：

合：新年好！

专题性晚会的招呼性串联有时相对简洁。如2002年《讲述》栏目春节特别节目纪实专题晚会的开场语是这样的：

沙碧红：各位观众，过年好。过年啦，家家户户都该是团团圆圆，高高兴兴，忘掉了一年中的酸甜苦辣，企盼着新一年里的风调雨顺。

曾晶：今天，我们《讲述》栏目的特别节目，首先也给大家送上一个特别的祝福。

2009年CCTV的春晚开场不久，中间又现出一段招呼性串联词：

周涛：电视机前的观众朋友们，您现在正在收看的是我们通过中央电视台综合频道、中文国际频道、英语国际频道、西班牙语国际频道、法国国际频道、俄语国际频道、阿拉伯语国际频道向全球直播的2009年春节联欢晚会。

白岩松：除夕团圆夜，守岁亲情浓。今晚，中央人民广播电台、中国国际广播电台，也将通过电波把我们的欢乐和祝福带给你们！带给生机勃勃的绿色大地……

（一只鹦鹉衔着春天请柬飞到主持人肩头，引出下一个节目。）

2.情节性串联

设计辅助过渡或用于铺垫的情节，通过过渡性的台词，引出主体节目。比如，2009年CCTV春晚，设计了主持人董卿与分别来自四川、台湾的两个小朋友对话，话题是有关大陆送给台湾同胞的两只大熊猫“团团”“圆圆”，并以此引出群口相声《团团圆圆》。)

台口。主持人董卿带四川、台湾俩小朋友上

董卿：这两个可爱的小朋友，一个来自四川，叫×××；一个来自台湾，叫×××。来，一起向观众拜个年好不好？

小朋友：过年好——

董卿（问川童）：你知道“团团”和“圆圆”吗？

川童：知道……那是我们四川的两只大熊猫，送给台湾小朋友了。

台童：我也知道，妈妈还要带我回家去看它们呢。

董卿：一定要和它们多合几张影，发到网上给叔叔阿姨看好不好？

台童：好……

两个孩子进侧幕，董卿向台中央走去。

董卿：观众朋友们，两年前的今晚，就在这个春晚的舞台上，亿万观众通过投票，为一对赴台大熊猫取名“团团、圆圆”。明天它们就要在台北新家与台湾同胞见面了，度过它们在宝岛的第一个春节——

（引出下一个节目群口相声《团团圆圆》）

3.排比与对称语句式串联

两个或两个以上主持人运用排比式或对称式语句进行串联。

如，2009年CCTV春晚中一段串联词：

主持人朱军、董卿上。

朱军：春天，万物复苏，放歌生命，新天新地新面貌；

董卿：春天，打开梦想，放飞欢乐，江山如画尽妖娆。

朱军：春天的海峡两岸，洋溢着浓浓亲情，一首《本草纲目》、一曲《送你一朵东方茉莉》，周杰伦和宋祖英同唱两岸春光曲！

4.故事型串联

主持人上台叙述一个小故事或一个小段子，导引演员的出场。

故事型串联与情节性串联不同的是，故事型串联只是主持人的口头陈述，而情节性串联则需要与演员一道进行表演，设计情节。

这里的故事或小段子有时会依附在主持人身上，主持人以第一人称的方式来叙述故事或段子。如，2009年CCTV春晚中一段串联词：

主持人朱军上。

朱军：观众朋友们，我现在给大家念一条短信，短信是这样写的：矣哥春节好，给您拜年了。牛年喜事多，我也有喜报，俺要娶媳妇，请你来热闹，只要你主持，不用带红包。这谁呀……这么客气，不用带红包，哦，原来是我们小区的保安，瞧，说着他们就来了……

（引出小品《吉祥三宝》）

5.顺承性串联

所谓顺承性的串联词，就是两个或两个以上的主持人，由第一个主持人开启一个话题，后面的主持人承续话题而下，最后点题，引出节目来。

2002年CCTV《讲述》栏目春节特别节目纪实专题晚会有一段串联词：

沙：婴儿的诞生，象征着人生的开始。

曾：在春节里降生的孩子又是喜上加喜。因为新的生命是伴随着新希望开始的，当他开始牙牙学语，蹒跚学步，人生的探索就开始了。

沙：在此，我们祝福这些新的生命，也祝福所有人新春有好运。好人一生平安。今天，“讲述”栏目愿意敞开家门，为你圆一个相逢梦，了一段团聚情。

曾：为此我们还开通了热线电话16899678，请打电话进来，讲述你的故事，告诉我们你要寻找的人。

现在，我们现场已经来了一些朋友，他们中，有些是我们《讲述》开播半年来节目中的主人公，因为有些未了的故事，所以再次团聚在一起，寻找结局，另一些朋友则是带着一个寻找的愿望而来的，在每一个寻找的背后，都有一个动人的故事。

6.回忆性串联

所谓回忆性串联，是以观众某个记忆点为由头，开启观众的回忆闸门，并将记忆点与新节目的沿承关系进行说明，提醒大家比较其中的不同，引发收视的欲望。如2009年CCTV春晚的一段串联词：

主持人周涛上。

周涛：22年前，在春晚舞台上，著名的相声表演艺术家马季曾经为大家表演过一个脍炙人口的相声《五官争功》，讽刺了争名夺利的某些不良现象，深受观众的欢迎。时过境迁，如今的五官又起了哪些变化？请看马东带马季先生的徒弟们表演的《五官新说》。

（引出群口相声《五官新说》）

7.道具性串联

运用特定的道具引起故事，或将出场嘉宾导引出来。2002年CCTV《讲述》栏目春节特别节目纪实专题晚会有一段串联词：

沙碧红（演播室）：

不知道观众朋友发现没发现，今年的春节和西方的情人节是同一天，这给我们传统的节日增了一份浪漫的气息。

爱情是人人想得到的美好的东西，但是美好爱情不会从天上掉下来，它需要真诚地付出，现在，我手里有一个药罐儿，这个药罐儿，可以说，28年来熬出的不仅仅是药，而是一对夫妇深深的爱情。今天，我们请来了这个药罐的主人——甘圣琴夫妇，有请甘圣琴、李德华。

8.同题性串联

主持人开启一段串联词之后，其中最后一句话或者词语是下一个节目的题目。同题性串联，给人以自然联结之妙的感觉。如2009年CCTV春晚的一段串联词：

音乐声中，四位抗震救灾英雄代表上场。

……

白岩松：抚平伤痛，重建家园，是我们告别过去的最好方式，太多的感动，太多的感悟，太多的感激，来自灾区十几个少数民族的文艺工作者，今晚来到这里，他们要用最朴素的方式，表达最真诚的祝福，祝伟大祖国繁荣昌盛，祝新的一年风调雨顺、天地吉祥。

（引出下一个节目——歌舞《天地吉祥》）

9.悬念性串联

主持人以悬念的方式介绍下一个节目，引发观众强烈的收视兴趣。如2009年CCTV春晚的一段串联词：

主持人白岩松、周涛上。

白岩松：观众朋友们，我们都知道，改革开放从农村起步，30年来，形成了三个关键词：温饱、富裕、权益，经历了三级跳。其实农村带给我们的变化还远不止这些。如果你有兴趣，在2009年的春天，你可以走进任何一个村庄，去体会他们正在耕耘播种的社会主义新农村的万千气象……

周涛：下面大家看到的这个小品，讲述的故事就发生在刚刚过去的一年，发生在建设社会主义新农村过程中，一个闻名十里八乡的黄老汉，因为种粮大户的美称，赢得的一份意外的礼物，却不料由此带来了意想不到的烦恼和惊喜。

（引出下一个节目——小品《黄豆黄》。）

10.指示性串联

主持人对着出场人物向观众进行介绍。2009年CCTV春晚对各类运动员的出场进行指示性介绍与串联，最后以“他们是……”指示最重要的群体出场。

主持人按出场顺序介绍，最终名单以现场为准。

朱军：他们是中国乒乓球队。

董卿：他们是中国羽毛球队。

白岩松：他们是中国跳水队。

周涛：他们是中国体操队。

朱军：他们是中国游泳队。

董卿：他们是中国举重队。

白岩松：他们是中国射击队。

周涛：他们是……

（奥运冠军挥动花束，形成方阵。《我和你》音乐起。）

11.调侃性串联

主持人进行调侃，引出下一节目的表演嘉宾或内容。有时，还可以利用上一个节目的嘉宾一起进行插科打诨，于是，结构上更显缜密。如2009年CCTV春晚的一段串联词：

主持人朱军追着冯巩背影上，董卿随后，冯不理，径直下。

朱军：巩哥，巩哥……

董卿：人家都谢幕了，你不会找他去秀水街买衣服吧？

朱军：嗨，他说的那位裁缝原型，还是我给他介绍的，你没听他刚才说因为爱尔兰冷，所以爱尔兰人爱跳踢踏舞，这不，人家一激灵找上门来了——

董卿：这哪跟哪啊，朋友们，今天晚上著名的爱尔兰踢踏舞团的艺术家们，也来到了我们春晚现场，他们将为大家带来精彩的《大河之舞》片段，掌声欢迎！

（引出舞蹈《大河之舞》）

12.报幕性串联

晚会主持人最早承担的任务就是报幕。这种串联方法简易直接，不拖泥带水。报幕性串联往往先要对上场的演员或节目进行一个简要的介绍，然后提示现场观众掌声欢迎。比如2009年CCTV春晚的一段台词：

主持人白岩松上。

白岩松：下面将要出场的两位华人艺术家，他们的名字在国际乐坛如雷贯耳；他们的演奏风靡全球，享有极高声誉，他们就是大提琴演奏家马友友和青年钢琴演奏家郎朗，这也是他俩第一次在春节晚会上联袂演出，好，掌声有请他俩为我们演奏《一条大河》和《春节序曲》。

此外，还有采访性串联，即以采访嘉宾的方式引出下一个节目。

介入性串联，就是主持人与演员一道完成某个具体节目的表演。在很多晚会中，这种串联方法运用得逐渐频繁起来。比如2010年CCTV春晚，刘谦表演魔术，董卿作为协助，同时也作为见证人，一边交流一边向观众陈述。在很大程度上，主持人在这里已经算作演员，但依然没有完全失去主持人的角色，因此，被当做一种特殊的串联方法来解析。

事实上，许多情形下，主持人运用多种串联方法与技巧进行混合性串联。

【本节要点】

◆所谓电视晚会节目，指运用声、光、电、服、化、道等综合艺术手段实现演员的舞台演出，通过主持人串联，并以适合电视传播的方式与语态进行荧屏播映，达到大众化传播目的的节目形态。电视晚会节目表现为强烈的仪式感与当下感。电视晚会节目兼具舞台演出与电视传播的双重特性。

◆主题先行是电视晚会节目的不二规则，“欢庆”、“团圆”、“纪念”、“表彰”、“团结”、“感动”等都是常见主题，其他还有“奋斗”、“胜利”、“辉煌等。一台晚会节目可能是多个主题的复合形态，包括同类性质主题的复合，也包括不同性质主题的复合。

◆电视晚会的创意主要从节目内容、主持人、演员表现、形式与结构、舞台技术、电视艺术等方面入手。

◆电视晚会节目的结构有串联式结构、板块型结构、空间分离型结构与平行并进式结构等。

◆节目流程，是指电视晚会所有的节目内容依次呈现的顺序，所表现出来的最后呈现在观众眼前的节目形态。操作流程，则是为了完成整个晚会，围绕事先设计的节目流程而进行具体实施的方案。操作流程包括团队组建与分工、创意与实施、日常训练与彩排、演出与播出等。

◆按照功能区分，电视晚会节目的构件性节目分为开场性节目、主题性节目、常规性节目、点缀性节目、创新性节目、压轴性节目等。

◆晚会节目主持人的台词串联技巧包括招呼性串联、情节性串联、排比与对称语句式串联、顺承性串联、回忆性串联、道具性串联、同题性串联、指示性串联、调侃性串联与报幕性串联等，此外，还有采访性串联、介入性串联等。许多情形下，主持人运用多种串联方法与技巧进行混合性串联。

【实验与练习】

◆目标：拟写一台晚会的串联词。

◆操作：班级或学院拟策划一台主题晚会，请写出其中的串联词。

第五节　谈话类节目的编导要点

【阅读导引】

- ◆什么是谈话类节目？可分为哪些类型？
- ◆谈话类节目的编导要点有哪些？
- ◆邀请访谈对象需要遵循哪些原则？
- ◆如何设计谈话流程？
- ◆新闻访谈节目的成功取决于哪些因素？
- ◆娱乐脱口秀节目有哪些编导要点？

所谓谈话类节目，是指主持人与当事人、嘉宾或者现场观众围绕特定的主题、事件或者人物展开对话、讨论、争辩的节目形态。国内谈话节目曾经最为著名的是CCTV的《实话实说》，这是一档以社会软话题为内容的谈话节目。

谈话类节目，由内容可以区分为人物访谈类节目、事件访谈类节目与主题性访谈类节目。人物访谈，是以人物为主，访谈人物有特殊经历，如CCTV的《大家》，就是访谈某个行业或领域有成就的人物。CCTV另一档谈话节目《艺术人生》则是访谈文艺界有突出表现的艺术家、明星等。事件访谈，是以新近发生的具有新闻价值的事件作为访谈内容，如CCTV的《面对面》。主题访谈，是围绕某个主题进行话题性讨论，如凤凰卫视的《锵锵三人行》以话题来展开讨论。

一、谈话类节目的编导要点

在创意与编导谈话类节目时，需要注意以下要点：

1.谈话由头

谈话类节目需要寻找新闻由头或谈话由头。也就是说，任何一个谈话节目都具有当下性。新闻类访谈节目，自然离不开新闻由头，非保证新闻时效性不可。那么，一般的专题性谈话节目，不是特别讲究时效性，但是必定寻找相应的谈话理由。CCTV的《艺术人生》访谈某个著名导演，可能是由于该导演在近期有作品问世而引起轰动，或者在某个有着特殊记忆的日子里访谈一个退休的老艺术家。CCTV的《大家》在辛亥革命一百周年纪念的时候访谈辛亥革命研究大家章开沅教授，访谈由头是非常明确的。

2.话题价值

谈话类节目需要对新闻价值或谈话价值的大小或信息容量进行考虑。有些人物、事件或者话题虽具新闻由头或谈话由头，但是新闻价值或谈话价值很小，选题即不能成立；如果谈话信息不足以支撑相应的节目时长，选题同样不能成立。

3.访谈对象

邀请访谈对象时，必须考虑几个原则：

i）主体人物原则

ii）内容相关与互补原则

iii）电视表现力原则

iv）效率及成本原则

如何说服访谈对象进入演播室？

一般情形下，访谈对象接受访谈不成问题。然而，有时由于种种原因，访谈对象并不愿意出镜接受访谈。如何说服访谈对象进入演播室接受访谈，将考验编导的说服技巧。

以社会道义、责任说服你的访谈对象。

站在对方角度思考问题，消除或减少访谈对象的某些顾虑。

体现足够的诚意，承诺并践行某些采访条件。

进行相应的利益补偿。

……

4.谈话流程

在谈话流程的设计中，需要注意以下几点：

一是重视预采访。从对访谈对象的预采访中，可以寻找谈话方向、议题等。

二是尊重访谈对象的知情权。在演播室开录之前，原则上要把相应的流程与谈话议题向访谈对象进行交代，取得嘉宾的配合，同时，不至于让访谈对象临场慌张，不知所措，更重要的也是为尊重访谈对象对整个谈话流程的知情权。

三是适当并巧妙地扣留信息。

尊重访谈对象的知情权，是一个原则，并非就是通盘告知所有的具体细节，而需要适当对主体访谈对象扣留某些信息，也就是，让主体访谈对象对编导所设计的某些环节、谈话议题或者其他访谈对象的出场并不知情。

这样做的主要目的，就是促成主体访谈对象的意外感与现场冲动感，引发主体访谈对象自然做出一些动作，自然说出一些话语，自然流露出一些情感。如果事先告知了他，主体访谈对象由于心中有数，就会变得格外的理智，从而使其表现容易缺乏真情流露，编导不容易从中捕捉相应的细节与情感性信息。比如，一个娱乐访谈节目的编导通过预采访得知，某个明星最感念的人是多年未见的小学时代的班主任老师，于是，在编导设计的谈话流程中，其中有一环就是将其小学时代的班主任老师请进演播室与明星见面，然而，编导对该明星交代了绝大部分环节，就是扣留了该情节的信息。在录制过程中，班主任老师的出现让主体访谈对象大感意外，激动得流出了眼泪，场面极为感人。如果不扣留这部分信息，效果显然不会有如此之好。

一些情感访谈类节目，常把相关当事人能否来到演播室现场作为一个重要议题来设计，不仅让主体访谈对象不知情，而且让受众也蒙在鼓里，增强谈话流程的悬念性。

不过，在信息的扣留中，要遵循善意原则，以不损害当事人的物质与精神利益为前提，尤其是不能降低当事人的人格。

一般来说，谈话流程包括以下内容：

i）主持人如何出场？

ii）新闻当事人怎么出场与退场？

iii）嘉宾如何出场与退场？

iv）现场观众如何提问？

v）场外观众如何与节目互动？

vi）设计哪些谈论话题？

vii）话题之间如何转换？

viii）需不需要设计道具，如何使用？

……

5.冲突张力

在录制访谈节目的过程中，编导要注意制造主持人、访谈对象及现场观众之间的话题冲突，提高现场的谈话品质。保持谈话过程的冲突张力，可以大大吸引受众的观看兴趣。

斗而不破是提升冲突张力与维持谈话流程的原则。主持人与现场导演要掌握火候，火力不足的时候要火上加油，火力太猛时，注意降温，甚至转移话题，避免谈话对象之间谈话崩裂的现象出现。

6.学做现场导演

现场导演是一项实践性的工作，需要经验与教训的沉淀，慢慢地学会现场导演的诸多方法与技巧。对于初学的实习编导来说，在录制现场，要遵循以下几点：

一是调动新闻当事人、嘉宾或者现场观众的谈话欲望。主持人的引导及编导流程、问题设计是对谈话欲望最好的激发。

二是注意营造录制演播室的场效应。

三是不要轻易打断流程。如有过错或瑕疵，采取事后弥补的策略。

四是现场导演不要轻易改变初衷，以免造成主持人、嘉宾等的不适及反感，然而可以在某些环节或细节方面做一些灵活性的处置。当然，如果录制时，事先商议好的大前提发生了改变，非大变不可，应当通过各方商议再实施录制。

【实验与练习】

◆目标：学习邀请嘉宾与设计谈话流程。

◆操作：替国内某档谈话节目做一个近期选题，拟出所邀嘉宾，并设计出谈话流程。

二、新闻访谈节目

新闻访谈节目是以新闻人物、新闻事件或现象作为访谈内容的节目类型。受众从动态新闻报道了解到新闻人物、新闻事件或现象的信息后，希望进一步知道更加具体的、幕后的、背景性的或者其他相关信息，这是新闻访谈节目的受众心理动因。

新闻访谈节目的访谈对象，就是新闻当事人，包括新闻人物、主管者、见证者或者其他相关人，有时还会借助各类专家、社会观察家等进行辅助性访谈。新闻访谈节目可以向受众呈现出有关新闻人物、新闻事件或现象的事实性信息，参加访谈的新闻当事人、嘉宾，还有主持人，还会向受众传达各自的意见性信息。

一个新闻访谈节目的成功取决于以下几个因素：

1.选题因素

如果一个选题是受到大面积社会公众追捧的新闻人物、影响巨大的新闻事件，或者是一个引人注目的新闻现象，那么，该新闻访谈节目受到的欢迎程度就会较高。

2.结构因素

结构因素指新闻访谈内容通过什么样的结构形态呈现出来，是否能引起受众的收视兴趣。如CCTV《面对面》有一期节目是王志访问非典时期临危受命的北京市代市长王岐山。节目以王岐山在一次记者招待会上的主动爆料开启，王岐山在这次记者招待会快结束时说："我真还有害怕的问题，你们没有问到。"节目以此作为开头，接下来是王志接续这个问题，现场访谈王岐山："您害怕的问题是什么？"引出悬念，然后利用访谈，一步步地解开悬念，往往是这类节目常用的方法与技巧。

3.主持人访谈技巧

新闻访谈节目的成功，最关键的因素之一是主持人的采访是否足够的出色。演播室里主持人的新闻访谈技巧有很多,首先需要站在受众的角度发问,学会质疑,这样受众仿佛是自己在访谈新闻当事人,有些主持人问不到点子上,让受众感到心里着急,就会影响受众的收视情绪;再是主持人的访谈需要层层剥笋,步步深入;还有,主持人的访谈要有平衡意识,注意正负信息的平衡、多方意见的收集。有时,虽然只有一个访谈对象,也应尽可能探讨到多方意见。

4.访谈对象的出色表现

一个成功的新闻访谈节目与访谈对象有出色表现密切相关。试想一下,主持人表现再好,如果访谈对象语无伦次,词不达意,或者虚与委蛇,那么,恐怕新闻访谈难以进行,更何况节目的成功呢?访谈对象善于谈论,愿意谈,谈出真相,谈出真情,并且能够与主持人、嘉宾、现场观众产生话语博弈的张力,场上的气氛热烈,那么,才算得上出色表现。

【实验与练习】

◆目标:认识新闻访谈节目的成功要素。

◆操作:观看一期新闻访谈节目,分析该节目的成功之处与不足的地方。

三、娱乐脱口秀节目

谈话类节目,相对应的英文是talkshow,港台将其翻译成脱口秀,这是一种音译加意译的翻译技法,是比较不错的一个翻译。在欧美,甚至在港台,谈话节目与脱口秀本身就是一体的,然而,中国大陆在发展谈话节目的同时,却斜枝生发另一个类型,那就是脱口秀节目。美国著名的脱口秀节目主持人奥普拉·温弗丽,其节目受到众多美国观众的喜爱,其本人的粉丝众多,被誉为“脱口秀女王”。我国类似的脱口秀节目,也开始增多起来,比如,《超级访问》、《今夜有戏》、《天天向上》等,这些节目的主持人大多具有相当程度的名气,或者干脆就是娱乐界名人兼做主持人。

娱乐脱口秀可以互文性地从两个方面来理解,一是娱乐的脱口秀,二是脱口秀的娱乐。前者是指娱乐脱口秀以娱乐明星或其他娱乐潜质的人物为对象,后者是指娱乐脱口秀的目的是制造欢愉与快乐。

娱乐脱口秀节目的编导要点:

1.发现、启用、打磨主持人或主持人团队

主持人是娱乐脱口秀节目最重要的元素之一。有时,一档脱口秀节目往往是为某个有脱口秀才华的主持人或主持人团队量身定做的。因此,物色或打造具有该类潜质的主持人，是做娱乐脱口秀节目的重要前提。

2.从访谈对象身上发掘话题资源，发现兴奋点

在具体的节目编导中，主创人员在预采访中要善于寻找与发掘各类的访谈资源，包括脱口秀话题的兴奋点，这些兴奋点可以包括人物的兴奋点，也可以包括事件的兴奋点。

3.设计主持人、嘉宾、现场观众之间的话语博弈

主创人员需要设计主持人与主持人、主持人与嘉宾、主持人与现场观众等不同主体之间的话语博弈，通过他们之间的互动，制造幽默、搞笑的现场气氛，产生猎奇的冲动，设计对抗、冲突的叙事流程，放大叙事张力等。

4.做好娱乐脱口秀的表演秀

娱乐脱口秀除了对话、访谈之外，还需要主持人、嘉宾做出不同的表演秀。对于表演秀，要根据节目主题，主持人、嘉宾的个性、条件，以及节目的叙事进程等进行设计，使之成为节目的卖点。

案　例[①]

《天天向上·向英雄学习！见义勇为好司机》
台本（节选）

一、（略）

二、介绍嘉宾：

（一）第一组：见义“勇”为好司机——孙玄、吉祥、张海娟；

什么是见义勇为？

1.钱枫解释——见义勇为：

【见义勇为指公民为保护国家、集体利益和他人的人身、财产安全，不顾个人安危，同违法犯罪行为做斗争或者抢险、救灾、救人的行为。】

嘉宾出场都会佩戴自己所得过的荣誉奖章，简单介绍，下同。

天津的哥——孙玄：

【典型的热血青年，讲话很像讲评书，非常逗，主持人可用评书方式配合】

① 引自湖南电视台卫星频道《天天向上》官方博客 http：//home.hunantv.com/blog/user/detail/97429，并稍做格式、标点等的修正。

1.天津海河出租汽车有限公司司机，13年的夜班司机

2.事迹一：助人为乐，徒手擒获持枪劫匪，身受重伤；事迹二：协助警方，跳河，抓乱涂广告的坏人

3.在天津，坏人最怕遇到的就是警察和的哥

4.见义勇为有没有害怕过？【愤怒、热血青年、邪不压正】

5.常开夜班，预防坏人的诀窍——“把塞”，请现场演绎；

【钱枫解释“把塞”的定义，苏醒翻译】

6.坏人一般会是什么样？

（1）一开门，说：“师傅走吗？”

（2）上车不说话，没有正确的目的地，说：“一直走，一直往前走！”

（3）说话语无伦次，所答非所问，假装打电话

（4）上来两、三个人，但是互相不说话，非常紧张

7.遇到坏人怎么办？

（1）改装过的维修工具【改锥（螺丝刀）、棒子等】

（2）孙师傅的秘密小开关，车熄火后，一边报警一边秘密跟踪歹徒

（3）天津市的的士司机都有GPS卫星定位系统；

8.拉活的诀窍？【“三净”】

9.媳妇孩子是否担心？【注意安全】

两位优秀的私家车司机——张海娟、吉祥

张海娟：

1.辽宁盘锦人，本职工作：中国石油辽河油田公司高升工程技术处作业二公司工会主席

2.事迹：下班路上，遇到氨气泄漏，舍身救中毒的一家三口，自己慢性中毒，生了一年的荨麻疹

3.为什么见义勇为？【受父母影响】

4.获得“好司机”的全部奖金捐献给“辽宁省见义勇为基金会”

吉祥：

1.江苏扬州人，典型的80后

2.事迹：冬天跳入冰冷的河水中救助轻生女子，主动给予经济援助

3.本职工作：玉器加工厂老板，玉器设计师

4.作品展示：因为见义勇为后创作的作品——英雄救美

5.来长沙的目的？【参加节目，宣传见义勇为，其实顺便了解一下湖南的市场，看适不适合在湖南开店】

两位一起访问：

1.怎么看待见义勇为？

2.见义勇为的好处？【吉祥：见义勇为之后，觉得所有的事情都很顺】

汪：每一年都会涌现出许许多多见义勇为的好司机，其中也有因为见义勇为而失去生命的司机朋友们，我们在这里向他们表示崇高的敬意。所以见义勇为，有“勇”也要有“智”，下面我们有请见义“智”为的好司机代表出场——

（二）第二组：见义“智”为好司机——郭新萍、马守杰、尚继承

山西的姐——郭新萍：

1.山西省长治市淮海出租公司司机，见义“智”为的典型代表，的姐典范

2.介绍郭姐之前先介绍一个人：【田源严肃状介绍】

姓名：王其斌

年龄：20岁左右

身高：1米75左右

相貌特征：皮肤较黑、眼睛深陷、嘴唇偏厚、黑色小平头前额有刘海、声线低沉

作案：2003年间抢劫的士司机作案40起以上，杀害的士司机一名，曾是山西省公安机关立案侦查的犯罪嫌疑人，现已判处死刑。

3.事迹：与上述歹徒斗智斗勇，全靠一张嘴，保全自己，协助警方抓获歹徒

4.见义勇为有没有害怕过？

5.女性司机工作中和见义勇为时应该注意什么？

【注意察言观色，女性是弱者，不要硬碰硬】

吉林的哥——马守杰、尚继承：

介绍两位吉林的哥前先介绍一个人：【钱枫严肃状介绍】

别名：龅牙

年龄：30岁左右

身高：1米70左右

相貌特征：单眼皮、神情诡异、有明显龅牙特征

作案：2004年间抢劫的士司机作案7起以上，现已抓捕

马守杰：

事迹：热心于见义勇为事业，曾放弃营运，带领近千名出租车司机，协助警方抓捕犯罪分子，2004年至2005年8月间，马守杰亲自组织、参与各种见义勇为行动12次，抓获各类犯罪嫌疑人6名，包括龅牙

尚继承：

1.吉林省吉林市盛世出租车队出租车司机

2.事迹：与马师傅配合，多次参与大型见义勇为行动，亲手抓获龅牙

两位一起访谈：

1.吉林的哥见义勇为事迹：2000年时，吉林市的出租车运营状况不好，每一天都会有十几二十名的士司机被抢劫，直到2002年吉林广播电台建立了“的士空中安全网”，只要有司机师傅遇到危险，全城的司机师傅都来帮忙

2.家人担心吗？[尚师傅：瞒着家里]

3.怎么看待见义勇为？有没有害怕过？

（三）第三组：“编外民警”好司机——周明华、鄢代平、吕志华

重庆的哥——周明华、鄢代平

【两位都有“编外警察”证，现场展示】

鄢代平：

1.重庆市出租汽车公司二分公司驾驶员

2.觉得自己的工作怎么样？为什么？【好喜欢自己的工作】

3.事迹：随叫随到的好司机，接到求救电话，赶了4个小时的路，抢救伤者

周明华：

【口头禅：说多了没用的。很可爱，典型的有警匪情结的人】

1.59岁，重庆公路运输集团民丰出租车公司驾驶员

2.事迹：热心见义勇为事业，别人是遇到歹徒见义勇为，周师傅是找歹徒抓，由他协助警方抓获的犯罪分子超过50人，化装跟踪犯罪分子，协助警方抓毒贩

3.周师傅车上特有的装备

（1）帽子：用来化装跟踪

（2）创可贴：给受伤的人、化妆跟踪

（3）拖钩：帮助他人

（4）粉笔：保护现场

4.重庆出租车公司的优点【统一着装、红色报警灯】

5.周师傅是被重庆各大出租车公司挖来挖去的老司机

6.见义勇为害怕过吗？怎么看待见义勇为？

厦门的哥——吕志华

1.厦门市海峡出租车公司司机、厦门市人大代表

2.厦门市给他拍的个人形象宣传片：VCR

3.厦门市义务反扒志愿者大队副大队长

（1）由的哥、公务员、保安、白领等各行各业的热血青年组成的反扒大队，共333人，专门协助警方抓扒手

（2）全国只有厦门、宁波、海南有这样的队伍

（3）2005年至今协助警方抓获扒手1500人以上

三、现场互动——反扒知识大课堂：

有请厦门市公安局轮渡公交派出所副所长、反扒大队队长——姜海鹰出场：

介绍姜所长：

1.从事反扒工作20多年，吕师傅的领导，反扒方面的专家

2.厦门市百分之百的扒手都认识他，他认识百分之九十的扒手

3.在街上，小偷看到姜所长，要么递烟，要么掉头就跑

反扒知识：

1.扒手分为地扒和车扒

2.扒手的特征：

（1）远处观望，停留某一区域久久不离开

（2）反季节穿衣法【夏季穿长袖、冬季将外套拿在手上】

（3）随身物品很怪异

【大晴天带雨伞、手提塑料袋、挎包的另类背法，道具：男士挎包】

（4）拥挤【小偷团伙作案，前后夹击】

（5）状态特别轻松地乘车【轻松地玩手机游戏等】

3.扒手的作案手法：

（1）扒手“上班”的道具展示

【道具：推车、所有小偷的工具、各种常见背包】

（2）扒手“工作服”的秘密：

【色彩多采用黑白灰低调颜色、外套口袋相通】

（3）作案手段：突然冲撞，试探钱包、手机位置

4.民警同志温馨提示：

（1）出门带好零钱

（2）财不露白，公众场所少拿贵重物品出来

（3）带少量的钱，随身物品放在自己视线范围内

（4）身份证、信用卡、银行卡不要放在一起

（5）现在正是扒手活动的高发期

（6）不是扒手作案高明，是我们警惕性太低

【本节要点】

◆谈话类节目，是指主持人与当事人、嘉宾或者现场观众围绕特定的主题、事件或者人物展开对话、讨论、争辩的节目形态。谈话类节目，由内容可以区分为人物访谈类节目、事件访谈类节目与主题性访谈类节目等。

◆谈话类节目的编导要点在于谈话由头、话题价值、访谈对象、冲突张力、现场导演等方面。

◆邀请访谈对象应遵循主体人物原则、内容相关与互补原则、电视表现力原则、效率及成本原则等。

◆在谈话流程的设计中，一要重视预采访，二是尊重访谈对象的知情权，三是适当并巧妙地扣留信息。斗而不破是提升冲突张力与维持谈话流程的原则。

◆新闻访谈节目的成功取决于选题因素、结构因素、主持人访谈技巧以及访谈对象的出色表现。

◆娱乐脱口秀节目的编导要点在于：一是发现、启用、打磨主持人或主持人团队；二是从访谈对象身上发掘话题资源、发现兴奋点；三是设计主持人、嘉宾、现场观众之间的话语博弈；四是做好娱乐脱口秀的表演秀。

【实验与练习】

◆目标：了解娱乐脱口秀节目。

◆操作：观看一档比较火爆的脱口秀节目，分析其主持人的风格、访谈技巧等。

第六节　专题片、纪录片与电视散文的编导要点

【阅读导引】

◆什么是专题片？什么是纪录片？两者共同点与不同点在哪里？

◆专题片要注意哪些编导要点？

◆造成纪录片的未定性是什么原因？纪录片的采摄有哪些类型？

◆电视散文有哪几种创作模式？

◆什么是“真实再现”？其正面与负面意义各是什么？如何进行“真实再现”？

将专题片、纪录片、电视散文置放在一起论述，是因为三者具有较多的相似性，尤其是前两者的相似性更多。从节目形态看，三者基本上是以画面加解说为主。三者以叙事为主要的信息传播形态，区别于传达娱乐性信息的综艺娱乐节目。三者的内容性质是非表演性、非虚构性的真实节目，这一点区别于电视剧等表演性的虚构节目。从生产角度来看，三者都非常考验一个编导的文学写作功力。这里先讨论专题片与纪录片的共性与差异，再分别论述各自的编导要点与技巧。

一、专题片与纪录片的共性与差异

在国外，没有专题片与纪录片的区分，只有Documentary一词，与其对应的是Fiction，即“虚构”之意，那么，Documentary显然是区别于Fiction的纪实作品，其内涵与外延基本把中国所称谓的专题片与纪录片都涵括其中。

长期以来，中国学术界对专题片与纪录片的区分与定义很难形成一致的意见，为此而争议不休。

我们认为，正是由于两者具有极大的相似性，两者的内涵与外延的边际并非特别的清晰，加上业界在运用这两个术语进行创作时并非严密地加以区分（比如有些文献纪录片，从节目形态上，应该称谓成文献专题片可能更为合适），因而造成这种长期的纷争。不过，中国电视人长期的实践，仍旧使得专题片与纪录片形成各自的意义归属与形态差异。

专题片一词是中国电视特殊的实践产物。长期以来，中国电视人要配合党与政府的工作进行宣传与报道，于是围绕某一出台的政策、某一时期的工作重点或某项重大的宣传任务，而设定一定的主题，遵循一定的宣传口径，对相应的工作与生活领域进行专门性的宣传与报道，长此以往，便形成具有中国特色的一个节目类型，这就是专题片。

在当前的电视实践中，一部分的专题片依然源自这种出发点，但绝大多数情形下，电视界已经将其作为一种成熟的节目类型进行纯业务的运用与操作，成了自觉性的实践行为。因此，专题片已经成为电视传播中最重要的节目类型之一。

在这里，我们给予专题片一个定义。

所谓专题片，其早期是相对于综合形态的电视宣传报道而言，后来专指那些将传播焦点集中于某一人物、某一事件或某一社会现象，围绕一定的叙事目的或主题，运用多样的非虚构的电视手法，进行专门性的探讨、反映与报道的电视节目。

我们这里的纪录片，特指电视纪录片（不包括文献纪录片，以下皆同）。电视纪录片源自电影纪录片。电影纪录片则是与电影故事片相对应的一个电影形态，电影故事片以通过演员的表演来讲述故事尤其是虚构故事作为最重要的传播目的，而电影纪录片则纪录真实的人与真实的事。所谓纪录片，是相对于电影故事片、电视剧等虚构叙事影视作品而言的一个电视节目概念，通过纪实的电视手法再现对象物，用以展现人物真实的生存情状、事情的本来面貌或原生态的社会现实。

1.专题片与纪录片的共同点

专题片与纪录片具有诸多的叙事与表现的共同点：

i）现实存在的表现对象

专题片与纪录片都是以现实存在作为表现的对象物，反映真实的现实生活，即非虚构的故事、事件或人物。这一点区别于电影故事片、电视剧等虚构节目形态。

ii）纪实主义的表现手法

专题片与纪录片都采用纪实性的手法表现内容，排斥表演等虚构叙事。

iii）探寻真相的传播诉求

专题片与纪录片其实都在探寻现实存在的真相，其传播目的是对表现对象真实性的追求，区别于电影故事片、电视剧、综艺娱乐类节目、晚会类节目的娱乐诉求，也区别于生活服务类节目的实用性诉求。

iv）以画面加解说为主体的文本构建方式

专题片与纪录片有时也采用演播室之类的主持人串联，但基本内容依然通过画面加解说的文本形态来呈现，这一点区别于综艺娱乐类、晚会类、访谈类等节目的文本形态。

2.专题片与纪录片的不同点

尽管专题片与纪录片具有极大的文类相似性，但两者的差异性依然明显，表现如下：

i）编导主观意识的体现方式、路径及程度的差异

专题片的编导主观意识深厚得多，可以直接反映编导的主观意见，表明自己的看法、意见与建议；纪录片更强调客观陈述，将编导的主观意识尽量隐藏在纪实内容之中。

ii）纪实手法运用上的差异

纪录片最基本的纪实手法在于真实纪录，纪录片对于长镜头、声画一体、跟拍等纪录手段特别青睐；专题片对蒙太奇、声画对位以及联想、对比、回忆、隐喻等手法的运用很频繁。

iii）叙事视角的差异

纪录片一般采用限制视角，更加体现叙事的客观性；而专题片一般采用全知视角，有利于全方位地表现对象物。

iv）叙事时态的差异

纪录片一般采用跟踪拍摄的方法，编辑之后的文本形态一般是现在进行时态；专题片大多采用现在完成时态。

v）生产流程的差异

主题先行常常是专题片的做法，有些专题片甚至是命题式的奉命之作。在专题片的生产流程中，很多情形下是先写成脚本，然后根据脚本拍摄影像素材，最后进行后期制作。纪录片，一般只是先确定选题，然后做出摄制方案，而不是文字脚本，一般也不会先入为主地确定什么主题的设计，通过追踪拍摄，再根据获取的内容素材形成主题的设计，最后制作成片。

vi）美学风格的差异

专题片重在表现，而纪录片重在再现。专题片更倾向传达编导对于事物的主观意见，而纪录片更注重写实，传达出对象物的客观信息。

【实验与练习】

◆目标：体会专题片与纪录片的异同点。

◆操作：分别观看一部专题片与一部纪录片，比较两者的共性与差异。

二、专题片的编导要点

专题片是围绕专门的议题进行制造的电视节目，后逐渐转化为一种专门的文类，其生产过程需要注意以下一些编导要点：

1.专题片的主题

专题片总是服务于相应的主题或者主题方向。中国的专题片脱胎于宣传性的电视片。宣传性的电视片往往主题先行，是“命题作业”。因此，专题片从一开始就带有强烈的主题色彩。现在专题片也渐渐地脱离宣传性电视片的狭窄窠臼，表现内容、传播目标变得更加的宽泛，然而，对于主题的重视显然具有某种类型实践的惯性。

专题片的主题对于专题片的操作流程具有方向标功能。主题指示编导搜集专题片素材的类型、性质、数量等；主题指示编导对于素材加工的方式与手段；主题指示专题片制作所采用的叙事结构，等等。主题是统领专题片的灵魂。主题先行依然是编导专题片的一种重要操作形态。

主题先行并不违反专题片作为纪实作品的客观性，这是因为先行制定主题并非凭空臆想，而是源自对选题的宏观性概括与提炼。专题片的主题先行并非唯一方式，也有在操作过程中，修正或颠覆原有的主题。这是编导能动性的具体体现。原先确立的主题部分不符合现实，就要进行修正。原先确立的主题经过现实检验，需要确立新的主题，或者完全取消选题的情形都曾发生过。

2.预采访与采访拍摄计划的拟定

预采访，即在正式采访与拍摄之前，为了摸清采访对象的情况或事件的来龙去脉而进行的非正式采访。在初步确立专题片的选题后，通过预采访，进一步对选题进行考察，作为最终选题定案的依据。事实上，预采访中发现选题不符合要求或因主客观条件受限而导致选题最终难以完成的情况，就要终止选题。

预采访是采访拍摄计划的基础。通过预采访，知道哪些内容符合选题要求，需要发掘，哪些内容应该舍弃，而后做好相应的采访拍摄计划。采访拍摄计划包括采访对象的确立、采访问题的设计、镜头内容、采访与拍摄的时间安排等。

3.确立采访对象的角色

一个专题片往往需要采访不同的对象，每个采访对象有不同的角色定位，可分为以下几种类型：

直接当事人：这是最重要的采访角色。在大多数情形下，必须从直接当事人那里获取影像与声音素材。

间接当事人：即与直接当事人或事件有利益关联的人，如当事人的委托人、亲属等。

知情人：可能不是直接或间接当事人，但对当事人、事件或现象知晓全部或部分信息，如当事人的朋友、邻居、同事等。

目击者：直接旁观当事人、事件或全部或部分过程的人。

调查者：对当事人、事件或现象进行过调查或访问的人，如司法人员、记者、自由作家、学者或其他调查者等。

评价者：对当事人、事件或现象发表意见与看法的人。

不同类型、不同主题与不同传播目的，对于采访对象的角色确立的作用是不相同的。不同语境下的采访，其角色选择也有差异。比如，当直接当事人不愿意接受采访时，如何找到最适合的间接当事人、知情者或目击者变得异常重要。

4.专题片采摄

一般性的新闻采摄与生产方式大多适合于专题片,但还要特别注意以下一些技巧:

i)采访语态的设计

前面谈到采访语态包括静态型采访、动态型采访、现场型采访与演播室采访等,而专题片采访语态基本上采用前三种情形。根据节目的主题、题材内容以及叙事风格等,选择相应的采访语态。

ii)采访场景的选择与布置

确立采访对象以后,安排在什么样的场景中进行采访,场景安排可以根据采访人的身份、采访主题、内容等做出选择。比如,采访一个老农讲农业生产,非以农田为背景不可,而采访一个农业部长却要看采访主题,如果是说农业政策,可在办公室里进行,但如果是说当下农业生产情况,不妨选择农田背景。

有时,一些专题片的采访场景需要一些人工的布置,这里包括布景、光影设计等。比如,采访一名书法名家,可以在背景里布置一些书法作品或者文房四宝之类的物件,以突显其身份特点,并通过光影设计,对采访人物进行叙事造型。

iii)镜头拍摄与同期声录制

在实际采摄中,比起消息类新闻节目,专题片的镜头拍摄更加讲究,即在构图、景别、主题、意境等方面,不只是关联信息内容的准确性,也非常强调拍摄的艺术性与美学感。

早期的专题片以配音为主,画面是不带同期声的。后来,同期声用来强化专题片的真实感。镜头拍摄要注意同期声的录制。这里的同期声包括环境声、采访人物的话语同期声。话语同期声的录制,要保持采摄环境的相对安静,或者使用比较好的录音设施与手段,保证话语同期声的清晰,提升专题片的采访质量。

5.专题片的制作与包装

与纪录片相比较,专题片的叙事手段显得更加多元化,其叙事结构也更加复杂。类型不同,如人物专题片、事件专题片、主题性专题片等,其叙事手段和结构也会出现差异。

专题片的包装具有很强的技巧性。这里的包装可以是一个广义或狭义的概念。广义的包装,即是一切使专题片美学化的手段与程度。前期的采访与拍摄就包含了包装的内容,比如采访对象的选择、外表修饰是一种前期包装,而叙事技巧的运用、结构的设计也是具有特殊意义的包装。狭义的包装特指后期制作的技术手段。

6.采访拍摄素材与成片的片比控制

与电视新闻消息相比较,专题片的采访拍摄素材与成片的片比要高得多。片比愈大,成本愈大,因此,一个电视编导会被要求一个相当适合的片比,片比不能太高,那样会导致经济花销的增加与采摄制作周期的拉长；片比太小，又可能导致素材不够等问题。

当然，不同性质的专题片、不同类型的采访对象、不同情形的采访语境，都会导致片比的差异性。一切要看具体情形而定，不能一味追求高片比，也不能为了省钱省时间而缩小片比。

专题片的采访拍摄中，重点采访对象、关键环节、核心内容可以适当增大片比，相反，可适当缩小片比。

【实验与练习】

◆目标：做一个小型专题片。

◆操作：设计一个选题，做一个十五分钟的专题片。做后观看，评价。

三、纪录片的编导要点

纪录片重在客观纪录，然而，纪录片的生产与制作离不开艺术化的编导手段，尤其是主观色彩强烈的纪录片，如张以庆的作品，更是离不开主创人员非凡的编导技巧。

1.纪录片的选题

从理论上说，任何人物或事件都可以成为纪录对象，也就是说，任何人物都有纪录价值。然而，从传播的角度来看，不同的人和事，其纪录价值有大小之别。那么，哪些人和事更值得纪录，或者更加受到纪录片导演们的青睐呢？我们认为，不外乎以下三大类型：

一是处于历史节点的人和事。一些人物，无论大人物还是小人物，只要处于某个历史节点，都可能是很好的纪录片选题。1949年是一个重大的历史节点，不仅那些国共要人，就是那些处于历史风雨中的农民、工人、手工艺者、教员、小地主等，都是很好的纪录对象。

二是代表社会基点的人与事。偶然性、孤立性的人与事，无论重大与否，一般是没有太大纪录价值的，而那些代表某个社会阶层、某种社会思潮或者某种社会现象的人和事，无论多小，也是值得纪录的。比如，二十世纪八十年代，如果纪录一个喜欢穿喇叭裤青年的故事，未必不是一个好的纪录片。

三是透显人性亮点的人和事。某些人物，难以在历史与社会的坐标系取得一定的位置，但是他们的婚丧嫁娶、酱醋油盐或者喜怒哀乐反映出某些人类共性，如孤独、母爱、友谊，与命运的抗争等，这些都可能成为优秀的纪录片选题。张以庆的《英与白》以一个女驯兽师照顾一只退役的大熊猫为选题，反映了孤独的人生命题。

一般来说，纪录片的选题会表现如下特点中的某一个、几个或者全部：

i）重大性

ii）传奇性

iii）显著性

iv）哲理性

比如，曾经有一段时间，一些纪录片导演热衷于跑到边远地区、少数民族地区拍摄一些文化人类学的纪录片，被人揶揄为“深山老林派”.然后，这类选题确实带来了一段时间里纪录片的创作繁荣。这类选题的传奇特质也给予受众以强烈的奇观体验，还可能表现出一定的哲理性。

在实践中，我们可以以下列方式去思考并选择你的纪录片选题：

i）不寻常人物的不寻常事迹

ii）寻常人物的不寻常事迹

iii）特定环境的不寻常人物

iv）特定环境下的寻常人物

v）特定视角下的不寻常人物

vi）特定视角下的寻常人物

……

纪录片的选题主要是确立纪录对象、主题方向、题材范围等。纪录对象无论是一个主体人物，还是一个群体，都要抓住主体人物或核心来纪录，兼顾其他人物，这样才能不枝不蔓，才能保证采摄素材的统一性，才能体现出相应的主题。

2.充分认识纪录片的叙事未定性

专题片重在当下，或者表现过去，因此，专题片具有很大程度上的可控性与确定性，也就是说，自己打算把一个题材做成专题片，从创意到后来的成片，不会大走样，基本上可以按照自己事先的创意与设计来实现整个节目内容与形态。专题片能自始至终贯穿编导的主观意志。

纪录片意在将来。纪录片在采访与拍摄之前，编导也会有一定的设计或创意，但纪录片的手段重在纪录，一般需要尽可能降低编导的主观意志，一个正在或即将发生的事情具有很大的自主性、偶然性，也会随纪录者的意志而转移。

与专题片的可控性相比，纪录片具有叙事的未定性。造成纪录片的未定性是由于对纪录对象的采访与拍摄而带来的内容未定性。这种未定性可能是编导的理念或思想的变化、采访对象与编导的历时性变化造成的。一般来说，纪录片最大的未定性来自纪录对象的变化而形成的未确定性。这或许是纪录片最大魅力之所在。

3.编导主观意志的控制与实施

在纪录片界，其实一直存在着两种不同的创作见解，即旁观派与干预派，其区别就在于编导对于纪录对象影响的强度。

一是做纪录对象的旁观者。

静静观察,做一个有如西方谚语中所说的做“角落里的老鼠”。即便采访与拍摄给予纪录对象以影响,也会尽可能地将其降到最低点。在后期的制作之中,也尽可能保持其原生态的信息内容,不让其屈众于编导的意志,或者让编导的意志与素材形成统一性,希望让纪录对象的内容呈现更加纯粹。

二是适度的干预。

编导融入纪录对象的生活中,成为整个纪录的一部分。编导并不忌讳介入纪录对象的生活,最极端的方式是,记录者的介入使得纪录对象的行动或事情发展发生转向。

编导或纪录对象会在采摄过程中,有意强调纪录行为的存在,并在成片中融入纪录对象对于纪录行为本身的“元叙述”。

编导会形成对纪录对象的主观表达。张以庆在《英与白》中使用拟人手法对大熊猫进行人化的视角表现,有很多主观意象镜头的使用。

编导有意建构纪录片的强烈主观性,以意为制,带着强烈的主观性去采访与拍摄,同时在后期的制作中也按照编导的主观设计来使用纪录素材,使纪录素材屈从编导的意志。整个纪录片渗透着编导的主观思想、理念等。如张以庆的《幼儿园》在摄制之前,主题其实都已形成,那么,在摄制过程中,有意按照主观设计去采访、拍摄。张以庆的《英与白》摄制了一个小姑娘娟,以此用来进一步阐解“孤独”主题。小姑娘肯定有很多兴高采烈的情形,但张以庆全部舍弃,只留下静坐、不言不语的镜头,这是显而易见的主观取舍。

4.纪录片的采摄

纪录片的采访与拍摄方式有很多,重点介绍几种:

一是跟拍。

跟拍被认为是纪录片采摄中比较纯粹的纪录手段。所谓跟拍,就是采取跟随纪录对象而进行采访拍摄的纪录方式。事实上,跟拍依然存在着人为干预的印迹。平添了一台或多台摄像机,还跟着一个摄制队伍,纪录对象能否“坐怀不乱”,压根就忽视摄像机与摄制队伍的存在,而像平常生活一样行动自如,丝毫不受其影响吗?答案是否定的。这种干扰无论如何会影响到纪录对象的心理及其行为。外人的注视,特别是纪录对象意识到自己的形象与信息将向公众开放,更容易掩盖对自我形象带来伤害的信息,而有意传达出利于自我形象建构的信息。

如何减低采摄对纪录对象的行为、言语及思想的干预,从而尽可能还原纪录对象的生活?有经验的纪录片编导,常常在正式采摄前,提前让纪录对象适应摄像机与摄制团队的存在。也就是说,先拍摄纪录对象的一些无关紧要的内容,让纪录对象慢慢地不再感觉摄像机的存在,不再让言语与行动受制于摄像机。

二是组织拍摄。

行业内称之为摆拍。摆拍，一般是指由纪录对象还原曾经做过的行动、事情等。有时，为了纪录片表现的需要，编导为纪录对象设计一些合理的行动或情景，也会运用到组织拍摄。比如，纪录对象本来在摄制组拍摄期间，并没有计划去看望年事已高的启蒙老师，如今，编导要求跟拍纪录对象看望老师的情景，这也是一个组织拍摄。

一定程度的组织拍摄，已是行业内的普通做法。然而，如果组织拍摄过度，就会伤害到纪录片的真实性原则。组织拍摄的底线，就是摆拍的内容必定是曾经做过的，只是没有及时拍摄到，或者是将要做还没有做，只是使其发生的时间提前了。

三是集中性采摄。

集中拍摄是指将纪录对象的活动集中在某个时间进行采访与拍摄。目的是缩短纪录片采访与拍摄的周期。如果随着纪录对象自由生发的行动而采访与拍摄，将会使采摄周期具有不可预料性。集中拍摄，促使纪录对象在某个规定的时间完成相应的行为活动，将会运用到组织拍摄。

四是分段性采摄。

纪录片表现的内容不可能在一个集中时间里全部发生，而是散落在不同的时间与空间里，那么必定需要进行分段性采摄。比如，需要表现一段纪录对象四季里的行为活动，那么，就必须分四个阶段对纪录对象进行跟踪采摄。分段性采摄的周期比集中采摄会拉长。

五是纪录片采访。

纪录片的采访与新闻、专题类的采访具有共性，但也有一些区别。纪录片采访可以进行专门性的采访与情景性的采访。

专门性的采访，即面对摄像机，选择特定的背景，纪录对象停止行为活动，而专门回答编导的提问。专门性采访，可以集中更多的问题，获取更广泛的问话信息。

情景性的采访，即编导在跟拍纪录对象的活动中，随机提问而获得处于特定现场或情景中纪录对象的回答。情景性的采访，使采访信息更生动，更自然，具有极强的现场感。

六是纪录片的镜头拍摄。

纪录片的镜头拍摄，要注意一些要点：

第一，注意镜头表达的完整性。这里的完整性既包括表情达意的内容完整，也包括纪录片所需要的镜头景别、角度、视点、运动以及同期声等不能缺省。

第二，注意拍摄的重点。纪录过程不要照录纪录对象的所有活动，而是要紧扣拍摄主题、采摄计划与人物特点等进行重点性的采摄，避免采摄时间、资源的浪费。

第三，强化抓拍意识。在没有摄像机的存在下，或者可能在某个时间里彻底忘记，或者没有意识到，或者罔顾摄像机的存在，纪录对象可能做出某些特别有意味或者其他具有特征性的行为、表情等。这些行为或表情，是人物真实心理的表现，能够凸显人物的本质特点，或者能够给纪录片带来意想不到的叙事价值与意义。此细节镜头，转瞬即逝，如果不及时抓拍，等到编导事后反应过来，进行重新组织拍摄时，纪录对象再也做不出当时的行为、表情，即便做出来，也失去了当时的自然性，或者韵味。

5.纪录片的后期制作

纪录片的后期制作需要对前期的采摄素材进行重新认识、思考与加工，做成纪录片成品。

i）主题提炼

采摄过程也是编导认识纪录对象的过程。在这个过程中，编导会不断修正自己对纪录对象的看法，包括不断修正拍摄之初的主题设想。制作时，必须有一个合适的主题进行统领。纪录片主题表现，有时是隐晦的，有时是显性的，但编导心里要有数。

ii）叙事结构

叙事结构是一部纪录片叙事框架的搭建，即纪录内容围绕主题有机地建构成一个整体。很多纪录片，运用时间线性的叙事方式来建构内容。也有一些纪录片，则会在结构上创新，如电视纪录片《沙与海》就是以平行剪辑的方式将一个沙漠人家与一个海边渔户进行了对比性叙事，说明了“人在哪里过都不容易”的人生命题。

iii）表现手段

纪录片具体的表现手段有很多，包括镜头技巧、同期声的运用、叙事节奏的掌握、色调处理等。

iv）开头与结尾

纪录片的开头与结尾是需要特别设计的，开头与结尾的方法有很多，要根据具体的题材、主题、风格等来设计。比如，开头是否设题记，或者结尾是开放性的还是闭合性的，都关联着整个纪录片的艺术定位。

v）解说风格

一部纪录片首先要确立是否需要解说，其次是需要什么样的解说风格。比如，解说风格有朴质的、知性哲理的、婉转情性的、张扬直露的等。选择某个风格的解说，一定要吻合自己的题材类型、主题旨趣以及叙事方式等。

【实验与练习】

◆目标：做一个纪录片。

◆操作：布置练习者在自己家乡或所就读的城市中选择一个合适的人物，进行一段时间的影像纪录，而后做出一个纪录片，进行评价。

四、电视散文

一般来说，美学质感强烈的画面与化作画外音的优美文词是电视散文最为突出的表现元素。下面简要介绍一些电视散文的编导技巧：

1.选题的散文性与画面感

选题要精当，首先必须适合做电视散文。选题还要适合电视表现，即具有相应的画面感。比如，西藏、水乡、古镇、山野、大漠等容易成为电视散文的选题，一是由于其中的散文气质，二是基于画面的美学性考虑。

2.提炼富于内涵的主题

主题是散文的灵魂。内涵不深刻的散文，如同嚼蜡，电视散文也是一样。选定题材之时，就必定要考虑这一点，要选取有一定思想开掘潜力的题材。然后，编导要从中提炼或设计出哲理性或发人深省的主题。

3.设计叙事模式

这里的叙事模式可以包括人物、线索或结构等。

设计叙事人称。一般来说，电视散文都会贯穿画外音。画外音是什么样的人物口吻？是第一人称的“我”，还是第三人称，要根据选题、传播目标及风格来定。

叙事线索与叙事结构的安排也非常重要。许多电视散文设计以人物活动为叙事线索，这些人物可能是摄影师、画家、作家、游客或其他类型的访客。这些电视散文可以根据人物活动来安排结构，也可以根据主题来设计板块。

4.电视散文的创作模式与拍摄方案

电视散文的两种创作模式：

一是作家电视模式。“作家电视”模式，即先做好较完全的文学脚本，根据脚本拍摄影像素材，再进行后期制作。

二是编导模式。在选题确立之后，先做采访与拍摄方案，再根据采访与拍摄的素材内容形成正式的文学脚本，然后进行后期制作。

5.拍摄画面素材

电视散文的画面非常讲究，需要聘请有水平的摄像师，并需要事先进行交流与沟通，培养摄像师对选题的画面感觉，摄像师如果不能胜任，要果断地换人。

物色好电视散文中的出镜人物，要做好相应的化妆、服装及道具的准备，此外，要调适好人物心态，一起进入场景拍摄，使其状态呈现出最佳化。

6.设计画外音风格

根据内容题材、主题、人物角色等，设计画外音的风格。

物色合适的配音师。先进行试配，寻找感觉。当试配的画外音符合要求后，便进行录音。

7.后期制作

电视散文的美学诉求高，要求后期在画面编辑、色调把握、特技运用等方面要精到，富有美学眼光。

音乐音响是电视散文重要的元素。需要反复挑选风格对应的曲子作为配乐。有些散文，还需要有专门的音乐作曲。

【实验与练习】

◆目标：掌握电视散文的特点。

◆操作：观看电视散文《毕业了》或《西湖无语》，分析其叙事技巧。

五、“真实再现”

包括纪录片、专题片、纪实性电视散文、纪实性电视节目等在内的纪实影视作品，为了表达的需要，有时会运用一种“真实再现”的手段来再现特定的场景或情景。

1. “真实再现”的定义、应用及源起

所谓“真实再现”，有时也称为“情景模拟”、“情景再现”等，即为了实现特定的叙事目的，在纪实性影视作品中，诸如电影纪录片、电视纪录片、电视专题片、纪实性电视散文、纪实性电视节目等，运用人物扮演等虚构手段再现已经消逝的场景、人物活动情形等真实内容的影视表现手段。

“真实再现”如今已被频繁用于纪实性影视作品中。比如，电影纪录片《圆明园》、电视纪录片《故宫》、电视专题片《探索·发现》、电视节目如湖南台《真情》等，都运用了“真实再现”的虚构叙事。

其实，纪实性影视作品运用虚构手法再现特定的场景或情形早已有之。比如，在拍摄被称为世界纪录片开山之作的《北方的纳努克》时，弗拉哈迪就运用了重拍、摆拍手法，尤其是钓海豹一节，就是将一只死海豹放回冰窟里再钓出来。纪录片导演伊文思也常常愿意“重拾现场”、“复原拍摄”，实际上就是摆拍，是一种特殊的“真实再现”。

2. “真实再现”在运用中的形式区分

“真实再现”毕竟是虚构内容，在一定程度上有违纪实性影视作品的真实性。将“真实再现”段落与纪实内容混同组接时，常常需要做一些形式上的区分，以便让观众明白，不至于把他们搞糊涂。

一般采取以下一些形式进行区分：

改变色调：常常做成黑白、发黄老照片等影视效果，以表示有回忆、怀旧之义。

画面外形特技：将“真实再现”的画面做一些诸如加框等外形技巧，使其区别于寻常的纪实画面。

文字注明：在“真实再现”的画面上特别注明“真实再现”、“情景再现”、“情景模拟”等字样。

画面虚化：将“真实再现”画面做虚化处理，让人只是影影绰绰地看到真实再现中的人物及其活动情形。

也有“真实再现”不做任何形式的区分，比如摆拍补拍法、模拟空镜头法得来的虚构场景，常常被当做真实素材使用。

有些“真实再现”无须做形式区分，如动画复原法，本身就具有极强烈的形式区分。

3. “真实再现”的方式

纪实影视作品的“真实再现”大体有如下一些方式：

演员扮演法：通过演员扮演的方式再现已经逝去的情景。纪实作品《故宫》中，使用了演员去扮演皇上、大臣、太监及宫女等各种人物的活动情景。《复活的军团》里使用演员扮演古代军士驾车作战等情形。

模拟空镜头法：以空镜头的方法来模拟逝去的场景，比如，以镜头跟拍的方式模拟一个人的逃跑，以晃镜头模拟人物在室内打斗的情形，以黑夜中的火把与呼喊声模拟找人的情景，等等。

动画复原法：以动画技术对原场景的模拟再现。《郑和下西洋》运用三维动画还原当时的自然风貌、历史情景。由于动画技术的发展，动画复原法的运用愈来愈频繁。

摆拍补拍法：摆拍与补拍，都是组织拍摄。摆拍，是设计了场景、人物情景的一种拍摄方法。补拍，即是时过境迁后，再由当事人在原场景进行自我还原。弗拉哈迪的《北方的纳努克》许多场景都是摆拍的，比如让已经不再住冰屋的主人公一家重新住进冰屋里，还摆拍了某些狩猎活动等。补拍，由于场景、人物、活动情形等具有还原的特点，只是时间存在一些差异，导致补拍有时可以达到以假乱真的地步，甚至被当做真实情景使用。比如，解放军占领南京国民政府的总统府，拔去青天白日旗，插上五星红旗的历史性纪录镜头，原本就是补拍的，但一直就作为真实的历史镜头在使用。

影像资料法：运用电影、电视剧、电视戏剧片、电视艺术片等虚构文类的影像资料，再现需要表现的情形。

纪实作品《中华文明》运用了虚构性戏曲片中的司马迁镜头，纪实作品《马王堆》使用了艺术片中女性的独舞镜头，都是影像资料的再现法。

4.“真实再现”的实施细则

演员的扮演等虚构的再现手法，一定要以真实为底线，强调事实的真实、细节的真实。如纪实影视作品《故宫》关于乾隆大婚的“真实再现”，就是完全依据史载的内容，连许多具体的细节都不敢疏忽。

纪实影视作品的“真实再现”，如果采用演员扮演的方法，要多使用远景、全景，少使用近景、特写镜头，以免受众对细节给予过多的关注而导致信息失真。

画面组接时的节奏不要太快，跳跃性不要太大，免得让受众看不清、看不懂。

5.“真实再现”的意义

纪实性影视作品运用“真实再现”，其实是影视发展的产物。人们对于表现题材的拓展，使得一些缺乏影像资源的题材入选，逼得人们去寻找具有替代性的影像资源。“真实再现”的正面意义在于它弥补了纪实影视作品的影像素材缺乏，丰富了纪实影视作品的表现元素，增强了表现力；也增强了纪实影视作品的直观性、可视性，提高了受众的观看欲望。

“真实再现”也存在一些负面影响。“真实再现”与纪实影视作品的文类伦理具有一定的冲突性。这是因为纪实影视作品尤其是纪录片的最基本原则是真实性原则，这是纪实影视作品最应该恪守的文类伦理。然而，“真实再现”，无论如何遵守规则，最大化还原真实，但终究不是真实本身，具有一定程度的虚假性。因此，“真实再现”的虚构性或多或少地减损了纪实影视作品的真实程度。这是“真实再现”最大的负面意义。“真实再现”在增强直观性与可视性的同时，也减损了受众的想象空间。“真实再现”的不当使用，不仅不能增强纪实影视作品的美学意味，反而在艺术表现上会导致画蛇添足的败笔。

从长远来看，从宏观上来看，如果过分依赖“真实再现”，出现了大面积的、成瘾性的过度使用，也会使受众产生审美疲劳，甚至产生厌恶。

【本节要点】

◆专题片是中国电视特殊的实践产物。所谓专题片，其早期是相对于综合形态的电视宣传报道而言，后来专指那些将传播焦点集中于某一人物、某一事件或某一社会现象，围绕一定的叙事目的或主题，运用多样的非虚构的电视手法，进行专门性的探讨、反映与报道的电视节目。所谓纪录片，即相对于电影故事片、电视剧等虚构叙事影视作品而言的一个电视节目概念，通过纪实的电视手法再现对象物，用以展现人物真实的生存情状、事情的本来面貌或原生态的社会现实。

◆专题片与纪录片的共同点在于都是以现实存在作为表现对象、纪实主义的表现手法、探寻真相的传播诉求、以画面加解说为主体的文本构建方式等。专题片与纪录片的不同点在于编导主观意识的体现方式、路径及程度、纪实手法运用上、叙事视角、叙事时态、生产流程、美学风格等方面的差异。

◆专题片的编导要点是要注意做好专题片的主题、拟定预采访与采访拍摄计划、确立采访对象、采摄、制作与包装、片比控制等。

◆处于历史节点的人和事、代表社会基点的人与事、透显人性亮点的人和事等容易成为纪录片的选题。专题片重在当下，或者表现过去，纪录片意在将来。与专题片的可控性相比，纪录片具有叙事的未定性。造成纪录片未定性的原因是对纪录对象的采访与拍摄而带来的内容未定性。在纪录片界，其实一直存在着两种不同的创作见解，一是做纪录对象的旁观者，二是适度的干预。

◆纪录片的采摄有跟拍、组织拍摄、集中性采摄、分段性采摄等。纪录片的镜头拍摄要注意镜头表达的完整性、注意拍摄的重点、强化抓拍意识。纪录片的后期制作需要对前期的采摄素材进行重新认识、思考与加工，做成纪录片成品。

◆电视散文的选题要精当，要提炼富于内涵的主题，设计合适的叙事模式等。电视散文的两种创作模式，一是作家电视模式，二是编导模式。电视散文的画面非常讲究，要根据内容题材、主题、人物角色等，设计画外音的风格。电视散文的美学诉求高，要求后期在画面编辑、色调把握、特技运用等方面要精到，富有美学眼光。

◆所谓“真实再现”，有时也称为“情景模拟”、“情景再现”等，即为了实现特定的叙事目的，在纪实性影视作品中，诸如电影纪录片、电视纪录片、电视专题片、纪实性电视散文、纪实性电视节目等，运用人物扮演等虚构手段再现已经消逝的场景、人物活动情形等真实内容的影视表现手段。

◆“真实再现”在运用中通过改变色调、画面外形特技、文字注明、画面虚化等形式与纪实画面进行区分。有时，摆拍补拍法、模拟空镜头法得来的虚构场景，常常被当做真实素材使用，不进行形式区分。动画复原法由于本身形式差异极大，也不需要做形式区分。

◆纪实影视作品的“真实再现”方式有演员扮演法、模拟空镜头法、动画复原法、摆拍补拍法、影像资料法等。

◆演员的扮演等虚构的再现手法，一定要以真实为底线，强调事实的真实、细节的真实。

【实验与练习】

◆目标：认识纪实作品的“真实再现”。

◆操作：选择一部有“真实再现”的电视纪实作品，分析其“真实再现”的方式、作用及效果。

第七节　生活服务类节目的编导要点

【阅读导引】

◆什么是生活服务类节目?它的两大基本功能是什么?

◆生活服务类节目如何分类?

◆生活服务类节目的娱乐化、美学化手段有哪些?

◆生活服务类节目如何进行地面性活动？生活服务类节目的活动型节目有什么意义?

◆生活服务类节目如何进行衍生开发?

所谓生活服务类节目,即以实用性资讯与信息为主体内容,服务于人们的衣食住行,并使受众从中获取一定程度的身心愉悦或美学观感的电视节目形态。当前生活服务类节目一般具备两大基本功能:一是生活服务的实用功能,二是愉悦受众的娱乐功能。早期的生活服务类节目,基本上以实用功能为主。随着电视发展与节目竞争的趋势,生活服务类节目愈来愈走向娱乐化与美学化,甚至某些生活服务类节目的实用功能已经完全让位于好看好玩的娱乐功能。

一、生活服务类节目的类型

生活服务类节目有很多不同的类型,这里做两大方面的区分:

1.表现内容的类型区分

生活服务类节目以生活为基点,服务于生活,而生活又是千姿百态的,生活服务类节目的表现内容也是五花八门的,丰富多彩的。

i)天气预报类节目

ii)收藏类节目

iii)饮食类节目

iv)养生健康类节目

v)购物类节目

vi)空间装饰类节目

vii)化妆美容类节目

……

一般来说,除了天气预报、饮食类、养生健康等经久不衰的表现内容外,更多的生活服务类节目愿意追逐当前的生活热点，如收藏及艺术品鉴赏类、珠宝鉴别类、奢侈品类电视节目，体现了富裕社会的生活诉求。

2.节目形态的类型区分

生活服务类节目有各种各样的表现形式，但综括起来有以下一些节目形态：

i）综合类：综合各类生活服务类资讯与信息。如湖南台的《百科全说》的内容包含了衣食住行等各个方面，并且表现手段包括VCR、访谈、演播室脱口秀、展现与表演以及活动等形态。

ii）专题类：以专题报道的方式对某一类生活服务类的资讯与信息进行电视传播。

iii）谈话类：邀请嘉宾进入演播室进行访谈，谈论生活服务类的话题。

iv）活动类：设计活动规则、流程，通过选手进行电视比赛活动，给予胜出选手以某种奖项与荣誉。

……

二、当前生活服务类节目的编导要点

与早期生活服务类节目的纯粹实用化不同，当前生活服务类节目的风格越来越多元化，编导手段越来越具有艺术化与美学化的趋向。

1.实用化、娱乐化与美学化

生活服务类节目必定有实用价值，即服务于生活，因此，生活服务类的实用化不言而喻，然而，过于注重实用化，可能使节目变得厚重粗朴，缺乏观赏性，难以得到受众的激赏，实现不了最大化的传播效益。娱乐化与美学化可以提升生活服务类节目的可视性与观赏性。

事实上，人们获得实用知识的路径已有很多，互联网的出现更是提供了便捷。电视提供生活服务知识并不具有传播优势，如果伴随着相当程度的娱乐与美学欣赏，其传播空间将会大大拓展。

那么，当前一些生活服务类节目的娱乐化与美学化手段有哪些呢?

i）融入娱乐化题材

实用生活内容加入娱乐化程度高的题材，有如往药中加糖一样，让受众乐于吞咽。凤凰卫视的《美女私房菜》，就是往美食之中添加美女元素，增强受众阅读的兴趣。

ii）主持人娱乐化、明星化

选用娱乐化色彩强烈的主持人，可以提升节目的可视性。《天天饮食》曾经的主持人刘仪伟的喜剧形象、诙谐言语，让受众倍加喜爱。北京电视台的《收藏天下》由幽默风趣的王刚担任主持人，显然可以借助王刚作为明星演员的名气来吸聚人气。

iii）流程情景化、戏剧化

生活服务类节目越来越趋向情景化与戏剧化，并使之流程化，产生叙事悬念，大大吸引受众的关注。CCTV的《交换空间》是一档装修类节目，然而，编导并非简单地介绍实用的装修理念与知识，而是设计出两个家庭互换空间进行装修的情景，并努力加强其中的戏剧化程度，整个节目悬念横生，令人兴趣盎然。

iv）包装设计美学化

演播室设计变得视觉化更加强烈，后期制作中还会使用各种手段加强节目的美学化。

2.活动化与季播化

生活服务类节目有深厚的生活基础，可以通过活动化来扩大影响、获取经济利益与传播效益。

活动化可以包括两大内容：地面性活动与活动型节目。

生活服务类节目通过做地面性活动，让主持人、栏目组团队与受众面对面，获得口碑宣传等人际传播效益。地面性活动有很强的商业操作空间，可以与商家合作，栏目组做了推广活动，也为商家做了宣传，受众得到实际参与，三家实现了共赢。一些城市台的生活服务类节目大多乐于与商家合作做地面活动，并以此作为很重要的栏目赢利模式。生活服务类栏目可以播出地面性活动资讯，强化地面性活动的传播作用。

有些品牌类栏目组，乐于制作活动型节目供荧屏播出，获取大众传播效益。生活服务类节目的活动型节目可分特别节目、竞赛型的季播活动节目。

特别节目，是为特定时间（通常是节假日）、特别主题而特别制作的活动型节目。比如，五一节曾经有七天长假，现有三天小长假，还有十一、春节等黄金周之类的假期，一些生活类电视栏目为此制作活动型节目，提供给受众以消磨长假时光。CCTV《超市大赢家》曾经作为黄金周七天的特别节目，以家庭化作为收视诉求，通过连续性、系列性策略赢取受众积累与受众流的顺流。

竞赛型的季播活动节目，以生活服务类为内容题材，设计赛制，以选手们的竞赛、淘汰与胜出形成活动节目的流程，赛事完结，节目结束。这类活动，往往是一年一度，形成事实上的季播形态。有些竞赛型的季播活动可以形成某个电视台的活动品牌，每年均可以举行。CCTV的《满汉全席》就是一档全国电视烹饪擂台赛的季播活动节目，做得很成功，已成品牌，有较大的受众市场。

三、衍生开发

在制作一些实用性强的生活服务类节目时，要注意将衍生开发的因素融入编导流程之中。

生活服务类节目具有实用性的特点，可以进行多种形式的衍生开发，通过衍生开发，形成新类型的生活服务信息传播。电视台通过生活服务类节目在获取经济利益的同时，还可以对节目起到推广与营销作用。

衍生开发的路径有很多，比如出版生活服务类书籍、发行光碟、制造玩具等。可根据节目类型、栏目资源、地域因素等不同，设计不同的衍生开发策略与产品。

【本节要点】

◆所谓生活服务类节目，即以实用性资讯与信息为主体内容，服务于人们的衣食住行，并使受众从中获取一定程度的身心愉悦或美学观感的电视节目形态。当前生活服务类节目一般具备两大基本功能：一是生活服务的实用功能，二是愉悦受众的娱乐功能。

◆生活服务类节目按表现内容可以区分为天气预报类节目、收藏类节目、饮食类节目、养生健康类节目、购物类节目、空间装饰类节目、化妆美容类节目等，按节目形态可以区分为综合类、专题类、谈话类、活动类等。

◆与早期生活服务类节目的纯粹实用化不同，当前生活服务类节目的风格越来越多元化，编导手段越来越具有艺术化与美学化的趋向。

◆生活服务类节目的娱乐化与美学化手段包括融入娱乐化题材，主持人娱乐化、明星化，流程情景化、戏剧化，包装设计美学化等。

◆生活服务类节目通过做地面性活动，让主持人、栏目组团队与受众面对面，获得口碑宣传等人际传播效益。有些品牌类栏目组，乐于制作活动型节目供荧屏播出，获取大众传播效益。生活服务类节目的活动型节目可分为特别节目、竞赛型的季播活动节目。

◆生活服务类节目具有实用性的特点，可以进行多种形式的衍生开发，通过衍生开发，形成新类型的生活服务信息传播。

【实验与练习】

◆目标：分析生活服务类节目的情景化。

◆操作：观看当前一档火爆的生活服务类节目，分析其情景化的方式、过程及意义等。

第八节　活动类节目的编导要点

【阅读导引】

◆电视活动有哪些类型？

◆大型活动型节目具有什么样的传播意义？

◆大型活动型节目的三种模式是什么？各有什么特点？

◆西方真人秀节目包括哪些元素？

◆为什么说流程是真人秀节目的命脉所在？

◆选秀节目的内容流程具有哪些特点？如何做好海选环节？

根据内容性质、传播主体的不同，通过电视进行传播的活动，可分为以下几种类型：

一是突发性事件的报道活动。针对天灾人祸所造成的突发事件如地震、海啸、水灾、地质灾害等的救援活动以及战争的直播报道。突发性事件引起巨大的社会性反应，为公众所强烈关注。

二是仪式性活动。指体育、加冕、庆典、祭祀、法会、考古等仪式性活动的直播、转播或录播。诸如奥运会、国庆、校庆、厂庆等仪式性活动，都会借重电视的传播扩大影响。同时，也由于这些仪式性活动具有强烈的社会关注度，由此而形成的电视节目能够获取受众眼球，增强人气，扩大电视频道的影响力。

三是商业性策划活动。如“飞越长城”、“穿越天门洞”以及各地什么节的活动等，都属于这种类型。这类活动主体大多是商家，通过电视传播是其重要的媒介手段，其活动目的是进行商品或服务的形象建构、品牌宣传与产品推销等。

四是社会公益性活动。如由政府、社会团体等策划的主题性活动，比如电视赈灾活动，某个基金会策划的助学活动，都可能通过电视进行传播。

五是电视台的营销与推广活动。为了将节目宣传推广出去，为了建构优质的频道形象、提升频道的品牌知名度等，电视台人员在公共场所举办与观众互动的各种活动，并把这些活动资讯通过电视进行传播。

此外，还有一些社会机构策划的各种电视活动。

在以上电视活动中，那些规模大、影响广的，我们称之为大型活动。如果这些大型电视活动做得好，可以给电视频道带来巨大的受众流量，提升人气，建构频道品牌，还有一些活动能给电视台带来很好的经济收益。以下，我们着重要论述的不是这些大型活动，而是以常规栏目或季播节目形式出现的大型活动型节目，如电视台主办的野外挑战真人秀、娱乐选秀类的节目。这类活动与上述大型活动不同的是，它已经成为一种稳定的节目类型，具有相应的文类特征。

一、大型活动型节目

大型活动型节目，一般是连续化与系列化节目，形成传播议题，制造规模效应。受众关注度高，期待欲望强，加上受众的参与面广泛，互动程度大，能够给电视机构带来强大的关注度及影响力。

大型活动型节目的成功举办，能有力地推进电视节目的品牌建设，促进电视台、电视频道、电视节目的整体营销，集聚人气，增大频道的受众流基量，推动频道其他节目的收视。当然，大型活动型节目也存在着风险，那就是，大型活动的成本高昂，一旦失败，将带来巨大的经济损失。同时，大型活动的影响广泛，如果失败，媒介名誉受损也会十分严重。

一般说来，大型活动型节目由两个部分构成：一是地面活动，二是电视活动。在大型活动型节目中，地面活动，有些是开放的，即对现实目标对象进行传播并产生影响；有些是封闭的，不对现实目标对象开放，仅限于电视节目的录制。根据这些特点，我们将大型活动型节目分为几种模式：

1.现实传播模式：开放性的地面活动+资讯报道

这种模式的大型活动是以现实传播为主体，并不完全依赖于电视传播特征与规律，当然，也可以适当修正规则、流程以适应电视传播的需要。

这种模式的主体是地面活动，是对目标对象进行现实开放的地面活动，同时也以现实产生的传播效果为重要的活动目的。比如，某频道在一个城市的多个社区开展该频道主体节目的推广营销活动，目的就是对该城市社区的频道收视产生传播影响。

以开放性的地面活动为主体的传播模式，常常会对活动资讯进行报道，扩大地面活动的影响力。如此形成的电视节目并非典型的大型活动型节目。

2.双重传播模式：开放性的地面活动+电视节目

这种模式中的地面活动向目标对象开放，并对地面活动进行全程直播或录播。无论是对地面活动，还是对电视节目都会产生重大的传播影响。

这种模式在宣传性、仪式性的大型活动中比较常见。比如，奥运会开幕式就是这种模式，一是现实活动的开放性，带给现场观众巨大的传播影响；二是电视直播给场外受众带来强烈的传播印象。两者不可缺一，相得益彰，是整个活动的有机构成部分。

这种模式必须同时照顾地面活动与电视传播的双重特点与规律，使地面活动与电视节目都具有很好的观赏性。

3.荧屏传播模式：封闭性的地面活动+电视节目

这是大型活动型节目的典型模式。所有的地面活动不对现场观众开放，而是为了电视节目制作的需要。有时，某些地面活动带现场观众，而现场观众是为节目制作特别设计的，并非出于现实传播的目的。

这种模式一切以电视传播规律为运作依据。有时地面活动观赏性并不强烈，而只有融入电视传播之后，才体现出巨大的观赏性。比如，一些竞技类的真人秀节目、选秀节目就是这种模式。在选秀节目中有很多的地面活动，也带观众，尤其是粉丝团成员，然而，这一切都是为了节目传播而已，并不以现实活动为目的。我们另辟专节讲述。

图示如下：

大型活动型节目的传播模式			
	现实模式	双重模式	荧屏模式
地面活动	开放性	开放性	封闭性
电视活动	资讯报道	直播或录播	节目生产
传播目标	现场观众	现场观众、电视机前的受众	电视机前的受众
观赏性	以地面活动为主	地面活动、电视节目的双重观赏性	以电视节目为主

【实验与练习】

◆目标：了解电视大型活动的流程设计。

◆操作：观看一期水准较高的电视大型活动节目，做出其节目单流程，思考其操作流程。

二、真人秀节目

真人秀节目是大型活动型节目类型，是舶来品。这类节目在西方一度非常流行，受到观众的追捧。传入中国之后，中国电视人对其进行了本土化，并且把它的诸多元素应用到其他节目类型之中。

1.真人秀元素

西方真人秀节目一般可包括以下一些重要节目元素：

i）选手

西方真人秀节目，先是选择一定数量的、具有某种特定的社会学特征的选手进入活动之中，这些选手之间在活动中既是协作的，又是对抗的。

ii）场景

西方真人秀节目场景有时设计为室内场景，有时设计为室外场景。场景具有强烈的封闭性，是可控的。常常设计为别墅区、孤岛等供选手活动。即便野外挑战类的场景，也是严格圈定场景活动范围的，并划定选手活动的路线图。

iii）规则

西方真人秀节目的选手在特定的场景里按照人为制定的规则进行活动，电视台将这些活动录制、整理、编辑后播出，有些场景下的活动还进行直播。

iv）流程

西方真人秀节目的流程，既包括节目内容流程，又包括操作流程。节目内容流程是否好，关系着真人秀节目能否吸引受众，操作流程则是关系到节目内容流程能否实现的关键。因此，流程是真人秀节目的命脉所在。

v）淘汰

基于中国传统文化中庸因子及“哀而不伤”的美学趣味，传统的中国电视节目，总是淡化、掩饰或忽略竞技或赛事中的淘汰情形，然而，西方真人秀节目努力再现、渲染、强化选手被淘汰的失败命运。

vi）胜出

西方真人秀节目在强化淘汰的命题时，也同时大肆张扬选手的胜利与成功，并尽可能进行渲染、放大，并使之光环化、明星化。

vii）奖赏

西方真人秀节目特别重视奖赏，常常以巨额奖金作为最后胜出者的奖赏，大大提升了选手的参与欲望，加强了选手之间的竞争，增强了节目的刺激性。

viii）互动

西方真人秀节目大大加强了受众权力，强化了电视节目与受众的互动。许多真人秀节目有受众参与的环节，甚至由受众来决定选手的淘汰与胜出。

ix）性、隐私与暴力

西方真人秀节目常常把性、隐私、暴力等元素置入节目中，增强节目的可视性与刺激性。这也是真人秀节目在西方曾经一度大行其道的重要原因。

西方真人秀节目传入中国后，有些元素由于国情、传统文化以及无电视分级制度等原因退隐而去，有些元素却弱化或加强了。曾经模仿西方真人秀节目比较到位的，有广东电视台的《生存大挑战》，是一档野外竞技类节目，另有一档室内真人秀节目，那就是湖南电视台的《完美假期》。这些本土化的真人秀节目不再以性、隐私与暴力作为噱头或元素出现，而受众互动有时变得强化了，而淘汰的残酷性渲染变得有些弱化，尤其是高额的奖金不能出现,只是以签约等弱化形式进行。正因为这些原因,中国本土化的真人秀节目并没有出现西方真人秀节目的火爆势态,其收视状况则不温不火,最好的情形相当于中等电视剧的收视水平。

【实验与练习】

◆目标:了解真人秀节目及其在中国的变化。

◆操作:对国内曾经出现的真人秀节目《完美假期》或《生存大挑战》进行节目元素方面的解析,并分析收视不火爆的原因。教师找到相关影像资料,让练习者观看后分析,教师点评。

2.真人秀理念与元素的泛化

虽然纯粹真人秀节目并没有在中国火爆过,但是真人秀理念与元素却渗透到中国电视人的节目策划与创新之中。选秀节目是其中最突出的代表,以下专节讲述。此外,真人秀理念与元素被广泛运用到其他节目类型领域之中,比如:

i)招聘真人秀,如天津卫视的《非你莫属》、江苏卫视的《职来职往》等。

ii)收藏真人秀,如CCTV的《一锤定音》、北京卫视的《收藏天下》等。

iii)互换真人秀,如湖南卫视的《变形计》、江苏卫视的《花样年华》等。

iv)军事真人秀,如云南卫视的《士兵突击》等。

……

【实验与练习】

◆目标:了解真人秀理念与元素的泛化。

◆操作:观看一档职场招聘、收藏、互换等类的节目,分析其中的真人秀元素及其转化状况。

三、选秀节目

纯粹的真人秀节目在中国未能像在西方那样火爆,究其原因,一些吸引受众眼球的节目元素由于国情与文化差异的缘故被挡在门外。然而,其他符合中国国情与文化土壤的真人秀节目元素却大举进入中国电视节目之中,真人秀成为影响当下及将来很长一段时间的节目类型。

真人秀节目虽然没有在中国电视荧屏上火爆流行,但吸纳其众多元素的选秀节目却名闻天下,一度成为街谈巷议的话题。选秀节目以某项艺术才能为主体标准,从某一特定社会学特征的人群中形成选手的目标选择，并以签约、出演角色、出唱片等方式作为胜出选手的选秀报偿。比如，从年轻女性群体或年轻男性群体中选取有唱歌艺术才能的选手，形成了轰动的《超级女声》、《快乐男声》等知名节目。选秀节目的诸多节目元素来自真人秀，这里需要特别强调的是以下几个编导要点：

1.内容流程

大型电视活动流程能使活动有序进行，不至于系统紊乱，团队成员各自为战，相互消耗。大型电视活动流程还可以使运行成本得到控制。大型活动要消耗大量的人、财、物及媒体等资源，如果没有流程控制，将要造成巨大的浪费。

选秀节目是一个极为复杂的系统工程，环环相扣，一个环节出了问题，就会影响到整个活动的实施及活动效果。因此，设计缜密的活动流程非常重要。

选秀节目的流程可分为内容流程与操作流程。

内容流程是关于选秀节目的内容设计、结构顺序及具体的电视体现等。按照内容流程制作出来的节目最终呈现在荧屏上，即我们所看到的电视节目。

内容流程的设计要综合考虑主题、场地、选手、经费、团队、时间、法律与政策等诸因素。内容流程以遵循电视叙事的特点与规律，使受众乐于接受为最基本的设计原则。

一个选秀活动是由一系列的电视节目构成，是一个繁复的节目体系。在这个节目体系中，需要设计核心节目、主体节目、辅助节目等不同类型的节目内容流程。同一个节目中，还要设计好不同的环节、不同的板块。

选秀节目的内容流程要保证以下特征：

i）活动的主题性：主题是内容流程的灵魂。主题要突出，要始终保证活动的方向性，不能偏离活动目标。

ii）结构的条理性：不能模糊不清，让人看不懂看不清，不知所为。

iii）过程的层递性：内容流程设计要一步步地推进，不必在意一开始是否人气高涨，但务必通过流程的层递性逐步实现受众对活动的深度介入，从而实现活动的传播影响。

iv）节点的兴奋性：不同环节，要设计出相应的活动亮点，成为受众观看节目的兴奋点。某些重要环节，还要设计出使受众获取收视高潮的节目爆点。

v）内容的悬念性：要保证内容的未知感，并通过电视叙事使未知性转化为过程的悬念性，吸引受众不断关注并积极参与。

vi）人气的持续性：把选秀节目比作人的机体的话，那么，人气应该是流淌在机体中的血液。内容流程的设计必须考虑人气的持续性，而不能把亮点、兴奋点在前面的环节中全用光了，而要在内容流程中不断有亮点与兴奋点出现，不至于使受众在相对冗长的活动中产生审美疲劳。

【实验与练习】

◆目标：了解选秀节目内容流程的特点。

◆操作：选定一档选秀节目，让练习者提前观看，课堂上发表观点，教师点评。

2.操作流程

操作流程是为了实现内容流程而设计的具体实施步骤与操作方案。内容流程是目的，是根本，而操作流程是实现内容流程的操作方法、步骤，操作流程服务于内容流程。

制定活动型节目的操作流程要保证专业性、系统性、严密性。环环相扣是操作流程的重要特征。一般说来，一个活动型节目的操作流程要包括以下方面：

i）团队分工

ii）时间分配

iii）场地准备

iv）具体内容设计

v）活动对接

vi）物资保证

vii）重点细节设计

viii）应急预案

……

操作流程设计出来，要形成详细的说明方案，并以此对工作人员进行培训，保证每个工作人员清楚地理解了整个方案，从而实现整个团队在活动中的执行力。

3.海选

海选是选秀节目富有类型特征的节目元素。海选，规定某些限定条件，节目组接受不特定的个人作为选手候选人，并进行特定形态的初次筛选，从而甄选出一定数量的符合条件的选手，进入此后的正式比赛序列。

实践证明，海选环节做得好，其实很具有受众市场。选秀节目往往会对海选环节进行粗剪后播出。这些原生态的歌唱和表演，简直毫无艺术和美感可言，但趣味性很强，满足了一些观众的促狎心理，同时也给观众提供了一个嬉笑怒骂的由头，无形之中，满足了他们的评判欲望。此外，让观众在评判中也有一个挑选的过程，沙里拣金，从数以万计的选手中觅出自己满意或支持的对象，满足人们潜伏心底的那种发现欲望并转化为收视快感[①]。

① 参见拙作：《论娱乐节目新的类型运动与欲望诉求》，《中州学刊》，2006年第1期。

从编导角度来说，做海选环节的节目需要注意哪些问题呢？

海选范围与分赛区：确定海选范围，如范畴太大，可以分赛区进行。城市台做选秀节目限制在本市，不必分赛区。如果是卫视台做全国性的选秀活动，那么，必定分赛区进行。当然，除了分赛区的形式，还可以实践其他的分赛模式，如分行业、分单位的模式等。

控制流程与分散亮点：做整个流程时包含了海选流程，但具体实施时，不能以自然状态的报名顺序为出场顺序，编导要根据选手实力、传播兴奋点等设计出场流程，比如不能让潜在实力强、有各种传播兴奋点的选手候选人密集出场，导致其他场次变得很沉闷，缺乏收视的亮点。

发现有特点的选手及种子选手：在海选时注意发现可能有向前冲刺潜力的选手，并注意发掘种子选手。

寻找与制造话题：通过话题可以引起社会层面的关注，制造爆炸效应，更好地集聚人气。

4.选秀节目的宣传与营销方略

选秀节目需要人气。人气除了节目本身的吸引之外，还需要各种形态的节目宣传与营销。

选秀节目的宣传与营销方略：

话题营销：抛出让社会公众感兴趣的话题，制造热点，让公众由于落入话题磁场中而关注到节目本身。

自身宣传：利用自身平台或伙伴频道进行各类活动的宣传、推广与营销。

媒体见面会、发布会：主动发布相关信息供其他媒体报道。

粉丝团：选秀节目的粉丝策略是极为有用的宣传与营销手段。引导建立粉丝团，利用粉丝团开展诸如网络、地面等多种形式的宣传活动，提高影响力。

选秀节目的营销方法还有很多，并随着时代、社会心理的改变而不断变化。

案　例

2009快乐中国步步高音乐手机《快乐女声》大赛
兰州唱区预选赛300晋50节目方案

节目名称：我唱我乐——2009步步高音乐手机《快乐女声》大赛

兰州唱区预选赛300晋50节目方案

录制地点：兰州水车博览园

播出时间:2009.5.26，21:30

播出频道:甘肃文化影视频道

主题提示:

1.回顾海选的基本情况。

2.2009步步高音乐手机《快乐女声》大赛兰州唱区预选赛300晋50比赛。

3.评委综述选手参赛情况。

4.现场采访及花絮,比赛之外的精彩看点。

节目内容流程:

一、片头

二、片花

三、现场主持人串词

镜头:美丽的黄河岸边,转动着的水车伴着水花滚滚而来。(远景)

黄河博览园内热闹非凡,人头攒动。(摇,大全景)现场主持人与现场观众齐呼:想唱就唱,我最闪亮!兰州的快乐女生,你们在哪里?(由大全景推至近景)

主持词:电视机前以及现场的观众朋友们,您现在看到的是由甘肃省广播电影电视总台和湖南卫视联合主办的步步高音乐手机《快乐女声》兰州唱区300晋50的比赛现场,此时此刻,在这美丽的黄河之上,我们这些从海选中脱颖而出的快乐女生们,又将面临新的挑战,你们今天的表现逆时针决定谁能进入下面的比赛,那就将进入兰州唱区的50强。那么,接下来又会是什么样的一个结果呢?让我们一起期待。

四、宣传片

五、外景主持人串词

此时此刻,我就身处在我们兰州唱区的300名选手之中,让我们一起来听听她们的呐喊声,感受一下她们的热情。

(主持人身处300位选手之中,感受她们热烈的气氛,随即采访几位特别的选手,需提前准备,由所有选手用兰州话喊道:兰州唱区,我最闪亮!)

六、现场主持人串词

(宣布比赛正式开始,介绍评委、神秘嘉宾等。)

七、比赛流程

(根据选手的不同特点而展示不同人物的不同故事,有机地将更多人的故事联系在一起)

1.准备区

回忆上一场海选时的表现。

2.候场区

对今天比赛的准备，采访选手的亲友团，以及亲友团特殊的助威声等。

3.预备区

马上比赛的准备，特别想要对谁说的话（抓特写，紧张与兴奋，自信与不安等）。

4.录制区

正式比赛，表现，才艺，评委的点评等。

5.退场区

下场面对镜头，面对亲友的语言、表情、动作等，不同反应。

八、主持人串词

（根据时间，按比赛的某一悬念处结尾，引出下一场，插入本场花絮以及回顾，预告下一场精彩看点。最后由已经晋级的选手一起高喊口号结束）

那现场究竟发生了什么事呢，让我们拭目以待。

九、快乐小贴士

小贴士1：放松心情，把赛场当做舞台，尽情展示自己。

小贴士2：选好自己擅长的曲目，扬长避短。

小贴士3：面带笑容，以微笑面对评委、观众以及自己。

十、《快乐女声》统一宣传MV

【本节要点】

◆根据内容性质、传播主体的不同，通过电视进行传播的活动可分为突发性事件的报道活动、仪式性活动、商业性策划活动、社会公益性活动、电视台的营销与推广活动等，此外，还有一些社会机构策划的各种电视活动。

◆大型活动型节目，一般是连续化与系列化节目，形成传播议题，制造规模效应。受众关注度高，期待欲望强，加上受众的参与面广泛，互动程度大，能够给电视机构带来强大的关注度及影响力。

◆大型活动型节目的成功举办，能有力地推进电视节目的品牌建设，促进电视台、电视频道、电视节目的整体营销，集聚人气，增大频道的受众流基量，推动频道其他节目的收视。

◆大型活动型节目的三种模式：一是现实传播模式，即开放性的地面活动+资讯报道；二是双重传播模式，即开放性的地面活动+电视节目；三是荧屏传播模式，即封闭的地面活动+电视节目。

◆西方真人秀节目一般可包括选手、场景、规则、流程、淘汰、胜出、奖赏、互动以及性、隐秘与暴力等节目元素。

◆西方真人秀节目的流程，既包括节目内容流程，又包括操作流程。节目内容流程是否好，关系着真人秀节目能否吸引受众，操作流程则是关系到节目内容流程能否实现的关键。因此，流程是真人秀节目的命脉所在。

◆西方真人秀节目传入中国后，有些元素由于国情、传统文化以及无电视分级制度等原因退隐而去，有些元素却弱化或加强了。中国本土化的真人秀节目并没有出现西方真人秀节目的火爆势态，但是真人秀理念与元素却渗透到中国电视人的节目策划与创新之中。

◆融入真人秀元素的选秀节目以某项艺术才能为主体标准，从某一特定社会学特征的人群中形成选手的目标选择，并以签约、出演角色、出唱片等方式作为胜出选手的选秀报偿。

◆选秀节目的内容流程具有活动的主题性、结构的条理性、过程的层递性、节点的兴奋性、内容的悬念性以及人气的持续性等特点。制定活动型节目的操作流程要保证专业性、系统性、严密性。环环相扣是操作流程的重要特征。

◆海选是选秀节目富有类型特征的节目元素。从编导角度来说，做海选环节需要注意海选范围与分赛区、控制流程与分散亮点、发现有特点的选手及种子选手、寻找与制造话题等。

◆选秀节目的宣传与营销可以包括话题营销、自身宣传、媒体见面会和发布会、粉丝团等。

【实验与练习】

◆目标：了解选秀节目的宣传与营销策略。

◆操作：选定一档选秀节目，让练习者提前找些资料进行分析，课堂发言，教师点评与总结。

参考文献

赵淑萍:《广播电视新闻采访与写作》,北京师范大学出版社2006年版。

蔡尚伟:《电视专题》,清华大学出版社2010年版。

刘萍:《影视导演基础》,武汉大学出版社2008年版。

王丽娟:《视听语言传播艺术》,中国广播电视出版社2006年版。

邹建:《视听语言基础》,上海外语教育出版社2007年版。

邵长波:《电视导演基础》,中国国际广播出版社2008年版。

魏珑:《电视编导》,浙江大学出版社2007年版。

赵玉明:《广播电视辞典》,中国传媒大学出版社2010年第1版第3次印刷。

张会军:《影片分析透视手册》,中国电影出版社2003年版。

孙蕾:《视听语言》,新华出版社2008年版。

刘婷:《影像叙事》,中国传媒大学出版社2006年版。

许南明:《电影艺术词典》,中国电影出版社1986年版。

周涌:《影视剧作元素与技巧》,中国广播电视出版社1999年版。

〔乌拉圭〕丹尼艾尔·阿里洪:《电影语言的语法》,陈国铎等译,中国电影出版社1981年版。

杨斌:《电视节目策划新要》,天津人民出版社2011年版。

杨新敏:《当代广播电视新闻评论》,中国广播电视出版社2005年版。

胡智锋:《电视节目策划学》,复旦大学出版社2006年版。

张小琴:《电视节目新形态》,中国广播电视出版社2007年版。

冷智宏:《电视生活服务类节目定位、形态与包装》,中国广播电视出版社2003年版。

宗匠:《电视娱乐节目理念、设计与制作》,中国广播电视出版社2003年版。

胡智锋、尹力:《电视法制节目特质、创作与开发》,中国广播电视出版社2003年版。

图书在版编目(CIP)数据

电视编导实用教程/陈立强主编，曹媛，钱森华副主编 .--北京：中国传媒大学出版社，2012.8(2023.9 重印)

ISBN 978-7-5657-0535-9

Ⅰ.①电… Ⅱ.①陈… ②曹… ③钱… Ⅲ.①电视节目—制作—教材 ②电视节目—导演艺术—教材 Ⅳ.①G222.3

中国版本图书馆 CIP 数据核字(2012)第 167560 号

电视编导实用教程

DIANSHI BIANDAO SHIYONG JIAOCHENG

主　　编	陈立强		
副 主 编	曹　媛　钱森华		
责任编辑	黄松毅		
封面设计	赵　越		
责任印制	李志鹏		
出版发行	中国传媒大学出版社		
社　　址	北京市朝阳区定福庄东街 1 号	**邮　　编**	100024
电　　话	86-10-65450528　65450532	**传　　真**	65779405
网　　址	http://cucp.cuc.edu.cn		
经　　销	全国新华书店		
印　　刷	北京中科印刷有限公司		
开　　本	787mm×1092mm　1/16		
印　　张	21		
字　　数	398 千字		
版　　次	2012 年 8 月第 1 版		
印　　次	2023 年 9 月第 10 次印刷		
书　　号	ISBN 978-7-5657-0535-9/G·0535	**定　　价**	45.00 元

本社法律顾问：北京嘉润律师事务所　郭建平